# 사도행전 깊이파기

GT 성경전권 시리즈

# 사도행전 가볍지만 빠짐없이 깊이 파기

사도들이 성령받아 말씀이 실제가 되게 한 서사

권지현 지음

gtm

## 추천사

"홍수가 나면 마실 물이 없다"고 합니다. 강단에서 매 주일 엄청난 양의 말씀이 선포됨에도 불구하고, 한국교회와 사회가 이처럼 혼탁한 것은 참된 생명력의 부족 또는 적용점 결핍 때문일 것입니다. 산에서 길을 잃으면 내려왔던 곳으로 다시 올라가야 하는 것처럼, 오늘 우리에게 필요한 것은 "참된 신앙과 바른 삶을 위한 성경 읽기"입니다.

권지현 목사님이 『GT큐티』를 통해 한국 및 세계에 흩어진 한국인들에게 생명수를 공급해온 지 벌써 30년이 흘렀습니다. 권지현 목사의 말씀묵상은 "GT"(Ground Tool)적 특성이 무르녹아 있습니다. 맑은 영성과 깊은 성찰 속에서 표면 밑의 깊은 심층수를 길어 올리기 때문입니다.

지난 30년의 말씀묵상이 이제 성경 66권을 통찰하는 『GT성경 전권 시리즈』로 나타나게 되었습니다. 성경은 성경으로 풀어야 한다는 '성경적 해석'에 충실하기에, 이 시리즈는 성경에 대한 바른 이해를 향해 독자를 인도합니다. 개혁신학의 건전한 토대 위에서 하나님 구원의 완성을 향한 큰 그림과 함께 신앙의 구체적 실천과 적용을 시도합니다.

이 책의 저자는 현 세대뿐 아니라 다음 세대, 눈앞의 양들뿐 아니라 비대면 양 떼들에게도 맑은 물과 살진 꼴을 제공합니다. 이러한 총체적 접근이야말로 코로나 이전과 이후를 함께 아우르는 범시대적 말씀사역인 것입니다. 이러한 총체적, 입체적 말씀이 무르녹은 『GT성경 전권 시리즈』를 통해 생명의 맥과 믿음의 맥을 이어나갈 수 있길 기대하며 일독을 적극 권합니다.

**이규민** | 장로회신학대학교 대학원장

신실한 하나님의 사람, 권지현 목사가 지난 30년 동안 한결같이 써 온 큐티원고가 드디어 성경 전권을 마무리하고 그 결실이 시리즈로 나오게 되었습니다. 정말 기쁜 일이고, 하나님께 감사드립니다. 2019년 말부터 시작된 코로나 팬데믹은 우리 믿음의 근본이 무엇인지를 끝없이 질문하고 있고, 이에 대한 분명한 답을 찾는 길은 성경으로 더 깊이 들어가는 것 뿐입니다.

저자는 성경본문을 깊이 있게 해석하면서, 복잡한 신학적 접근이나 해석을 지양하고, 기본적인 성경적 이해가 있는 성도라면 누구나 이해할 수 있는 쉬운 언어와 문장을 사용하고 있습니다. 이런 모습은 지난 30년 동안 큐티지를 만들어오면서 항상 성도들을 생각했던 저자의 마음에서 나온 것으로 보입니다.

코로나 팬데믹으로 인한 전 세계적인 혼란과 이를 틈탄 이단들의 왜곡된 성경 해석이 퍼지는 것을 볼 때, 저자의 균형 잡힌 시각으로 발간된 이 책은 모든 성도들에게 참으로 유용하다고 생각됩니다. 이 시리즈를 읽는 모든 성도들에게 저자가 강조하듯이, 보다 깊이 성경을 앎으로 성경을 살아내는 축복이 있기를 바랍니다.

**신도배** | 서울드림교회 목사

지난 30년 동안 GTM 사역을 통해 한국교회를 위한 최상의 성경공부교재와 큐티 사역을 풍성하게 감당해 오신 권지현 목사님의 귀한 『GT성경 전권 시리즈』의 출간을 환영합니다. 저는 개인적으로 권목사님께서 쓰신 GT의 깊이 있고 명확하며 풍성한 글들을 통해 큰 은혜를 받아왔습니다.

말씀을 한 절 한 절 빠짐없이 명료하게 풀어내는 이 시리즈는 또 그 말씀들과 연관된 구약과 신약의 말씀들의 설명을 통해 더욱 풍성한 이해와 적용을 가능하게 합니다. 사실 성경은 제대로 이해하면서 읽기가 생각보다 쉽지 않고, 때로는 이단들의 바르지 못한 해석으로 오도되기도 합니다. 이런 점에서 『GT성경 전권 시리즈』는 말씀과 성령 안에서 우리에게 빛을 가져오는 귀한 해설들을 통해 지엽적인 것에 빠지지 않으면서 전체의 맥과 주제를 성경 안에서 온전히 이해할 수 있는 안정된 기반을 줍니다.
이 책을 통해 우리 한국교회가 마라나타를 외치며 주님의 다시 오실 길을 예비하는 민족적인 사명과 비전을 회복되기를 소망합니다. 또한 권지현 목사님의 소망처럼 한국교회가 영적인 한류를 온 세계에 흘려보내는 일에 이 책이 쓰임받기를 간절히 기도하면서 독자분들에게 이 책을 추천합니다.

**고형원** | 찬양곡 작사작곡가, 부흥한국 대표

한국교회가 회복하고 건강해지기 위해서는 말씀으로 돌아가야 합니다. 말씀으로 돌아가기 위해 말씀을 더 깊이 이해하고, 이해한 말씀을 삶을 통해 살아내야 합니다. 그동안 지티엠과 권지현 목사님이 이 일을 위해 헌신해 온 것에 대해 감사한 마음입니다. 오랜 인내와 정성으로 성경 한 구절 한 구절과 씨름하면서 만들어진 'GT성경 전권 깊이파기' 시리즈가 한국교회가 말씀으로 되돌아가는 데에 좋은 도구가 되리라고 생각합니다. 깊은 묵상을 제공하는 이 책을 기쁘게 추천합니다.

**이찬수** | 분당우리교회 **목사**

권지현 목사님을 KOSTA에서 만나 GT를 소개받고 교회적으로 개인적으로 10여 년간 꾸준히 묵상하였습니다. 특별히 GT의 위력은 지금 같은 펜데믹 시대에 더욱 실감나게 경험했습니다. 매일 성도 각 개개인의 삶에 필요한 빛과 인도를 구체적이면서도 충분하게 주기에 부족함이 없었습니다. 이 때문에 이번에 GT에서 지난 30년간 축적된 원고들을 『GT성경 전권 시리즈』로 출간하게 된 것에 대해 누구보다도 기쁘게 생각합니다.

물론 선배세대에 성경전권 주석을 완간하신 기념비적인분들이 계시지만, 우리세대에 성경전권을 컴팩트하면서도 깊이 있게 풀어내어 목회자뿐만 아니라 모든 성도들이 접할 수 있는 형태로 출간한다는 것은 또 하나의 새로운 기념비라고 여겨집니다. 이 귀한 책이 조국 교회와 다음세대, 그리고 열방복음화에 귀하게 쓰임받기를 기대합니다.

**박태윤** | 북경한인교회 목사

서문

# "사도들이 성령받아 말씀이 실제가 되게 한 서사"

사도행전은 누가복음에 이어서 누가가 데오빌로에게 보내기 위해 기록한 것입니다. 수신자인 데오빌로는 하나님의 친구라는 뜻을 가진 가명으로, 아마도 신실한 믿음을 가진 로마의 고위 관리로 추정됩니다. 발신자인 누가는 글을 쓸 때에 의사라는 그의 직업적인 특징에 걸맞게 궁금했던 배경이나 자세한 사건의 전말을 무척 꼼꼼하고 자세하게 기록하고 있습니다.

누가복음과 사도행전의 기록목적인 데오빌로로 하여금 그 배운 바의 확실함을 알게 하려는 것입니다.

"그 모든 일을 근원부터 자세히 미루어 살핀 나도 데오빌로 각하에게 차례대로 써 보내는 것이 좋은 줄 알았노니 이는 각하가 알고 있는 바를 더 확실하게 하려 함이로라"(눅 1:3-4).

이 중 예수 그리스도의 가르치심과 행하심을 기록하고 있는 누가복음은 네 권의 복음서 중의 한권으로서 나머지 복음서들과 보완적인 관계를 가진다면, 사도들의 행적을 기록하고 있는 사도행전은 유일한 역사서로서, 전모를 파악하게 해주는데 독보적인 역할을 담당하는 성경입니다.

사도행전은 대략 사도 베드로의 사역(1-12장)과 사도 바울의 사역(13-28장)을 중심으로 복음이 예루살렘과 온 유대와 사마리아와 땅 끝까지 전파되는 역사를 기록한 내용입니다. 여기에는 또한 사도인 요한과 야고보, 첫 집사인 스데반과 빌립, 총회의 의장인 야고보와 선교사인 바나바 등의 초대교회 지도자들의 기록도 등장하고 있습니다. 그러나 사도행전의 내면을 살펴보면 이 책의 주인공이 이 같은 사도나 지도자들이 아니라, 이들의 배후에서 예수님의 사역을 이어가시는 성령님이 주인공임을 알게 됩니다. 그리고 실제 사도행전에서 사도라는 단어(47회)보다 성령이라는 단어(49회)가 더 많이 나옵니다. 이 때문에 사도행전은 성령행전이라고 부르는 것입니다.

사도행전에 나타나는 성령님은 오순절 성령강림을 통해 교회를 설립하시고, 두려워하던 제자들에게 세상이 감당할 수 없는 복음증거에 능력을 주시며, 신약공동체를 세속적인 이해집단으로 바꾸어 놓으려는 아나니아와 삽비라로부터 교회를 정결케 하시며, 바나바와 바울을 선교사로 세우시고, 총회의 결정이 구약의 율법적인 사고에서 신약의 복음적인 신앙으로 전환되게 하시고, 선교의 방향을 지도하시사 아시아에 전도하려던 바울을 유럽으로 이끄시는 등 모든 것을 주관하시는 분이십니다. 그리고 이처럼 성령이 주인공이 되신 사도행전에서는 역사상 유래를 찾아볼 수 없는 강력한 부흥이 일어나게 됩니다.

그런데 이 같은 성령의 부흥에는 반드시 말씀과 동반되고 있습니다. 왜냐하면 성령은 돌비에 새긴 말씀이 심비에 새겨지게 하기 위해서 임한 영이시기 때문입니다. 실제 사도행전에는 "홍왕하다", "왕성하다"는 표현이 3번 나오는데 이것은 모두 말씀과 결부되어 나타나고 있습니다.

행 6:7 하나님의 말씀이 점점 왕성하여 예루살렘에 있는 제자의 수가 더 심히 많아지고 허다한 제사장의 무리도 이 도에 복종하니라

행 12:24 하나님의 말씀은 흥왕하여 더하더라

행 19:20 이와 같이 주의 말씀이 힘이 있어 흥왕하여 세력을 얻으니라

뿐만 아니라 사도행전에서 '말씀'이라는 단어(60회)는 '성령'보다 더 많이 나오고 있습니다. 이것은 올바른 성령운동의 방향이 무엇인지를 선명하게 보여주는 것입니다. 성령은 성경이 성경되게 하시는 영입니다. 말씀 없는 성령운동은 모래 위에 짓는 집처럼 결국 무너질 수밖에 없는 운동이거나, 아니면 처음부터 악령의 역사일 뿐입니다.

GT 성경시리즈 발행사

# 작은 물맷돌을 주의 손에 올려 드리며

1991년 3월 기초적인 자료와 정보들을, 전문성과 지속성을 가지고 제공하는 것이 한국교회와 선교단체를 돕는 최상의 길이라는 믿음으로 GTM(Ground Tool Ministry)을 시작한지 이제 꼭 30주년이 되었습니다.

그라운드툴이란 삽이나 곡갱이처럼 땅을 파는 도구를 말하는데 GTM이 붙잡은 기초적인 도구는 성경공부교재와 큐티입니다.

저희는 성경공부교재를 쓰지 않는 교회는 없지만 그 교재에 만족하는 경우가 거의 없는 것을 보면서 완성도 높은 성경공부교재를 만드는 것만으로도 교회와 선교단체에 도움이 되리라고 생각했습니다. 이렇게 해서 만들어진 「글로벌틴」 시리즈나 「스파크셀」 시리즈 등의 교재들은 수백만 명의 독자들에게 지금도 도움이 되고 있습니다.

또한 저희는 비록 한국교회에 수많은 큐티지들이 있지만 한 권 정도는 한 사람이 일관되게, 한 구절도 빠짐없이 충실하게 해석하는 큐티지가 나오면 좋겠다고 생각했습니다.

이 때문에 저는 「더 깊은 묵상을 위한 기초도구 GT」를 발행하고는 하루치 큐티원고를 집필하는데 평균 7시간 이상을 들여왔습니다. 그리고 집필을 마친 원고도 여러 해에 걸쳐 또 다시 보완하고 첨삭하기를 거듭했습니다. 누구도 그렇게 크게 여기지 않는 큐티 집필에 왜 그렇게 많은 정성을 쏟았느냐고 묻는다면, 교회의 수준은 말씀에 대한 이해의 수준과 정비례하며, 목회자 뿐 아니라 성도들도 말씀을 이해하기 위해 손쉽게 접할 수 있는 매체는 큐티지 만한 것이 없다는 생각 때문이었습니다.

그리고 이렇게 혼자 쓰고 다듬고 완성한 GT원고가 쌓이고 쌓여 어느덧 성경 전권에 이르게 되었습니다.

제가 가지고 있는 간절한 소원은 한국교회가 영적인 한류를 온 세계에 흘려보낼 수 있게 되는 것이었습니다.

30년은 한 세대입니다. 그런데 이전의 30년이 영적한류를 위한 컨텐츠 제작에 드려진 세대라면, 이후의 30년은 이 콘텐츠가 온 세계에 확산되어 가는 곳마다 하나님나라를 확장시키는데 사용되는 세대가 될 것입니다.

지금까지 GT와 성경공부 교재를 통해 묵묵히 GTM의 꿈에 함께해주신 독자님들께 사랑을 전합니다. 특별히 「GT 성경 전권 시리즈」 간행을 위해 마치 엘리사를 위해 책상과 의자와 촛대를 준비한 수넴여인처럼 세심하게 섬겨주신 분들께 깊은 감사를 전합니다.

지난 30년간 가장 작은 저희들이 가장 작은 도구들을 붙잡고 있도록 붙들어주신 주님께서 마지막 시대에 혼미한 비 진리로 온 세상을 미혹하는 사탄의 이마를 깨뜨리는 주의 손에 들린 물맷돌로 써주시기를 기도하는 마음으로 이 책을 올려드립니다.

2022년 1월<br>지티지기 권지현

# 차례

# 1장
## 깊이파기

성령을 받을
그릇을 준비하다

# 하나님나라와 성령

1-5절

## 데오빌로에게 요약한 누가복음의 내용

1 데오빌로여 내가 먼저 쓴 글에는 무릇 예수께서 행하시며 가르치시기를 시작하심부터
2 그가 택하신 사도들에게 성령으로 명하시고 승천하신 날까지의 일을 기록하였노라

사도행전의 수신자는 데오빌로입니다. 그는 또한 누가복음의 수신자이기도 합니다. 이처럼 누가가 쓴 두 권의 성경의 수신자가 데오빌로였음을 생각할 때, 그가 얼마나 누가를 통해서 접하게 되는 예수님의 복음을 소중히 여기며 이 진리를 더 아는데 관심이 있는 사람이었는지를 추측해 볼 수 있습니다.

데오빌로라는 이름은 신원을 감추기 위해 쓴 가명으로 그 뜻은 '하나님의 친구'입니다. 그는 참으로 하나님의 친구였으며, 성경의 친구였습니다. 한편 누가복음을 요약한 1-2절의 내용은 예수님의 사역에 대해 중요한 깨달음을 주고 있습니다. 누가는 복음서가 예수님의 '행하시며 가르치신 것'에 대한 기록이라고 말하고 있습니다. 이 순서대로 성경에 나타나는 예수님은 분명, 가르치기 전에 먼저 행하는 분이셨습니다. 예수님은 우리에게도 예수님과 같은 삶을 요구하고 있습니다.

"그러므로 누구든지 이 계명 중의 지극히 작은 것 하나라도 버리고 또 그같이 사람을 가르치는 자는 천국에서 지극히 작다 일컬음을 받을 것이요 누구든지 이를 행하며 가르치는 자는 천국에서 크다 일컬음을 받으리라"(마 5:19)

## 예수님의 핵심 메시지인 하나님나라

3 그가 고난 받으신 후에 또한 그들에게 확실한 많은 증거로 친히 살아 계심을 나타내사 사십 일 동안 그들에게 보이시며 하나님 나라의 일을 말씀하시니라

부활하신 예수님께서 40일 동안 제자들에게 명하신 것은 한마디로 하나님나라의 일에 대한 것이었습니다. 예수님께서 당신의 삶과 사역, 죽음과 부활을 통해 우리에게 주신 놀라운 복음의 핵심은 다름 아닌 하나님나라였습니다.

"예수께서 이르시되 내가 다른 동네들에서도 하나님의 나라 복음을 전하여야 하리니 나는 이 일을 위해 보내심을 받았노라 하시고"(눅 4:43).

우리는 예수님을 통하여 하나님의 주권과 통치를 인정하게 되었고, 이 같은 우리의 마음에는 이미 누구도 빼앗아 갈 수 없는 하나님나라가 임했습니다.

"바리새인들이 하나님의 나라가 어느 때에 임하나이까 묻거늘 예수께서 대답하여 이르시되 하나님의 나라는 볼 수 있게 임하는 것이 아니요 또 여기 있다 저기 있다고도 못하리니 하나님의 나라는 너희 안에 있느니라 있느니라"(눅 17:20-21).

그리고 이처럼 우리 안에 임한 하나님나라의 증거는 세상이 줄 수 없고 아무도 빼앗아 갈 수 없는 의로움과 기쁨과 평화입니다.

"하나님의 나라는 먹는 것과 마시는 것이 아니요 오직 성령 안에 있는 의와 평강과 희락이라"(롬 14:17).

이렇게 우리 마음에서 시작된 하나님나라가 결국 온 땅 가운데 충만하게 임할 것이라는 약속이 부활하신 예수님께서 가르치신 복음이며, 우리가 붙잡을 목표입니다. 사실 실낙원한 모든 피조물들이 말할 수 없는 탄식 가운데 기다리고 있는 것은 바로 하나님나라입니다.

## 하나님나라를 이루게 하는 성령의 세례

4 사도와 함께 모이사 그들에게 분부하여 이르시되 예루살렘을 떠나지 말고 내게서 들은 바
아버지께서 약속하신 것을 기다리라 5 요한은 물로 세례를 베풀었으나 너희는 몇 날이 못되
어 성령으로 세례를 받으리라 하셨느니라

그런데 하나님나라의 시작은 반드시 성령으로부터 말미암습니다. 그러므로 성령을 받지 못하면 하나님나라는 이해할 수조차 없습니다. 이 때문에 예수님은 제자들에게 "예루살렘을 떠나지 말고 성령을 기다리라"고 명하셨습니다. 그러나 우리는 일에 뛰어드는 데는 익숙하지만 잠잠히 기다리는 데는 실패하기가 쉽습니다. 하나님나라 운동은 노력이 아니라 기다림으로부터 시작되며, 내가 아니라 성령에 의해 성취되는 것입니다.

# 성령에 대한 약속과 승천

6-14절

## 제자들의 관심사와 예수님의 관심사

6 그들이 모였을 때에 예수께 여쭈어 이르되 주께서 이스라엘 나라를 회복하심이 이 때니이
까 하니 7 이르시되 때와 시기는 아버지께서 자기의 권한에 두셨으니 너희가 알 바 아니
요 8 오직 성령이 너희에게 임하시면 너희가 권능을 받고 예루살렘과 온 유대와 사마리아
와 땅 끝까지 이르러 내 증인이 되리라 하시니라

예수님께서 제자들에게 하나님나라에 대한 분부와 성령에 대한 약속을 주셨지만, 제자들의 관심사는 로마로부터 이스라엘이 해방될 날이 언제인가 하는 것이었습니다. 제자들은 하나님나라에 대한 예수님의 말씀을 이해할 수가 없었던 것입니다. 이것은 성령을 받지 못한 제자들에게서 나올 수 있는 당연한 반응입니다. 그러나 예수님은 이 같은 제자들에게 때와 기한은 너희의 알 바가 아니라고 말씀하셨습니다. 제자들에게 불필요한 관심사를 내려놓으라고 하신 예수님은 다시 한 번 성령 임재에 대해 말씀하셨습니다. 곧 예수님의 관심사는 제자들에게 "성령께서 임하시느냐" 여부였습니다. 그리고 성령이 임하시면 땅 끝까지 하나님나라를 세우는 예수의 증인의 권능을 받게 되리라고 약속하셨습니다. 이스라엘은 여호와의 증인이 되는 특권을 받았었습니다.

"나 여호와가 말하노라 너희는 나의 증인, 나의 종으로 택함을 입었나니 이는 너희가 나를 알고 믿으며 내가 그인 줄 깨닫게 하려 함이라 나의 전에 지음을 받은 신이 없었

느니라 나의 후에도 없으리라"(사 43:10).

하지만 그들은 그 사명을 감당하는 데는 실패했습니다. 그러나 이 사명을 온전히 감당하신 예수님은 성령을 받은 신자에게 증인의 사명을 감당할 수 있는 능력과 함께 이 고귀한 특권을 다시 한 번 맡겨주시는 것입니다.

한편 대부분의 이단들은 신도들의 몰입도를 높이기 위해 자신들만은 재림의 때와 시기를 알 수 있는 권한이 있다고 주장합니다. 그러나 이것은 오직 아버지의 권한 안에 있는 일로서, 우리의 알 바가 아닙니다. 우리는 오직 예수님의 증인으로서 그의 복음을 땅 끝까지 전하는데 매진하면 됩니다. 하나님나라가 임할 정확한 때와 기한은 알 수 없지만 천국 복음이 모든 종족에게 증거 되면 그 날이 올 것입니다. 그러므로 우리가 가장 관심을 기울일 일은 성령 받아 예수의 증인되는 것입니다.

"이 천국 복음이 모든 민족에게 증언되기 위하여 온 세상에 전파되리니 그제야 끝이 오리라"(마 24:14).

## 제자들을 향한 천사들의 책망

9 이 말씀을 마치시고 그들이 보는데 올려져 가시니 구름이 그를 가리어 보이지 않게 하더
라 10 올라가실 때에 제자들이 자세히 하늘을 쳐다보고 있는데 흰 옷 입은 두 사람이 그들
곁에 서서 11 이르되 갈릴리 사람들아 어찌하여 서서 하늘을 쳐다보느냐 너희 가운데서 하
늘로 올려지신 이 예수는 하늘로 가심을 본 그대로 오시리라 하였느니라

9-11절에는 예수님의 승천 장면이 자세히 기록되어 있습니다. 승천은 순간적인 환상이 아니라 긴 시간 동안 제자들과 여러 증인들의 눈앞에서 실시된 일입니다. 예수님의 승천이 육체를 입은 승천이었음을 증명하는 이 구절들은 영지주의 이단들의 거짓 가르침을 확실히 폭로합니다. 또한 예수님은 분명 승천

하시던 모습 그대로 육체를 입고 다시 오실 것이며, 은밀하게 오는 것이 아니라 번개의 번쩍임같이 모든 사람들이 동시에 볼 수 있도록 임재하실 것입니다. 한편 제자들은 예수님이 보이지 않게 될 때까지 하늘만 쳐다보고 있었습니다. 그 때 두 천사가 나타나 "어찌하여 서서 하늘만 쳐다보고 있느냐"고 책망합니다. 그들은 예수님께 부탁 받은 중요한 사명이 있다는 것을 잊고 있었던 것입니다. 기독교는 그저 하늘이나 쳐다보면서 세월을 보내는 도피적이고 염세적인 종교가 아닙니다. 기독교는 뜻이 하늘에서 이루어진 것같이 땅에서도 이루어지는 일을 위해 전심으로 기도하고 일하는 적극적인 종교입니다.

## 오로지 기도에 힘쓰는 제자들

12 제자들이 감람원이라 하는 산으로부터 예루살렘에 돌아오니 이 산은 예루살렘에서 가까워 안식일에 가기 알맞은 길이라 13 들어가 그들이 유하는 다락방으로 올라가니 베드로, 요한, 야고보, 안드레와 빌립, 도마와 바돌로매, 마태와 및 알패오의 아들 야고보, 셀롯인 시몬, 야고보의 아들 유다가 다 거기 있어 14 여자들과 예수의 어머니 마리아와 예수의 아우들과 더불어 마음을 같이하여 오로지 기도에 힘쓰더라

천사의 책망 앞에서 정신을 차린 제자들은 예루살렘의 거처로 돌아와 마음을 같이하여 오로지 기도에 힘쓰게 되었습니다. 신약 성경에서 '때' '시기' '시간' 등으로 번역하는 첫 번째 단어는 크로노스인데 이것은 저물 '때', 해질 '때' 등처럼 일상적인 시간을 표시할 때 사용되는 단어입니다. 두 번째 단어는 카이로스인데 이것은 "너희가 '시대'의 표적은 분별할 수 없느냐?" 등처럼 어떤 결정적인 시간을 표시할 때 사용되는 단어입니다. 좀 더 쉽게 설명하자면 크로노스는 임신한 후 출산하기 전까지의 일상적인 9개월을 의미하고, 카이로스는 산통이 오고 해산이 임박한 순간을 의미한다고 할 수 있습니다. 그런데 성령강림사건

은 오랫동안 선지자들이 예언해온바 구원의 새 시대를 여는 결정적인 시간입니다. 그리고 이런 결정적인 시간을 앞둔 제자들에게 필요한 것은 특별한 기도입니다. 곧 이 기도는 마치 출산을 앞둔 결정적인 시기에 산모가 겪는 산고와도 같은 것이라고 할 수 있습니다. 다니엘도 이스라엘의 포로 기간의 끝이 임박했음을 깨닫자 곧 특별한 기도로 하나님 앞에 나아가고 있습니다.

"메대 족속 아하수에로의 아들 다리오가 갈대아 나라 왕으로 세움을 받던 첫 해 곧 그 통치 원년에 나 다니엘이 책을 통해 여호와께서 말씀으로 선지자 예레미야에게 알려 주신 그 연수를 깨달았나니 곧 예루살렘의 황폐함이 칠십 년만에 그치리라 하신 것이니라 내가 금식하며 베옷을 입고 재를 덮어쓰고 주 하나님께 기도하며 간구하기를 결심하고"(단 9:1-3).

특별한 기도가 필요할 때 기도하지 않은 사람은 어리석은 자입니다. 지금은 특별한 기도로 하나님 앞에 나아가야 합니다.

"해산하는 여인의 어려움이 저에게 임하리라 저는 어리석은 자식이로다 때가 임하였나니 산문에서 지체할 것이 아니니라"(호 13:13 개역한글).

# 열두 사도의 빈 자리를 채움

15-26절

## 가룟 유다에 대한 성경의 예언

15 모인 무리의 수가 약 백이십 명이나 되더라 그 때에 베드로가 그 형제들 가운데 일어서서
이르되 16 형제들아 성령이 다윗의 입을 통하여 예수 잡는 자들의 길잡이가 된 유다를 가리
켜 미리 말씀하신 성경이 응하였으니 마땅하도다 17 이 사람은 본래 우리 수 가운데 참여하
여 이 직무의 한 부분을 맡았던 자라 18 (이 사람이 불의의 삯으로 밭을 사고 후에 몸이 곤두
박질하여 배가 터져 창자가 다 흘러 나온지라 19 이 일이 예루살렘에 사는 모든 사람에게 알
리어져 그들의 말로는 그 밭을 아겔다마라 하니 이는 피밭이라는 뜻이라)

승천 후에 본격적인 기도가 시작되자 승천의 증인 400인 중 280인은 돌아가고 120여 성도만 남았습니다. 베드로는 사도의 대표로서 회중 가운데 서서 가룟 유다의 배도와 자살이 성경에 예언된 말씀대로 된 것임을 지적합니다. 이것은 자기 생각으로 진리를 대적한 자의 비참한 운명에 대한 다윗의 예언을 가리키는 것으로 보입니다.

"그의 연수를 짧게 하시며 그의 직분을 타인이 빼앗게 하시며"(시 109:8).

"그들의 거처가 황폐하게 하시며 그들의 장막에 사는 자가 없게 하소서"(시 69:25)

사실 가룟 유다로 대표되는 교만한 자들이 메시야를 어떻게 취급할 것이며, 그들의 종말이 어떠할지에 대한 것은 스가랴의 예언을 통해서 자세히 계시되고 있습니다.

"여호와께서 내게 이르시되 그들이 나를 헤아린 바 그 삯을 토기장이에게 던지라 하시기로 내가 곧 그 은 삼십 개를 여호와의 전에서 토기장이에게 던지고"(슥 11:13).

## 열두 사도를 갖추는 것의 필요성

20 시편에 기록하였으되 그의 거처를 황폐하게 하시며 거기 거하는 자가 없게 하소서 하였고 또 일렀으되 그의 직분을 타인이 취하게 하소서 하였도다

그리고 베드로는 가룟 유다로 말미암아 빈자리가 된 사도의 직분을 감당할 사람을 세워야 함을 성경에 근거하여 제의합니다(20). 베드로의 이 같은 제안은 장차 임할 오순절 성령강림을 준비하는 중요한 행위입니다. 열두 사도를 정비하는 것은 마치 엘리야가 불로 응답하시는 하나님을 기대하면서 열두 돌로 단을 수축한 것과 마찬가지로 성령께서 임하실 그릇을 준비하는 것이기 때문입니다.

"엘리야가 모든 백성을 향하여 이르되 내게로 가까이 오라 백성이 다 그에게 가까이 가매 그가 무너진 여호와의 제단을 수축하되 야곱의 아들들의 지파의 수효를 따라 엘리야가 돌 열두 개를 취하니 이 야곱은 옛적에 여호와의 말씀이 임하여 이르시기를 네 이름을 이스라엘이라 하리라 하신 자더라"(왕상 18:30-31).

성령의 충만을 입기 위해서는 먼저 우리 안에서 무너지고 허물어진 부분이 어디인지를 살피는 지혜가 필요합니다.

## 선출될 사도의 자격

21 이러하므로 요한의 세례로부터 우리 가운데서 올려져 가신 날까지 주 예수께서 우리 가

운데 출입하실 때에 22 항상 우리와 함께 다니던 사람 중에 하나를 세워 우리와 더불어 예수
께서 부활하심을 증언할 사람이 되게 하여야 하리라 하거늘

베드로는 사도의 선출을 위한 조건을 제시합니다. 그것은 '세례 요한의 세례로부터 승천의 날까지 예수님께서 우리 가운데 계실 때 우리와 함께 있던 사람'이어야 한다는 것입니다. 또한 베드로는 선출된 사도가 해야 할 역할에 대해서도 제시합니다. 그것은 "우리와 더불어 예수께서 부활하심을 증언하는 일"이었습니다. 초대교회가 이처럼 처음부터 역사적 예수 사건에 바탕을 두고 신앙을 세우려 했다는 것은 절대로 간과할 수 없는 점입니다. 기독교는 어떤 철학이나 신념을 전하는 것이 아니라 예수님의 삶과 죽음과 부활 사건을 전하는 역사적인 종교인 것입니다. 역사성을 배제하는 신앙은 그것이 아무리 체험과 은사가 강하다 해도 올바른 것이라고 할 수 없습니다.

### 제비뽑기를 통해 사도가 된 맛디아

23 그들이 두 사람을 내세우니 하나는 바사바라고도 하고 별명은 유스도라고 하는 요셉이
요 하나는 맛디아라 24 그들이 기도하여 이르되 뭇 사람의 마음을 아시는 주여 이 두 사람
중에 누가 주님께 택하신 바 되어 25 봉사와 및 사도의 직무를 대신할 자인지를 보이시옵소
서 유다는 이 직무를 버리고 제 곳으로 갔나이다 하고 26 제비 뽑아 맛디아를 얻으니 그가
열한 사도의 수에 들어가니라

이 같은 조건을 충족시킬 수 있는 사람으로 두 명이 천거되자 그들은 기도로 하나님의 뜻을 물었습니다. 이것은 열두 제자를 택하기 전에 밤을 새워 기도하면서 하나님의 뜻을 물으시던 예수님의 모습을 생각나게 합니다.

"이 때에 예수께서 기도하시러 산으로 가사 밤이 새도록 하나님께 기도하시고 밝으매 그 제자들을 부르사 그 중에서 열둘을 택하여 사도라 칭하셨으니"(눅 6:12-13).

그런데 두 후보 중 어쩌면 먼저 호명된 요셉은 다른 별명과 이름이 있는 것으로 보아 사람들에게 보다 잘 알려진 인물이었을 수 있습니다. 그러나 그들은 제비뽑기를 시행함으로, 선택에 있어서 인간적인 요소를 배제하고 오직 하나님의 뜻만 나타나기를 바랐습니다. 하나님의 일에 인간적인 요소가 개입하지 못하도록 조심하는 모습은 귀감이 됩니다.

한편 제자들이 새로운 사도를 선택하기 위해 드린 기도문에서 다시 한 번 유다가 이 직무를 버리고 제 곳으로 갔다는 표현에서 귀중한 사명을 은 삼십에 내팽개친 유다의 어리석음을 다시 한 번 생각하게 됩니다. 유다는 가장 비참한 선택과 영원한 후회의 대명사가 되어 버렸습니다.

# 2장

## 깊이파기

성령과 교회의

새 시대가 열리다

# 오순절 성령강림과 첫 표적인 방언

1-11절

## 오순절 성령강림의 이유

1 오순절 날이 이미 이르매 그들이 다같이 한 곳에 모였더니

오순절은 유월절로부터 50일이 되는 날로, 이때는 보리를 추수하여 첫 열매를 바친다하여 맥추절 혹은 초실절이라고도 불렀습니다. 또 이날은 출애굽기 19장 1절에 비추어 볼 때, 모세가 시내 산에서 율법을 받은 날이기도 합니다. 이같이 의미 있는 날에 부활의 첫 열매되신 예수님께서 돌 판에 새겨진 옛 언약 대신 심비에 새겨진 새 언약되신 성령님을 보내주신 것은 참으로 의미 있는 일입니다. 이것은 구약성경에서 예언한 바와 같이 신약의 새 시대가 본격적으로 열리는 것에 대한 증거가 되기 때문입니다.

**"그러나 그 날 후에 내가 이스라엘 집과 맺을 언약은 이러하니 곧 내가 나의 법을 그들의 속에 두며 그들의 마음에 기록하여 나는 그들의 하나님이 되고 그들은 내 백성이 될 것이라 여호와의 말씀이니라"(렘 31:33).**

**"또 새 영을 너희 속에 두고 새 마음을 너희에게 주되 너희 육신에서 굳은 마음을 제거하고 부드러운 마음을 줄 것이며 또 내 영을 너희 속에 두어 너희로 내 율례를 행하게 하리니 너희가 내 규례를 지켜 행할지라"(겔 36:26-27).**

열흘간의 제자들의 간절한 기도는 성령님을 받을 수 있도록 자신을 준비시키기 위한 것이기도 했지만 본질적으로는 하나님께서 계획하신 시간을 기다리는

의미가 더욱 강하다고 할 수 있습니다.

## 성령 강림의 모습

2 홀연히 하늘로부터 급하고 강한 바람 같은 소리가 있어 그들이 앉은 온 집에 가득하
며 3 마치 불의 혀처럼 갈라지는 것들이 그들에게 보여 각 사람 위에 하나씩 임하여 있더니

오순절 날 성령이 임하시는 모습은 온 집안에 가득한 급하고 강한 바람소리와 혀 같이 갈라지는 불길이 120 성도 모두에게 미치는 두 가지의 모양으로 묘사되고 있습니다. 바람은 생명의 능력을, 불길은 정화와 심판의 능력을 상징합니다. 한편 구약에서도 특정한 사람에게 성령이 임하시는 모습이 가끔 보입니다. 그러나 오순절 성령강림은 모든 사람에게 성령이 임하시고 영원히 떠나지 않게 되는 성령의 새 시대가 본격적으로 열림을 보여주는 획기적인 사건입니다.

한편, 구약은 이스라엘 국가중심으로 하나님의 구원역사가 이루어지던 시대입니다. 그러나 신약은 이스라엘이라는 국가 단위로 하나님의 역사를 경험했던 시대는 폐기되고, 말씀과 성령에 반응하는 각각의 사람들로 하나님의 역사를 경험하는 새 시대입니다.

## 성령강림의 첫 표적인 방언

4 그들이 다 성령의 충만함을 받고 성령이 말하게 하심을 따라 다른 언어들로 말하기를 시
작하니라

성령을 받은 무리는 성령의 말하게 하심을 따라 각각 다른 외국어를 말하기 시작했습니다. 이 사건은 인간의 범죄로 인하여 언어의 혼잡을 가져온 바벨탑

의 저주와는 반대로, 성령으로 말미암아 의사소통이 회복되는 것을 상징합니다. 성령강림의 첫 번째 사역은 분열되고 나누어진 세상을 하나로 교통케 하는 것이었습니다. 그리고 이것은 모든 민족에게로 복음이 확산될 것을 보여주는 징표가 됩니다.

### 자기 말로 하나님의 큰 일을 듣게 된 무리들

5 그 때에 경건한 유대인들이 천하 각국으로부터 와서 예루살렘에 머물러 있더니 6 이 소리
가 나매 큰 무리가 모여 각각 자기의 방언으로 제자들이 말하는 것을 듣고 소동하여 7 다 놀
라 신기하게 여겨 이르되 보라 이 말하는 사람들이 다 갈릴리 사람이 아니냐 8 우리가 우리
각 사람이 난 곳 방언으로 듣게 되는 것이 어찌 됨이냐 9 우리는 바대인과 메대인과 엘람인
과 또 메소보다미아, 유대와 갑바도기아, 본도와 아시아, 10 브루기아와 밤빌리아, 애굽과
및 구레네에 가까운 리비야 여러 지방에 사는 사람들과 로마로부터 온 나그네 곧 유대인과
유대교에 들어온 사람들과 11 그레데인과 아라비아인들이라 우리가 다 우리의 각 언어로
하나님의 큰일을 말함을 듣는도다 하고

그리하여 오순절을 지키기 위해 최소한 15개국 이상에서 예루살렘으로 모여온 디아스포라 유대인과 유대교로 개종한 외국인들은 갈릴리 사람들이 자기들의 난 곳 방언으로 하나님의 큰 일에 대해 말하는 것을 듣고 큰 충격에 휩싸이게 되었습니다. 제자들은 대부분 갈릴리의 어부들이었습니다. 그들은 외국에 사는 사람들과 삶의 질이 달랐습니다. 평소에 대화가 통하지 않았고, 서로 말이 막혀 있었습니다. 갈릴리는 경제적으로 외국을 자주 여행할 수 있는 여건도 아니며, 교육적으로 외국어를 배울 수 있는 여건도 안되는 가난한 사람들이 사는 지방이었기 때문입니다. 하지만 성령님은 평소에 대화가 전혀 통하지 않던, 사는 곳과 쓰는 말이 다르고, 가치관이 전혀 다른 각 나라로부터 온 많은 사

람들에게까지 관심의 지경을 확장시키셨고, 그들이 분명히 알아들을 수 있는 말로 이야기하게 하셨습니다. 만약 내가 10년 전이나 지금이나 나와 다른 사람은 싫어하고 내가 좋아하는 사람들만을 선택해서 사는 사람이라면 이 시간 하나 되게 하시는 성령님이 임하셔서 모든 막힌 담이 무너지고 교통이 회복되는 새 방언의 사람으로 바꾸어 주시도록 기도해야 합니다.

# 요엘의 두 가지 예언

12-21절

## 백성들의 조롱에 대한 베드로의 설명

12 다 놀라며 당황하여 서로 이르되 이 어찌 된 일이냐 하며 13 또 어떤 이들은 조롱하여 이
르되 그들이 새 술에 취하였다 하더라 14 베드로가 열한 사도와 함께 서서 소리를 높여 이르
되 유대인들과 예루살렘에 사는 모든 사람들아 이 일을 너희로 알게 할 것이니 내 말에 귀를
기울이라 15 때가 제 삼 시니 너희 생각과 같이 이 사람들이 취한 것이 아니라

무리는 예루살렘에 모인 온 세계 사람들이 자기의 난 곳 방언으로 복음을 듣게 되는 초유의 사태 앞에서 "이 어찌 된 일이냐?"고 하면서 당황해 했습니다. 또 어떤 이들은 새 술에 취하였다고 이들을 조롱하기도 했습니다. 이때 베드로는 그들이 목격하고 있는 이 신비한 일의 의미가 무엇인지에 대해 12사도의 대표로서 담대히 증언하기 시작합니다. 학문이 없는 그가 이렇게 할 수 있었던 것은 오직 성령님 때문에 가능한 일이었습니다. 성령님은 그들을 능력 있는 증인이 되게 하시기 위해 임하신 분이시기 때문입니다. 우선 베드로는 시간이 아침 9시임을 상기시키면서 120성도들이 술에 취한 것이 아니라고 밝혔습니다.

백성들의 조롱과 베드로의 해명에 동일하게 나온 술 취하는 것과 성령으로 충만케 되는 것에는 상당한 유사한 점이 있습니다. 술 취하면 말을 잘 못하는 사람이 똑똑한 달변가가 되기도 하고, 미워하던 사람을 사랑할 수 있을 것처럼 느끼기도 하고, 무능하던 사람이 용기와 자신감을 가지게 되기도 합니다.

이처럼 일시적으로 자신의 지정의의 한계를 넘게 만든 것처럼 착각하게 하기 때문에 오늘도 많은 사람들이 알콜 중독에 빠지고 있습니다. 하지만 성령님은 진정으로 우리의 지정의의 한계를 초월하는 지혜와 사랑과 능력을 주십니다. 이 때문에 성경은 우리에게 술취함 대신 성령 충만을 받으라고 명령하고 있는 것입니다.

"술 취하지 말라 이는 방탕한 것이니 오직 성령으로 충만함을 받으라"(엡 5:18).

## 성령강림에 대한 요엘의 예언

16 이는 곧 선지자 요엘을 통하여 말씀하신 것이니 일렀으되 17 하나님이 말씀하시기를 말세에 내가 내 영을 모든 육체에 부어 주리니 너희의 자녀들은 예언할 것이요 너희의 젊은이들은 환상을 보고 너희의 늙은이들은 꿈을 꾸리라 18 그 때에 내가 내 영을 내 남종과 여종들에게 부어 주리니 그들이 예언할 것이요

베드로가 이 사건의 의미를 설명하기 위해 인용한 성경은 요엘의 예언이었습니다. 성경의 저자요 초월하는 지혜를 가지신 성령께서 임하시자 베드로는 말씀의 깊은 의미를 온전히 이해하게 된 것입니다. 구약성경은 말일, 곧 메시야가 오실 때에 만방이 그분 앞에 나올 것에 대해 많은 예언을 하고 있습니다.

"말일에 여호와의 전의 산이 모든 산 꼭대기에 굳게 설 것이요 모든 작은 산 위에 뛰어나리니 만방이 그리로 모여들 것이라"(사 2:2).

"끝날에 이르러는 여호와의 전의 산이 산들의 꼭대기에 굳게 서며 작은 산들 위에 뛰어나고 민족들이 그리로 몰려갈 것이라"(미 4:1).

요엘은 그 때에 일어날 두 가지 중요한 사건에 대해 예언하고 있습니다. 첫째는 세대와 계층과 민족을 뛰어넘어 모든 육체에 성령이 부어지는 새 시대가 열리게 됩니다. 그리하여 자녀들은 하나님의 말씀을 입술로 선언하고, 청년들은

그 말씀이 이루어지는 날에 대한 비전을 보며, 부모세대는 말씀이 다스리는 하나님나라에 대해 꿈을 꾸게 된다는 것입니다. 곧 베드로는 지금 무리들이 자기의 난 곳 방언으로 하나님의 놀라운 일에 대해 듣는 것은 요엘이 예언한 성령의 새 시대가 열린 증거라고 말하고 있는 것입니다.

우리는 성령으로 말미암아 하나님의 말씀을 선언하고 그 말씀이 이루어지는 날에 대한 비전을 보며 그 나라가 세워지는 것에 대해 꿈을 꾸는 새 시대의 일꾼이 되어야 합니다.

## 최후 심판에 대한 요엘의 예언

19 또 내가 위로 하늘에서는 기사를 아래로 땅에서는 징조를 베풀리니 곧 피와 불과 연기로
다 20 주의 크고 영화로운 날이 이르기 전에 해가 변하여 어두워지고 달이 변하여 피가 되리
라 21 누구든지 주의 이름을 부르는 자는 구원을 받으리라 하였느니라

요엘의 두 번째 예언은 그 날이 되면 심판과 구원의 갈림길이 놓이게 된다는 것입니다. 주의 크고 영화로운 날 곧 예수님께서 재림하시는 때가 이르기 전에 먼저 전세계적이고 무시무시한 재앙이 있게 될 것입니다. 그러나 주의 이름을 부르는 자 곧 메시야와의 인격적인 관계를 가진 자들에게는 완전한 구원이 있을 것입니다. 우리는 지금 심판과 구원의 갈림길에 서 있습니다.

# 예수의 부활로 말미암는
# 사죄와 성령으로 말미암는 구원

22-41절

## 예수님의 삶과 죽음과 부활

22 이스라엘 사람들아 이 말을 들으라 너희도 아는 바와 같이 하나님께서 나사렛 예수로 큰
권능과 기사와 표적을 너희 가운데서 베푸사 너희 앞에서 그를 증언하셨느니라 23 그가 하
나님께서 정하신 뜻과 미리 아신 대로 내준 바 되었거늘 너희가 법 없는 자들의 손을 빌려
못 박아 죽였으나 24 하나님께서 그를 사망의 고통에서 풀어 살리셨으니 이는 그가 사망에
매여 있을 수 없었음이라

요엘서를 인용함으로 말세에 있을 두 가지 큰 일에 대해 언급한 베드로는 말세가 시작되게 하는 핵심, 곧 그리스도에 대해 증거 하기 시작합니다. 베드로는 나사렛 예수가 행하신 큰 권능과 기사와 표적은 그분이 성경에 예언된 그리스도임을 증명하는 증거라고 지적합니다. 이어서 그는 유대인들이 로마인의 손을 빌어 그 메시야를 십자가에 못 박았다고 책망합니다. 그러나 베드로는 하나님께서 이처럼 큰 유대인의 죄와, 또 실패로 밖에 보이지 않는 그리스도의 죽음에도 불구하고 그를 부활케 하셨다고 선언하고 있습니다.

사실 예수님은 죽음 아래 매여 있을 수가 없었습니다. 왜냐하면 하나님의 완전한 뜻대로 사신 예수님의 삶은 결코 사망 아래 매여 있을 수 없었고, 도리어 사탄의 가장 강한 권세인 사망조차 결코 억누르고 있을 수 없는 생명의 에너지로 가득 차 있어서 사망을 폭발시켜 버린 것입니다.

"사망아 너의 승리가 어디 있느냐 사망아 네가 쏘는 것이 어디 있느냐 사망이 쏘는 것은 죄요 죄의 권능은 율법이라 우리 주 예수 그리스도로 말미암아 우리에게 승리를 주시는 하나님께 감사하노니"(고전 15:55-57)

사실 사망은 죄로 말미암는 것입니다. 죄는 마치 화살 끝에 달려 있는 화살촉과 같은 것이기 때문입니다. 그리고 이 사망의 화살은 "죄의 삯은 사망이요"라는 율법조문에 의해 마치 활시위가 당겨진 것처럼 힘차게 날아가게 됩니다. 그런데 예수님은 이와 같은 죄와 사망의 권능을 당신의 죽음으로 깨트려 주신 것입니다. 이 때문에 예수님의 죽으심과 부활승리는 죽음에게 한평생 매여 종노릇할 수밖에 없는 모든 인류에게 구원의 복음이 되는 것입니다.

"자녀들은 혈과 육에 속하였으매 그도 또한 같은 모양으로 혈과 육을 함께 지니심은 죽음을 통하여 죽음의 세력을 잡은 자 곧 마귀를 멸하시며 또 죽기를 무서워하므로 한평생 매여 종 노릇 하는 모든 자들을 놓아 주려 하심이니"(히 2:14-15).

## 다윗의 예언을 성취한 예수님의 부활

25 다윗이 그를 가리켜 이르되 내가 항상 내 앞에 계신 주를 뵈었음이여 나로 요동하지 않게
하기 위하여 그가 내 우편에 계시도다 26 그러므로 내 마음이 기뻐하였고 내 혀도 즐거워하
였으며 육체도 희망에 거하리니 27 이는 내 영혼을 음부에 버리지 아니하시며 주의 거룩한
자로 썩음을 당하지 않게 하실 것임이로다 28 주께서 생명의 길을 내게 보이셨으니 주 앞에
서 내게 기쁨이 충만하게 하시리로다 하였으므로 29 형제들아 내가 조상 다윗에 대하여 담
대히 말할 수 있노니 다윗이 죽어 장사되어 그 묘가 오늘까지 우리 중에 있도다 30 그는 선
지자라 하나님이 이미 맹세하사 그 자손 중에서 한 사람을 그 위에 앉게 하리라 하심을 알고
31 미리 본 고로 그리스도의 부활을 말하되 그가 음부에 버림이 되지 않고 그의 육신이 썩음
을 당하지 아니하시리라 하더니 32 이 예수를 하나님이 살리신지라 우리가 다 이 일에 증인

이로다

베드로는 이 같은 그리스도의 부활이 구약에 예언되어 있음을 증명하기 위해 다윗의 시를 소개합니다. 이것은 시편 16편의 인용입니다.

"내가 여호와를 항상 내 앞에 모심이여 그가 나의 오른쪽에 계시므로 내가 흔들리지 아니하리로다 이러므로 나의 마음이 기쁘고 나의 영도 즐거워하며 내 육체도 안전히 살리니 이는 주께서 내 영혼을 스올에 버리지 아니하시며 주의 거룩한 자를 멸망시키지 않으실 것임이니이다 주께서 생명의 길을 내게 보이시리니 주의 앞에는 충만한 기쁨이 있고 주의 오른쪽에는 영원한 즐거움이 있나이다"(시 16:8-11).

그러면서 베드로는 다윗의 시에 나오는 '내'가 다윗이 아니라 그리스도라고 풀이합니다. 왜냐하면 "내"가 장사되어 무덤에 있는 다윗이라면 "주의 거룩한 자로 썩음을 당하지 않게 하실 것"이라는 내용이 앞뒤가 맞지 않기 때문입니다. 이 때문에 베드로는 이 시의 내용이 다윗이 선지자로서 미리 그리스도의 부활을 보고 예언한 것이라고 밝힙니다. 결론적으로 베드로는 구약에 약속된 예언대로 하나님께서 그리스도 되신 예수님을 다시 살리셨고, 자신들은 그것을 전부 목격한 증인으로서 지금 여기에 서있다고 선언하고 있습니다.

한편 다윗의 예언대로 부활하신 예수님은 하나님께로부터 충만한 기쁨과 영원한 즐거움을 받으셨습니다. 그런데 예수님이 기대하신 즐거움은 고난 후에 있을 명예나, 혹은 개인적인 성취욕의 충족과 같은 이기적인 기쁨이 아니었습니다. 예수님의 기쁨은 자신의 온전한 삶과 죽음을 통해 구원받게 될 수많은 영혼들로 인한 것이었습니다.

"믿음의 주요 또 온전하게 하시는 이인 예수를 바라보자 그는 그 앞에 있는 기쁨을 위하여 십자가를 참으사 부끄러움을 개의치 아니하시더니 하나님 보좌 우편에 앉으셨느니라"(히 12:2).

## 성령의 수여자와 심판의 주관자가 되신 그리스도

33 하나님이 오른손으로 예수를 높이시매 그가 약속하신 성령을 아버지께 받아서 너희가
보고 듣는 이것을 부어 주셨느니라 34 다윗은 하늘에 올라가지 못하였으나 친히 말하여 이
르되 주께서 내 주에게 말씀하시기를 35 내가 네 원수로 네 발등상이 되게 하기 까지 너는
내 우편에 앉아 있으라 하셨도다 하였으니 36 그런즉 이스라엘 온 집은 확실히 알지니 너희
가 십자가에 못 박은 이 예수를 하나님이 주와 그리스도가 되게 하셨느니라 하니라

베드로는 하나님께서 부활하신 예수님을 높이시사 요엘이 예언했던 성령의 새 시대를 열 수 있는 권세를 주셨고, 이것 때문에 지금 120성도들이 방언으로 온 세계가 들을 수 있게 복음을 선포하고 있다고도 밝히고 있습니다.

우리에게 성령을 부어주실 수 있는 주체는 오직 예수님 뿐이십니다. 또한 베드로는 높임 받으신 예수님께 심판의 주관자라는 지위가 주어지게 되었다고 밝힙니다. 그리고 이를 증명하기 위해 베드로는 다시 한 번 다윗의 예언시를 인용합니다. "주께서 내 주께 말씀하시기를 내가 네 원수로 네 발등상 되게 하기까지 너는 내 우편에 앉았으라." 여기서 '주'는 하나님이며 '내 주'는 예수님으로, 이는 곧 예수님이 심판과 구원의 주로서 하나님 우편에 앉아 계신 하나님이시라는 선언인 것입니다. 심판주가 되실 분도 오직 예수 그리스도뿐이십니다. 그러면서 베드로는 지금까지의 설교를 종합하여, 너희가 십자가에서 죽인 예수님이 바로 심판주요 구원의 메시야라고 분명하게 선언했습니다.

## 베드로의 설교를 통해 일어난 구원의 역사

37 그들이 이 말을 듣고 마음에 찔려 베드로와 다른 사도들에게 물어 이르되 형제들아 우리
가 어찌할꼬 하거늘 38 베드로가 이르되 너희가 회개하여 각각 예수 그리스도의 이름으로

세례를 받고 죄 사함을 받으라 그리하면 성령의 선물을 받으리니 39 이 약속은 너희와 너희
자녀와 모든 먼 데 사람 곧 주 우리 하나님이 얼마든지 부르시는 자들에게 하신 것이라 하고
40 또 여러 말로 확증하며 권하여 이르되 너희가 이 패역한 세대에서 구원을 받으라 하니
41 그 말을 받은 사람들은 세례를 받으매 이 날에 신도의 수가 삼천이나 더하더라

베드로의 설교는 유대인들에게 커다란 충격을 안겨주었습니다. 왜냐하면 그들이 죄인으로 여기고 참혹한 십자가에 못 박아 죽인 예수가 그들이 그렇게 기다려온 그리스도였으며, 지금 현재 자신들이 목격하고 있는 성령을 부어 주신 분이실 뿐 아니라, 장차 이 땅을 심판하실 주관자로서 하나님 우편에 앉아 계신다는 것을 깨달았기 때문입니다.

이에 백성들은 찔림을 받아 "우리가 어찌할꼬"라고 하며 탄식하게 되었습니다. 그런데 이처럼 하나님의 말씀 앞에서 '우리가 어찌할꼬?'하고 반응하는 자는 구원에 이를 수 있는 사람입니다. 이에 베드로는 이들을 향해 '회개하고 예수의 이름으로 세례를 받으라'고 선언하고 있습니다. 구원을 위해 우리가 부를 주의 이름은 예수님의 이름뿐입니다.

**"다른 이로써는 구원을 받을 수 없나니 천하 사람 중에 구원을 받을 만한 다른 이름을 우리에게 주신 일이 없음이라 하였더라"**(행 4:12).

그리고 베드로는 예수의 이름 안에 있는 놀라운 약속을 선포합니다. 그것은 예수의 공로를 의지하는 모든 자에게 죄사함과 성령님이 임하신다는 것입니다. 성령은 죄사함의 가장 확실한 증표가 되시며, 우리 안에서와 세상 안에서 하나님나라의 구원을 이루어가는 가장 놀라운 능력이 되시는 분입니다. 또한 베드로는 이 성령의 약속이 모든 사람에게 얼마든지 유효한 것임을 선언하고 있습니다. 곧 성령의 새 시대가 본격적으로 열린 것을 선포하는 것입니다.

베드로는 회개하고자 하는 자들에게 여러 말로 구원의 원리를 가르쳐 주었습니다. 마지막으로 베드로는 이 시대를 악을 자행하고도 양심의 가책을 느끼지 않는 패역한 세대라고 규정하면서 이런 자들과 함께 하지 말고 구원을 받으라

고 외치고 있습니다.

이 전도의 말을 믿고 세례를 받는 사람이 많아서 그날에만 신도의 수가 삼천이나 더하게 되었습니다. 성령 받은 제자들을 통해서 일어나는 이같이 놀라운 추수의 역사는 예수님의 약속이 실제임을 증명해 줍니다.

# 초대교회의 예배와 부흥

42-47절

## 초대교회 예배의 구성요소

42 그들이 사도의 가르침을 받아 서로 교제하고 떡을 떼며 오로지 기도하기를 힘쓰니라
43 사람마다 두려워하는데 사도들로 말미암아 기사와 표적이 많이 나타나니 44 믿는 사람
이 다 함께 있어 모든 물건을 서로 통용하고 45 또 재산과 소유를 팔아 각 사람의 필요를 따
라 나눠 주며 46 날마다 마음을 같이하여 성전에 모이기를 힘쓰고 집에서 떡을 떼며 기쁨과
순전한 마음으로 음식을 먹고 47 하나님을 찬미하며…

본문에서는 아름다운 초대교회의 예배 모습이 잘 묘사되어 있습니다. 그들은 사도들의 가르침을 받는데 열심이어서 성전에 모이기를 항상 힘썼습니다. 또 그들은 서로 교제하는데 열심이었습니다. 교제라는 단어의 원어는 '코이노니아'로, 이것은 한글성경에 '참여' 혹은 '헌금'이라는 단어로도 번역되어 있습니다. 곧 교제란 단순히 친교만을 의미하는 것이 아니라 물질적, 정신적 참여와 나눔의 의미를 내포하는 것입니다. 44-45절의 모습은 초대교회의 교제가 얼마나 실제적이었는지를 잘 보여줍니다.

초대교회 예배의 세 번째 모습은 떡을 떼는 것입니다. 이것은 성찬식뿐 아니라 예찬과 보통의 식사를 다 포함하는 말입니다. 그들은 서로의 집에서 함께 모여 기쁜 마음으로 음식을 먹는데 열심이었습니다. 예수님과 제자의 공동체가 식탁공동체였던 것처럼, 초대교회 역시 식탁공동체였던 것입니다. 한 형제, 자매됨을 가장 잘 나타내는 것이 식사를 함께 하는 것입니다. 초대교회 예배의

마지막 모습은 기도하는 것과 하나님을 찬미하는 것에 힘쓰는 모습입니다. 이 같은 예배의 모습들은 오늘날 예배공동체에서 회복해야 할 보배입니다.

## 바른 예배로 말미암는 결과

47 …또 온 백성에게 칭송을 받으니 주께서 구원 받는 사람을 날마다 더하게 하시니라

초대교회의 예배에 대한 사람들의 첫 번째 반응은 칭송이었습니다. 초대교회 공동체는 온 백성에게 칭송을 받았습니다. 사실 참된 성령 충만에서 나오는 열매는 세상에 금지할 법이 없는 칭송할만한 것입니다.

"오직 성령의 열매는 사랑과 희락과 화평과 오래 참음과 자비와 양선과 충성과 온유와 절제니 이 같은 것을 금지할 법이 없느니라"(갈 5:22-23).

하지만 오늘날에는 신앙과 성령의 이름으로 주위 사람들에게 불편과 부덕을 끼치는 신자들이 있습니다. 그런데 이와 같은 칭송의 다른 면은 경외심입니다. 성령공동체가 세상 사람들로부터 당연히 받아야 되는 반응은 이 같은 경외심입니다. 그러나 오늘날 우리의 교회는 세상으로부터 전혀 경외의 대상이 되지 못할 때가 많습니다. 그것은 교회를 통해서 드러나는 것이 하나님이 아니라 인간이기 때문입니다.

초대교회의 예배로 인한 사람들의 두 번째 반응은 부흥이었습니다. 하나님은 영혼을 소중히 여기셔서 그것을 맡을 만한 공동체에 맡기십니다. 초대교회가 이처럼 칭찬과 경외의 대상이 되자 하나님은 안심하고 그 공동체에 날마다 더 많은 영혼들을 맡겨 주셨습니다. 이것이 진정한 성장입니다. 교회성장의 주체는 하나님이십니다. 우리의 공동체도 이처럼 경외와 칭송의 대상으로 회복될 때 하나님께서 구원받는 사람을 날마다 더하게 하실 것입니다.

# 3장
## 깊이파기

성령받은 사도들이
첫 표적과 첫 설교를 행하다

# 성령 받은 사도들의 첫 표적

1-10절

### '우리'가 된 베드로와 요한

1 제 구 시 기도 시간에 베드로와 요한이 성전에 올라갈새 2 나면서 못 걷게 된 이를 사람들
이 메고 오니 이는 성전에 들어가는 사람들에게 구걸하기 위하여 날마다 미문이라는 성전
문에 두는 자라 3 그가 베드로와 요한이 성전에 들어가려 함을 보고 구걸하거늘 4 베드로가
요한과 더불어 주목하여 이르되 우리를 보라 하니

본문의 내용은 성령강림 후에 사도들이 행한 첫 번째 이적에 대한 기록입니다. 그런데 본문에는 "베드로와 요한"이 세 번 등장하고 있고 심지어 둘이 함께 "우리를 보라!"고 말하고 있기까지 합니다. 사실 예수님의 수제자인 베드로와 가장 사랑받는 제자인 요한은 원래 서로 누가 큰지를 다투는 라이벌이었습니다. 그들은 예수님이 부활하신 후에도 누가 더 사랑받는지에 대해 신경전을 펼칠 정도였습니다. 그러나 성령을 받은 후 그들은 서로가 서로를 사랑하는 온전한 하나로 변화되었습니다.

그 날도 베드로와 요한은 기도하기 위해 함께 성전으로 올라가고 있었습니다. 그때 성전 미문에 있던 앉은뱅이가 그들에게 구걸을 했습니다. 과거 그들은 소경된 걸인을 보면서 "이 사람이 소경으로 태어난 것이 자기의 죄 때문입니까 아니면 부모의 죄입니까?"를 묻던 이들이었습니다. 하지만 이제는 예수님처럼 사랑과 긍휼의 눈으로 그를 바라보는 사람으로 변화되었습니다. 이와 같은 변

화야말로 성령께서 행하신 더 큰 기적이라고 할 수 있습니다. 어떤 경건자는 '밤의 어둠이 지나고 새 날이 밝아온 것을 알 수 있는 방법'에 대해 '눈을 뜨고 밖을 내다보았을 때 지나가는 모든 사람이 형제로 보이는 때'라고 말했습니다. 참으로 깊이 새겨볼 진리입니다.

우리 눈이 열려 주변의 모든 사람들을 형제로 보고 사랑할 수 있을 때, 그때가 바로 우리 자신과 세계에 어둠이 걷히고 진정한 새 날이 온 것입니다. 하나님은 우리 모두의 아버지이시며 우리는 한 형제입니다. 예수님은 우리 안에 형제의 아픔과 고통을 나의 것처럼 공감할 수 있는 사랑의 마음을 재창조하셨습니다. 이 진리를 아는 신자들이 참으로 신자다워질 때, 모든 사람들은 새 날이 밝아오고 있음을 알게 될 것입니다. 우리는 성령으로 말미암아 형제를 사랑하고 이웃을 긍휼히 여기는 눈을 가진 사람으로 변화되어가야 합니다.

## 앉은뱅이를 일으킨 표적

4 베드로가 요한과 더불어 주목하여 이르되 우리를 보라 하니 5 그가 그들에게서 무엇을 얻
을까 하여 바라보거늘 6 베드로가 이르되 은과 금은 내게 없거니와 내게 있는 이것을 네게
주노니 나사렛 예수 그리스도의 이름으로 일어나 걸으라 하고 7 오른손을 잡아 일으키니 발
과 발목이 곧 힘을 얻고 8 뛰어 서서 걸으며 그들과 함께 성전으로 들어가면서 걷기도 하고
뛰기도 하며 하나님을 찬송하니

베드로와 요한은 먼저 앉은뱅이를 주목하면서 "우리를 보라"고 말했습니다. 그들은 앉은뱅이를 긍휼히 여겼고, 그와 인격적인 접촉을 통해 치유하기를 원했던 것입니다. 이처럼 하나님의 역사는 기능적인 것이 아니라 인격적인 것입니다. 이어서 베드로는 무엇을 얻을까 하여 바라보는 그를 향해 '금과 은은 내게 없다!'라고 말했습니다.

이것은 그에게서 세상적인 기대를 단념시키기 위함입니다. 왜냐하면 세상적인 기대는 도리어 내면 깊이에 자리 잡고 있는 온전한 갈망을 가로막는 경우가 많기 때문입니다. 그러면서도 베드로는 분명히 자기에게 있는 것이 있다고 주장합니다. 그것은 예수 그리스도의 이름입니다. 바로 그 예수의 이름으로 말미암아 앉은뱅이는 자기의 기대를 훨씬 뛰어넘는 복을 받게 되었습니다. 그것은 일어나 걷는 것으로 이는 일말의 희망마저 접고 있었던 그의 가장 본질적인 갈망이었습니다. 그리하여 그는 이제 성전 밖에 머무르며 구걸하는 사람이 아니라 성전 안으로 뛰어 들어가 하나님을 찬미하는 사람이 되었습니다.

## 심히 놀라는 백성들

9 모든 백성이 그 걷는 것과 하나님을 찬송함을 보고 10 그가 본래 성전 미문에 앉아 구걸하던 사람인 줄 알고 그에게 일어난 일로 인하여 심히 놀랍게 여기며 놀라니라

성전 미문에 앉아서 구걸하던 그 앉은뱅이의 모습을 평생 지켜보았던 백성들은 그에게 일어난 일로 말미암아 심히 놀라고 놀라게 되었습니다. 그들은 평생 성전을 찾았지만 이런 놀라움을 경험하지 못했고 자신들도 영적으로는 앉은뱅이와 마찬가지로 형식적으로 성전을 찾을 뿐 하나님 앞에서 뛰놀면서 그분을 찬양한 적이 없었기 때문입니다. 우리 공동체에도 형식적으로 성전을 찾던 자가 하나님 앞에서 뛰놀면서 찬양하는 놀라운 일이 일어나기를 기도해야 합니다.

한편 앉은뱅이가 일어나는 이같이 큰 기적이 제자들을 통해서 일어난 것은, 부활하신 예수님께서 성령으로 그들과 함께 하심을 증명해 주는 분명한 표적이라고 할 수 있습니다.

# 성령받은 베드로가 행한 첫 설교

11-26절

## 경건에 따르는 능력을 바르게 사용하는 태도

11 나은 사람이 베드로와 요한을 붙잡으니 모든 백성이 크게 놀라며 달려 나아가 솔로몬의
행각이라 불리우는 행각에 모이거늘 12 베드로가 이것을 보고 백성에게 말하되 이스라엘
사람들아 이 일을 왜 놀랍게 여기느냐 우리 개인의 권능과 경건으로 이 사람을 걷게 한 것처
럼 왜 우리를 주목하느냐 13 아브라함과 이삭과 야곱의 하나님 곧 우리 조상의 하나님이 그
의 종 예수를 영화롭게 하셨느니라...

앉은뱅이가 일어나 걷고 뛰며 하나님을 찬미하는 모습을 본 백성들은 베드로와 요한 주위에 몰려들게 되었습니다. 그들은 베드로와 요한에게 엄청난 권능과 탁월한 경건이 있는 것으로 생각하고 경이로운 눈으로 그들을 바라보고 있었습니다. 그러자 베드로는 그들에게 "왜 우리를 주목하느냐?"고 하면서 마땅히 시선을 돌려야 할 분이 있음을 환기시켰습니다. 이 같은 모습은 앉은뱅이를 고쳤을 때 그들을 신으로 떠받드는 루스드라 사람들을 향해 바나바와 바울이 외친 내용과도 같습니다.

"두 사도 바나바와 바울이 듣고 옷을 찢고 무리 가운데 뛰어 들어가서 소리 질러 이르되 여러분이여 어찌하여 이러한 일을 하느냐 우리도 여러분과 같은 성정을 가진 사람이라 여러분에게 복음을 전하는 것은 이런 헛된 일을 버리고 천지와 바다와 그 가운데 만물을 지으시고 살아 계신 하나님께로 돌아오게 함이라"(행 14:14-15).

그리고는 이 기적은 이스라엘의 조상의 하나님께서 그 언약대로 보내신 메시

야 예수를 영화롭게 하기 위해 허락하신 것임을 증거 했습니다. 여기서 경건생활에 따르는 능력의 바른 사용에 대해 생각해 볼 필요가 있습니다. 경건생활에는 분명 권능이 따르며, 반대로 경건치 못한 삶에는 능력이 사라집니다.

그러나 경건에 따르는 능력은 사람들의 시선을 경건한 자기에게 모으기 위함이 아님을 절대로 잊지 않아야 합니다. 깨끗하게 닦여진 빛나는 보석함은 다른 것보다 눈길을 끕니다. 그러나 보석함의 주제는 함 자체가 아니라 그 속에 담긴 보석입니다. 우리는 참 보배 되신 예수님을 담은 그릇입니다. 그래서 우리는 더욱 자신을 깨끗케 하는 경건생활에 매진해야 합니다. 하지만 그럼에도 불구하고 찬사와 영광을 받으셔야 할 분은 오직 예수님임을 항상 잊어서는 안 됩니다. 자신이 보배를 담은 질그릇이란 의식이 있는 사람은 자아의 죽음을 통하여 예수의 생명이 드러나게 하는 삶을 살아야 합니다.

“우리가 이 보배를 질그릇에 가졌으니 이는 심히 큰 능력은 하나님께 있고 우리에게 있지 아니함을 알게 하려 함이라"(고후 4:7).

“우리 살아 있는 자가 항상 예수를 위하여 죽음에 넘겨짐은 예수의 생명이 또한 우리 죽을 육체에 나타나게 하려 함이라"(고후 4:11).

한편 베드로는 이 설교에서 예수님의 이름을 ‘그 종’이라고 표현하고 있습니다. 초대교회는 예수님이 이사야 53장에 기록된 ‘여호와의 고난 받는 종’이라는 점을 강조했습니다. 이는 메시야를 영광과 승리의 구주로만 이해했기 때문에 예수님을 메시야로 믿지 않고 있던 당시 유대인들에게 구약에 계시된 메시야의 참된 모습을 알려주기 위함이었습니다. 우리가 믿는 예수는 그 종 예수입니다. 우리가 걸어갈 그 길은 그 종 예수께서 걸어가신 바로 그 길입니다. 그리고 그 길이 현재는 고난의 길이지만, 장차 진정한 영광과 승리의 길임을 믿는 것이 우리의 믿음입니다.

## 그리스도를 죽인 백성들을 향한 책망

13 ... 너희가 그를 넘겨 주고 빌라도가 놓아 주기로 결의한 것을 너희가 그 앞에서 거부하였
으니 14 너희가 거룩하고 의로운 이를 거부하고 도리어 살인한 사람을 놓아 주기를 구하여
15 생명의 주를 죽였도다 그러나 하나님이 죽은 자 가운데서 그를 살리셨으니 우리가 이 일
에 증인이라 16 그 이름을 믿으므로 그 이름이 너희가 보고 아는 이 사람을 성하게 하였나니
예수로 말미암아 난 믿음이 너희 모든 사람 앞에서 이같이 완전히 낫게 하였느니라

이어서 베드로는 호의를 가지고 그를 바라보는 백성들을 향해 그들이 망각하고 있는 죄를 지적하며 엄하게 책망하고 있습니다. 그것은 빌라도가 살리려고 애를 썼음에도 불구하고 거룩하고 의로우신 분 대신 살인자를 선택하면서까지 생명의 주를 죽였던 죄악에 대한 지적입니다. 그리고 베드로는 앉은뱅이가 일어나는 기적은 그들이 죽이고 하나님께서 다시 살리신 바로 그 예수로 말미암아 난 것이라고 분명히 증언합니다.

이처럼 베드로는 표적 앞에서 놀라는 무리에게 주 예수 앞에서 각자의 죄를 냉철하게 돌아볼 수 있도록 도전하고 있는 것입니다.

마지막으로 베드로는 앉은뱅이를 완전히 성하게 해준 것은 그들이 죽이고 하나님께서 다시 살리신 주 예수의 이름에 대한 믿음임을 선언하면서 그 이름에 대한 믿음을 거듭해서 강조합니다. 구원은 오직 예수의 이름에 대한 믿음에 있습니다.

"다른 이로써는 구원을 받을 수 없나니 천하 사람 중에 구원을 받을 만한 다른 이름을 우리에게 주신 일이 없음이라 하였더라"(행 4:12).

## 하나님의 예지와 섭리

17 형제들아 너희가 알지 못하여서 그리하였으며 너희 관리들도 그리한 줄 아노라 18 그러
나 하나님이 모든 선지자의 입을 통하여 자기의 그리스도께서 고난 받으실 일을 미리 알게
하신 것을 이와 같이 이루셨느니라

이와 같은 베드로의 설교는 기적에 들떠서 모여들었던 무리들을 두려움에 사로잡히게 했을 것입니다. 메시야를 죽인 죄에 대해 엄하게 책망했던 베드로는 이제 태도를 바꾸어 그들에게 소망을 주고 있습니다. 그는 형제들의 죄가 무지로 말미암았고, 하나님은 그들의 죄에도 불구하고 고난받은 그리스도를 통한 구원의 계획을 완성하고 계신다고 선언했습니다. 곧 그들은 알지 못하고 악행을 저질렀지만, 하나님은 미리 아시고 섭리하셨던 것입니다.

이처럼 진리의 책망은 그것을 받아들이는 자를 낙망케 하는 것이 아니라 참된 소망을 주는 것입니다. 사실 우리가 완악해서 예수님을 십자가에 못 박아 죽였지만, 예수님은 "아버지 저들을 사하여 주옵소서 자기들이 하는 것을 알지 못함이니이다"(눅 23:34)라고 하시면서 진정으로 돌이키는 자에게는 무지하여서 그렇다고 인정해 주시고, 도리어 우리의 범죄가 결국 우리의 구원을 이루시는 계기가 되도록 하실 만큼 선하시고 놀라운 지혜를 가지고 계신 분이십니다.

## 회개에의 권면과 회개한 자에 대한 약속

19 그러므로 너희가 회개하고 돌이켜 너희 죄 없이 함을 받으라 이같이 하면 새롭게 되는 날
이 주 앞으로부터 이를 것이요 20 또 주께서 너희를 위하여 예정하신 그리스도 곧 예수를 보
내시리니 21 하나님이 영원 전부터 거룩한 선지자들의 입을 통하여 말씀하신 바 만물을 회
복하실 때까지는 하늘이 마땅히 그를 받아 두리라

이어서 베드로는 백성들에게 구체적으로 도전합니다. 회개하고 돌이켜 죄없이 함을 받으라고 하면서 아직까지 회개의 문이 열려 있음을 깨우쳐 주고 회개하라고 도전하는 것입니다. 우리가 할 일은 회개하고 용서를 받는 것입니다.

이렇게 하면 새롭게 되는 날이 주 앞으로부터 이를 것이라고 격려합니다. 여기서 '새롭다'는 말에는 '신선하고 상쾌하다'는 의미가 담겨 있습니다. 새로 나온 새싹이나 새로 나온 물건에는 신선함과 상쾌함이 있지 않습니까? 그래서 개역한글 성경에서는 '새롭게 되는 날'을 '유쾌하게 되는 날'로 번역했고, 같은 어원을 가진 단어도 '유쾌케 하고'로 번역하고 있습니다.

"원컨대 주께서 오네시보로의 집에 긍휼을 베푸시옵소서 저가 나를 자주 '유쾌케 하고' 나의 사슬에 매인 것을 부끄러워 아니하여"(딤후 1:16 개역한글)

이것은 죄사함을 받은 사람은 새로운 피조물이 되어 마치 죄를 한 번도 지어보지 않은 것 같은 상쾌함을 얻게 된다는 뜻입니다.

"그런즉 누구든지 그리스도 안에 있으면 새로운 피조물이라 이전 것은 지나갔으니 보라 새 것이 되었도다"(고후 5:17).

또한 회개한 자는 예수 그리스도를 영접할 수 있게 됩니다. 예수님은 만물을 회복하실 분이십니다. 선지자들은 오래 전부터 타락하고 부패한 이 세상을 여인의 후손을 통하여 회복하리라는 사실을 예언하고 있습니다.

이 약속대로 초림하신 예수님은 새 하늘과 새 땅 건설의 기초를 놓으셨고, 그 나라가 완성될 때까지 하나님 우편에 앉아 계신 분이십니다. 이 때문에 예수 그리스도를 영접한 자는 그분 안에서 이 땅에서도 그 나라를 미리 맛보는 삶을 살게 되고 장차 그리스도께서 통치하시는 완전히 회복된 나라에 들어가게 해주실 것입니다. 사실 새롭게 되지 못한 옛 피조물들이 불쾌하고 부정한 그 모든 옛 죄를 가지고 천국에 들어온다면 천국이 얼마나 빨리 오염이 되고 천국이 어떻게 천국이 될 수 있겠습니까? 천국은 새로운 피조물된 자들만이 들어갈 수 있습니다. 그리고 이 일은 예수 그리스도 앞에 회개하고 그분의 용서를 받는 것으로만 가능한 것입니다.

## 예수님에 대한 모든 선지자의 예언

22 모세가 말하되 주 하나님이 너희를 위하여 너희 형제 가운데서 나 같은 선지자 하나를 세
울 것이니 너희가 무엇이든지 그의 모든 말을 들을 것이라 23 누구든지 그 선지자의 말을 듣
지 아니하는 자는 백성 중에서 멸망 받으리라 하였고 24 또한 사무엘 때부터 이어 말한 모든
선지자도 이 때를 가리켜 말하였느니라

베드로는 모세의 예언을 인용하면서 그리스도 예수의 말씀에 순종하는 것의 당위성과 불순종에 따르는 심판에 대해 경고합니다.

**"내가 그들의 형제 중에서 너와 같은 선지자 하나를 그들을 위하여 일으키고 내 말을 그 입에 두리니 내가 그에게 명령하는 것을 그가 무리에게 다 말하리라 누구든지 내 이름으로 전하는 내 말을 듣지 아니하는 자는 내게 벌을 받을 것이요"**(신 18:18-19).

모세는 이스라엘의 구원자요 중보자요 인도자요 율법의 반포자입니다. 그런데 예수님은 그런 모세가 예언한 "나 같은 선지자 하나"의 주인공이시자, 그림자에 지나지 않는 그가 예표한 본체가 되시는 그리스도이십니다.

이어서 베드로는 다시 한 번 사무엘 때부터 이어 말한 모든 선지자도 예수 그리스도께서 이 땅에 임하실 때에 대해 예언하고 있음을 선포하고 있습니다.

사실 사무엘이 사울 왕이 있음에도 다윗에게 새롭게 기름 부어 왕으로 세운 것은 다윗의 후손으로 오실 예수 그리스도만이 하나님나라를 세우실 수 있는 분임을 선언하는 행위계시였습니다. 또한 나단 선지자가 다윗의 자손에 관해 했던 예언 역시 예수 그리스도에 의해 성취되었습니다.

**"내가 네 앞에서 물러나게 한 사울에게서 내 은총을 빼앗은 것처럼 그에게서 빼앗지는 아니하리라 네 집과 네 나라가 내 앞에서 영원히 보전되고 네 왕위가 영원히 견고하리라 하셨다 하라"**(삼하 7:15-16).

그러므로 십자가사건을 통하여 구원을 완성하신 이 때에 예수 그리스도께 순종하는 것은 영생과 멸망을 가르는 분수령이 됩니다.

### 유대인의 참된 정체성과 회개의 필요성

25 너희는 선지자들의 자손이요 또 하나님이 너희 조상과 더불어 세우신 언약의 자손이라
아브라함에게 이르시기를 땅 위의 모든 족속이 너의 씨로 말미암아 복을 받으리라 하셨으
니 26 하나님이 그 종을 세워 복 주시려고 너희에게 먼저 보내사 너희로 하여금 돌이켜 각각
그 악함을 버리게 하셨느니라

이어서 베드로는 그의 설교를 듣고 있는 유대인들에게 그들의 정체성이 선지자의 자손이요 하나님의 언약의 자손이며, 아브라함에게 약속한 그 씨 곧 예수님을 통해 땅의 모든 족속에게 축복을 나누어 주어야 할 복의 근원이 될 자임을 일깨워 줍니다.

"내가 네게 큰 복을 주고 네 씨가 크게 번성하여 하늘의 별과 같고 바닷가의 모래와 같게 하리니 네 씨가 그 대적의 성문을 차지하리라 또 네 씨로 말미암아 천하 만민이 복을 받으리니…"(창 22:17-18).

여기서 씨는 단수로 되어 있는 바 명백히 예수 그리스도를 가리키고 있습니다. 그러면서 다시 한 번 하나님께서 유대인들부터 먼저 구원하시려고 보내주신 바로 그 종 예수 앞에서 한 사람 한 사람이 돌이켜서 악함을 버리고 주 앞에서 용서받는 것임을 명백히 하고 있습니다.

회개는 예수님을 통해 하나님께서 예비하신 복을 받아 복의 근원이 되게 하는 첫걸음입니다. 회개는 내가 무언가 잘못한 행위에 대해서 돌이키고 자백하는 것이 아닙니다. 회개란 내가 한 것에 대해 돌이키고 자백하는 것입니다. 내가 잘못을 해서 악인이 아니라, 내 존재 자체가 악인이기 때문에 잘못을 하는 것

입니다. 나로서는 안되고 예수 그리스도여야지 됩니다.

진정한 회개란 나를 버리고 그리스도 예수를 모심으로 그리스도께서 나의 생각과 말과 행동을 주관하게 하는 것입니다. 그 사람만이 새로운 피조물로서 살아갈 수 있고 하나님나라 백성이 될 수 있고 온 세상을 하나님나라로 만드는 축복의 통로가 될 수 있습니다.

한편 앉은뱅이의 치유사건으로 말미암아 시작된 베드로의 이 설교에는 처음부터 끝까지 기적이 아니라, 하나님나라와 그 나라의 주인 되신 예수 그리스도를 통한 구원 계획에 초점을 맞추고 있음을 유념할 필요가 있습니다.

진정한 구원은 기적이 아니라 예수 그리스도에게 집중하는 데서 이루어집니다.

# 4장
## 깊이파기

심문하는 산헤드린을
당황하게 하다

# 산헤드린의 심문과 사도들의 답변

1-22절

## 그치지 않는 부흥

1 사도들이 백성에게 말할 때에 제사장들과 성전 맡은 자와 사두개인들이 이르러 2 예수 안
에 죽은 자의 부활이 있다고 백성을 가르치고 전함을 싫어하여 3 그들을 잡으매 날이 이미
저물었으므로 이튿날까지 가두었으나 4 말씀을 들은 사람 중에 믿는 자가 많으니 남자의 수
가 약 오천이나 되었더라

제사장과 성전 맡은 자와 사두개인 등 종교 지도자들은 앉은뱅이에게 일어난 일로 모여든 백성들에게 예수의 부활을 전하는 것을 싫어하여서 베드로와 요한을 옥에 가두었습니다. 그러나 날이 이미 저문 관계로 심문은 다음 날로 미루어졌습니다. 하지만 사도들의 투옥도 말씀을 들은 사람들 가운데 일어나는 부흥의 역사는 막을 수가 없었습니다. 그리하여 이제 예수를 믿는 자의 수는 남자만 약 오천에 이르게 되었습니다.

## 사도들에 대한 산헤드린의 심문

5 이튿날 관리들과 장로들과 서기관들이 예루살렘에 모였는데 6 대제사장 안나스와 가야
바와 요한과 알렉산더와 및 대제사장의 문중이 다 참여하여 7 사도들을 가운데 세우고 묻되

다음날 저들은 예수님을 정죄할 때와 마찬가지로 산헤드린을 소집하였습니다. 여기에는 관리들(대제사장)과 장로들과 서기관들이 포함됩니다. 특별히 이 회의에는 앞장섰던 대제사장의 온 문중이 다 참여하였습니다. 이것은 기독교에 대한 초기 박해는 바리새파보다 사두개파가 더 적극적이었음을 보여주는 것입니다. 심지어 여기에는 예수를 정죄하는데 앞장섰던 안나스와 가야바 같은 원로들도 함께 했습니다.

**"먼저 안나스에게로 끌고 가니 안나스는 그 해의 대제사장인 가야바의 장인이라 가야바는 유대인들에게 한 사람이 백성을 위하여 죽는 것이 유익하다고 권고하던 자러라"(요 18:13-14).**

이 자리에서 저들은 사도들을 가운데 세우고는 "너희가 무슨 권세와 누구의 이름으로 앉은뱅이에게 이 일을 행하였느냐"고 심문하였습니다. 이 질문은 단순한 것이 아닙니다. 너희가 무슨 권세로 이 일을 행하였느냐는 질문은 저들에게는 엄연히 종교체제가 있는데, 그들의 허락없이 이 일을 한 것은 그들의 권위를 무너뜨리는 월권행위로 정죄할 수 있을 것입니다.

또한 너희가 누구의 이름으로 이 일을 행하였느냐는 질문은 만약 저들이 "하나님의 이름으로 행하였다"라고 답하면, 성직자도 아닌 자들이 하나님의 이름을 망령되이 일컬었다고 정죄할 수 있고, 만약 예수의 이름으로 행하였다고 답하면, 이미 예수는 자칭 하나님의 아들이라고 함으로 신성 모독죄로 처형 받았기 때문에 동일한 신성 모독죄로 정죄할 수 있는 함정이었기 때문입니다.

시기심에 가득 찬 저들 종교지도자들은 그들이 가진 알량한 권세를 가지고 사도들을 겁박하고 있는 것입니다. 그러나 최고의 권세와 가장 높은 이름은 예수 그리스도이십니다. 하나님은 예수 그리스도를 모든 권세와 모든 이름 위에 뛰어나게 하시사 만물을 그 발 아래 복종하게 하셨기 때문입니다.

**"모든 통치와 권세와 능력과 주권과 이 세상뿐 아니라 오는 세상에 일컫는 모든 이름**

위에 뛰어나게 하시고 또 만물을 그의 발 아래에 복종하게 하시고..."(엡 1:21-22).

## 성령 충만한 베드로의 답변

8 이에 베드로가 성령이 충만하여 이르되 백성의 관리들과 장로들아 9 만일 병자에게 행한
착한 일에 대하여 이 사람이 어떻게 구원을 받았느냐고 오늘 우리에게 질문한다면 10 너희
와 모든 이스라엘 백성들은 알라 너희가 십자가에 못 박고 하나님이 죽은 자 가운데서 살리
신 나사렛 예수 그리스도의 이름으로 이 사람이 건강하게 되어 너희 앞에 섰느니라 11 이 예
수는 너희 건축자들의 버린 돌로서 집 모퉁이의 머릿돌이 되었느니라 12 다른 이로써는 구
원을 받을 수 없나니 천하 사람 중에 구원을 받을 만한 다른 이름을 우리에게 주신 일이 없
음이라 하였더라

베드로는 성령이 충만하여 놀라운 답변을 하였습니다. 그것은 "이 병자에게 행한 착한 일은 예수 그리스도의 이름으로 한 것인데, 너희가 죽이고 하나님께서 부활시키신 예수님은 버린 돌로서 머릿돌이 되신 구약성경에 예언된 바로 그 메시야 하나님이다"라고 주장한 것입니다.

'버린 돌로서 머릿돌이 되신 예수'는 '그 종 예수'와 더불어, 메시야의 고난과 영광을 증거하기 위해서 초대교회에서 자주 인용하던 표현입니다.

"건축자가 버린 돌이 집 모퉁이의 머릿돌이 되었나니 이는 여호와께서 행하신 것이요 우리 눈에 기이한 바로다"(시118:22-23).

"그러므로 믿는 너희에게는 보배이나 믿지 아니하는 자에게는 건축자들이 버린 그 돌이 모퉁이의 머릿돌이 되고" (벧전 2:7).

"기록된 바 보라 내가 걸림돌과 거치는 바위를 시온에 두노니 그를 믿는 자는 부끄러움을 당하지 아니하리라 함과 같으니라"(롬 9:33).

이어서 베드로는 하나님께서 주신 유일한 구원의 이름인 예수를 믿지 않는 그

들의 불신앙에 대해 도리어 책망하고 있습니다. 이처럼 성령 충만의 가장 현저한 특징은 지혜롭고 담대하게 예수의 증인이 되게 하는 것입니다. 베드로의 담대하고 지혜로운 변론은 우리에게 예수님께서 주신 약속을 떠올리게 합니다.

"너희를 넘겨줄 때에 어떻게 또는 무엇을 말할까 염려하지 말라 그 때에 무슨 말할 것을 주시리니 말하는 이는 너희가 아니라 너희 속에서 말씀하시는 자 곧 너희 아버지의 성령이시니라"(마 10:19-20).

한편 한글 성경에서 성령 충만으로 번역된 원어는 서로 다른 두 개의 단어입니다. 오늘 본문에 나오는 성령의 충만은 성령께서 특별히 어떤 순간에, 일시적으로 충만하게 임하는 상태를 가리킵니다. 이것은 능력적인 충만이라고 할 수 있습니다.

성령님은 우리가 복음을 전할 때, 혹은 영적인 전쟁에 들어갈 때, 마치 돛에 바람이 가득해 팽팽해지면 배가 힘차게 전진할 수 있는 것처럼, 은사와 능력을 충만히 더하셔서 세상을 이길 수 있게 해주십니다. 그러나 성경에는 계속적으로 내주하셔서 아름다운 성령의 열매를 맺도록 돕는 인격적인 성령 충만도 있습니다. 예를 들어 에베소서 5장 18절에서 "오직 성령의 충만을 받으라"고 할 때의 성령 충만은 능력에 대한 것이 아니라, 마치 나무에 수분이 충만한 것처럼 우리의 마음이 성령으로 가득 차도록 하라는 뜻입니다. 우리는 모두 하나님의 일을 감당할 수 있는 능력적인 성령 충만과 참된 신자의 삶을 살 수 있는 인격적인 성령 충만을 경험해야만 합니다.

## 위협으로 입막음 하려는 산헤드린

13 그들이 베드로와 요한이 담대하게 말함을 보고 그들을 본래 학문 없는 범인으로 알았다
가 이상히 여기며 또 전에 예수와 함께 있던 줄도 알고 14 또 병 나은 사람이 그들과 함께 서
있는 것을 보고 비난할 말이 없는지라 15 명하여 공회에서 나가라 하고 서로 의논하여 이르
되 16 이 사람들을 어떻게 할까 그들로 말미암아 유명한 표적 나타난 것이 예루살렘에 사는
모든 사람에게 알려졌으니 우리도 부인할 수 없는지라 17 이것이 민간에 더 퍼지지 못하게
그들을 위협하여 이 후에는 이 이름으로 아무에게도 말하지 말게 하자 하고 18 그들을 불러
경고하여 도무지 예수의 이름으로 말하지도 말고 가르치지도 말라 하니

무식하고 힘없는 갈릴리인 정도는 쉽게 기를 죽이고 함정에 빠트릴 수 있을 것이라고 생각했던 산헤드린 회원들은 그들의 지혜와 담대함에 당황하게 되었습니다. 또한 날 때부터 40세가 넘도록 앉은뱅이로 있었던 그 걸인에게 일어난 일은 트집을 잡을 수 없는 확실한 치유였기에 어쩔 줄 몰라 했습니다. 이 과정에서 그들은 이 갈릴리인들이, 자신들이 죽였고 그것으로 끝난 것으로 여겼던 예수의 제자들임도 알게 되었습니다.

위엄 있게 심문을 시작했던 산헤드린은 이제 도리어 진리의 편에 선 사도들 앞에서 압도되어 할 말을 잃은 상태가 되었습니다. 그리하여 종교 지도자들은 사도들을 공회에서 나가라고 하고는 잠시 자기들끼리 의논을 하게 됩니다.

그때라도 그들은 이 분명한 표적 앞에서 "우리가 어떻게 할까"라고 하며 메시야를 죽인 죄에 대해 회개했어야 합니다. 하지만 그들은 "이 사람들을 어떻게 할까"하고 악한 꾀를 찾고 있습니다. 그들이 내린 결론은 이 진리를 더 이상 전하지 못하도록 협박하자는 것이었습니다. 그리하여 그들은 사도들을 불러 아무에게도 예수의 이름으로 말하지도 말고 가르치지도 말라고 엄하게 위협했습니다.

## 사도들의 담대한 답변 앞에서 당황하는 산헤드린

19 베드로와 요한이 대답하여 이르되 하나님 앞에서 너희의 말을 듣는 것이 하나님의 말씀
을 듣는 것보다 옳은가 판단하라 20 우리는 보고 들은 것을 말하지 아니할 수 없다 하니
21 관리들이 백성들 때문에 그들을 어떻게 처벌할지 방법을 찾지 못하고 다시 위협하여 놓
아 주었으니 이는 모든 사람이 그 된 일을 보고 하나님께 영광을 돌림이라 22 이 표적으로
병 나은 사람은 사십여 세나 되었더라

베드로와 요한은 도리어 그들을 향해 "하나님 앞에서 너희 말을 듣는 것이 하나님 말씀 듣는 것보다 옳은가 판단하라"고 도전합니다. 그리고 "우리는 보고 들은 것을 말하지 아니할 수 없다"라고 하며, 이 진리가 자신들에게 몸소 체험된 진리임을 선포합니다. 이 담대하고도 정당한 항변 앞에서 관원들은 그저 똑같은 말을 반복하여 위협하는 것 외에는 아무것도 할 수 없었습니다.

사실 비 진리인 사탄이 진리의 편에 선 우리를 향해 할 수 있는 것은 위협밖에는 없습니다. 그러나 이것은 천로역정에 나오는, 이빨 빠지고 차꼬에 매인 사자후에 지나지 않는 것입니다. 그래서 신자는 "사망아 너의 쏘는 것이 어디 있느냐 사망아 너의 이기는 것이 어디 있느냐... 우리 주 예수 그리스도로 말미암아 우리에게 이김을 주시는 하나님께 감사하노라"고 하면서 조롱해야 합니다(고전15:55,57). 비 진리의 협박은 진리 앞에서 무기력할 뿐입니다.

우리는 비 진리의 협박 앞에 두려워하는 사람이 아니라 비 진리의 사람들을 당황하게 만드는 사람이 되어야만 합니다.

# 성령충만한 초대교회에서 일어난 나눔의 혁명

23-37절

## 성도들이 하나님께 드린 상황 보고

23 사도들이 놓이매 그 동료에게 가서 제사장들과 장로들의 말을 다 알리니 24 그들이 듣고
한마음으로 하나님께 소리를 높여 이르되 대주재여 천지와 바다와 그 가운데 만물을 지은
이시오 25 또 주의 종 우리 조상 다윗의 입을 통하여 성령으로 말씀하시기를 어찌하여 열방
이 분노하며 족속들이 허사를 경영하였는고 26 세상의 군왕들이 나서며 관리들이 함께 모
여 주와 그의 그리스도를 대적하도다 하신 이로소이다 27 과연 헤롯과 본디오 빌라도는 이
방인과 이스라엘 백성과 합세하여 하나님께서 기름 부으신 거룩한 종 예수를 거슬러 28 하
나님의 권능과 뜻대로 이루려고 예정하신 그것을 행하려고 이 성에 모였나이다

풀려난 사도들이 산헤드린의 위협에 대해 말하자 성도들은 일심으로 기도하였습니다. 그러나 그들의 기도는 환난에서의 구원을 바라는 소극적인 기도가 아니었습니다. 그들은 먼저 하나님에 대한 히스기야의 위대한 찬미를 인용하면서 광대하신 하나님을 찬양합니다.

"여호와여 귀를 기울여 들으시옵소서 여호와여 눈을 뜨고 보시옵소서 산헤립이 사람을 보내어 살아 계시는 하나님을 훼방한 모든 말을 들으시옵소서 여호와여 앗수르 왕들이 과연 열국과 그들의 땅을 황폐하게 하였고 그들의 신들을 불에 던졌사오나 그들은 신이 아니라 사람의 손으로 만든 것일 뿐이요 나무와 돌이라 그러므로 멸망을 당하였나이다 우리 하나님 여호와여 이제 우리를 그의 손에서 구원하사 천하 만

국이 주만이 여호와이신 줄을 알게 하옵소서 하니라" (사 37:17-20).

그리고 철장의 권세를 가지고 진리에 대항하는 세상 전체를 비웃고 계신 그리스도를 찬양하는 시편 2편을 고백하고 있습니다. 이 예언대로 왕 헤롯과 관원 빌라도와 열방인 로마와 유대족속이 다 함께 하나님의 기름 부으신 거룩한 종 예수를 대적했지만 이것마저도 하나님의 계획 안에 있었고, 승리는 예수 그리스도께 있는 것입니다.

## 성령 충만으로 응답하신 하나님

29 주여 이제도 그들의 위협함을 굽어보시옵고 또 종들로 하여금 담대히 하나님의 말씀을 전하게 하여 주시오며 30 손을 내밀어 병을 낫게 하시옵고 표적과 기사가 거룩한 종 예수의 이름으로 이루어지게 하옵소서 하더라 31 빌기를 다하매 모인 곳이 진동하더니 무리가 다 성령이 충만하여 담대히 하나님의 말씀을 전하니라

이 같은 찬양 후 그들은 환난 가운데서도 더욱 담대히 하나님의 말씀을 전파할 수 있는 능력을 구했고, 또 복음이 더욱 힘 있게 전파되도록 예수의 이름으로 표적과 기사가 이루어지기를 간구했습니다.

하나님은 이들의 진리에 가득 찬 간구에 대해 땅을 진동시키시면서 기쁨으로 응답해 주셨습니다. 그리하여 성도들은 모두 성령에 충만하여 더욱 담대히 하나님의 말씀을 전하게 되었습니다. 우리의 기도는 진리를 붙잡고 감당할 수 있는 성령의 능력을 구하는 적극적인 기도가 되어야 하지, 두려움에 사로잡힌 소극적인 기도가 되어서는 안됩니다.

## 초대교회에 일어난 나눔의 혁명

32 믿는 무리가 한마음과 한 뜻이 되어 모든 물건을 서로 통용하고 자기 재물을 조금이라도
자기 것이라 하는 이가 하나도 없더라 33 사도들이 큰 권능으로 주 예수의 부활을 증언하니
무리가 큰 은혜를 받아 34 그 중에 가난한 사람이 없으니 이는 밭과 집 있는 자는 팔아 그 판
것의 값을 가져다가 35 사도들의 발 앞에 두매 그들이 각 사람의 필요를 따라 나누어 줌이라

성령 충만한 초대교회에서 나타난 한 가지 특징은 이기심이 사라지고 온전한 나눔이 가능케 되었다는 것입니다. 그들 안에서는 가난의 문제가 완전히 해결되었고, 모든 사람은 자기의 필요에 따라 채움을 받았습니다.

"이는 다른 사람들은 평안하게 하고 너희는 곤고하게 하려는 것이 아니요 균등하게 하려 함이니 이제 너희의 넉넉한 것으로 그들의 부족한 것을 보충함은 후에 그들의 넉넉한 것으로 너희의 부족한 것을 보충하여 균등하게 하려 함이라"(고후 8:13-14)

그리고 이와 같은 나눔에는 하나님의 복된 개입으로 말미암아 남는 사람도 부족한 사람도 없게 되는 역사가 일어났습니다.

"여호와께서 이같이 명령하시기를 너희 각 사람은 먹을 만큼만 이것을 거둘지니 곧 너희 사람 수효대로 한 사람에 한 오멜씩 거두되 각 사람이 그의 장막에 있는 자들을 위하여 거둘지니라 하셨느니라 이스라엘 자손이 그같이 하였더니 그 거둔 것이 많기도 하고 적기도 하나 오멜로 되어 본즉 많이 거둔 자도 남음이 없고 적게 거둔 자도 부족함이 없이 각 사람은 먹을 만큼만 거두었더라"(출 16:16-18).

공산주의는 인위적인 제도를 통해 이 같은 모습을 재현시키려고, 폭력으로 가진 자의 것을 빼앗고 모든 사람에게 획일적으로 분배하고자 했습니다. 하지만 그것은 철저한 실패로 돌아가고 말았습니다. 이것은 오직 성령께서 각 사람의 마음에 상대방을 자기처럼 여기는 마음을 주시고, 세상의 탐욕보다 더 큰 기쁨을 채워주셔야만 가능한 일입니다.

교회는 세상의 탐욕을 뛰어넘는 성령의 기쁨으로 인한 나눔을 경험하고 실천

하는 공동체가 되어야 합니다.

## 위로의 아들이란 별명을 가진 바나바

36 구브로에서 난 레위족 사람이 있으니 이름은 요셉이라 사도들이 일컬어 바나바라(번역
하면 위로의 아들이라) 하니 37 그가 밭이 있으매 팔아 그 값을 가지고 사도들의 발 앞에 두
니라

이 같은 아름다운 나눔에 앞장서는 초대교회의 한 지도자의 이름이 나오고 있습니다. 그는 구브로 사람 요셉이었습니다. 대부분 가난한 사람들로 이루어진 초대교회 형제들의 핍절한 형편을 아는 요셉은 조용히 밭을 팔아 사도들에게 바쳤습니다. 그는 다른 이들의 필요를 볼 줄 아는 사람이었습니다. 또한 바울이 다메섹으로 가는 길에서 극적인 회심을 체험하고 예루살렘에 돌아왔을 때 모든 사람들은 의심하면서 가까이 하지 않았지만, 요셉은 그를 믿고 변호해 주었습니다. 그는 다른 이들을 믿어줄 줄 아는 사람이었습니다.

"바나바가 데리고 사도들에게 가서 그가 길에서 어떻게 주를 보았는지와 주께서 그에게 말씀하신 일과 다메섹에서 그가 어떻게 예수의 이름으로 담대히 말하였는지를 전하니라"(행 9:27).

게다가 안디옥 교회의 지도자요, 선교팀의 리더이던 요셉은 신앙 후배요, 멤버였던 바울의 영성이 뛰어남을 보고 소리없이 그에게 수석 지도자의 자리를 양보했습니다. 그는 다른 사람의 장점을 인정하고 또 물러설 줄 아는 사람이었습니다. 뿐만 아니라 젊은 마가가 큰 실수를 범하여 바울에게 책망을 받고 집으로 돌려 보냄을 받을 때 그는 마가에게 용기를 주고 다시 한 번의 기회를 제공하여 결국 마가복음을 쓴 장본인이 될 수 있도록 했습니다. 그는 다른 사람의 실수를 덮어줄 줄 아는 사람이었습니다.

"바나바는 마가라 하는 요한도 데리고 가고자 하나 바울은 밤빌리아에서 자기들을 떠나 함께 일하러 가지 아니한 자를 데리고 가는 것이 옳지 않다 하여 서로 심히 다투어 피차 갈라서니 바나바는 마가를 데리고 배 타고 구브로로 가고"(행15:37-39).

사도들은 그에게 바나바(위로의 아들)라는 별명을 붙여 주었습니다.

사실 바나바는 극적인 회심을 했거나 기적적인 병 고침을 행한 일도 없고 한 번의 짧은 설교도 기록되어 있지 않지만, 사도행전을 아름답고 훈훈하게 해주는 참 소중한 이름이 되고 있습니다. 세상은 지금 소리 없이 많은 사람을 부요케 해주는 위로의 아들들이 나타나기를 간절히 기다리고 있습니다.

# 5장
## 깊이파기

교회를 무너뜨리려는
사탄의 음모와 위협을 넘어서다

# 아나니아와 삽비라 사건

1-16절

## 교회를 변질시키려는 사탄의 음모

1 아나니아라 하는 사람이 그의 아내 삽비라와 더불어 소유를 팔아 2 그 값에서 얼마를 감추
매 그 아내도 알더라 얼마만 가져다가 사도들의 발 앞에 두니 3 베드로가 이르되 아나니아
야 어찌하여 사탄이 네 마음에 가득하여 네가 성령을 속이고 땅 값 얼마를 감추었느냐 4 땅
이 그대로 있을 때에는 네 땅이 아니며 판 후에도 네 마음대로 할 수가 없더냐 어찌하여 이
일을 네 마음에 두었느냐 사람에게 거짓말한 것이 아니요 하나님께로다

바나바가 성령공동체에서 일어나는 교통의 아름다운 본보기였다면 아나니아와 삽비라는 성령공동체를 허물기 위해 틈탄 악한 본보기입니다. 아나니아의 잘못은 재산을 팔고 그 일부만을 바쳤던 것이 아닙니다.

그의 잘못은 그가 구제금을 낸 목적이 순수한 사랑에서가 아니라 경쟁심 때문이었으며, 그러면서도 좋은 평판을 얻고자 하는 허영심과, 그것으로 영향력을 행사하려는 명예욕 때문에 일부를 감추고는 전부를 바친 것처럼 속인 것입니다. 이 때문에 아나니아는 성령으로 시작한 공동체를 세속적인 집단으로 변질시키려는 사탄의 음모에 이용되었습니다. 이에 베드로는 "땅이 그대로 있을 때에는 네 땅이 아니며 판 후에도 네 마음대로 할 수가 없더냐?"라고 하면서 그의 행위가 단지 돈 액수를 부풀린 것이 아니라 성령을 속이고 하나님께 거짓말한 엄청난 범죄임을 지적했습니다.

이 사건은 이스라엘이 가나안 땅에서 처음 여리고 성을 점령했을 때, 일부 물품을 탐하여 숨김으로 하나님의 거룩한 심판의 전쟁을 세상과 다름없는 부정한 약탈의 전쟁으로 전락시킨 아간의 범죄에 비견할 수 있습니다. 오늘도 사탄은 끊임없이 거룩한 성령공동체인 교회를 세속적인 모임으로 전락시키기 위해 허영심과 경쟁심, 물욕과 명예욕 등으로 미혹하고 있습니다.

## 아나니아와 삽비라의 죽음

5 아나니아가 이 말을 듣고 엎드러져 혼이 떠나니 이 일을 듣는 사람이 다 크게 두려워하더
라 6 젊은 사람들이 일어나 시신을 싸서 메고 나가 장사하니라 7 세 시간쯤 지나 그의 아내
가 그 일어난 일을 알지 못하고 들어오니 8 베드로가 이르되 그 땅 판 값이 이것뿐이냐 내게
말하라 하니 이르되 예 이것뿐이라 하더라 9 베드로가 이르되 너희가 어찌 함께 꾀하여 주
의 영을 시험하려 하느냐 보라 네 남편을 장사하고 오는 사람들의 발이 문 앞에 이르렀으니
또 너를 메어 내가리라 하니 10 곧 그가 베드로의 발 앞에 엎드러져 혼이 떠나는지라 젊은
사람들이 들어와 죽은 것을 보고 메어다가 그의 남편 곁에 장사하니 11 온 교회와 이 일을
듣는 사람들이 다 크게 두려워하니라

아나니아는 베드로의 선언을 듣자마자 엎드러졌습니다. 하나님은 이제 갓 세워진 성결한 공동체가 더렵혀지거나 또 하나의 세속 집단으로 전락하지 않도록 하기 위해 이들의 영혼을 취해가는 엄중한 심판을 내리셨습니다. 이후 세 시간 쯤 지나서 들어온 삽비라는 돌이킬 기회를 주기 위해 "그 땅 판 값이 이것뿐이냐 내게 말하라!"는 베드로의 엄중한 질문 앞에서 다시 한 번 천연덕스러운 거짓말을 하고 있습니다. 이와 같은 완악함은 주의 영을 시험하는 중죄입니다. 그리고 이렇게 하나님마저 속일 수 있다고 생각하는 자는 두려운 심판을 피할 수 없습니다. 이 같은 모습은 온 교회에 커다란 두려움을 심어주었

습니다. 이 두려움은 거룩하신 성령님께서 교회를 불꽃 같은 눈으로 감찰하고 계신다는 깨달음에서 기인된 경외심이었던 것입니다.

한편 11절은 사도행전에서 '교회'(에클레시아)라는 단어가 처음 사용된 본문입니다. 에클레시아란 '세상으로부터 구별된 모임'이란 의미를 가지고 있습니다. 이런 점에서 거룩은 교회의 본질이라고 할 수 있습니다.

## 경외와 칭송 가운데 성장하는 교회

12 사도들의 손을 통하여 민간에 표적과 기사가 많이 일어나매 믿는 사람이 다 마음을 같이
하여 솔로몬 행각에 모이고 13 그 나머지는 감히 그들과 상종하는 사람이 없으나 백성이 칭
송하더라 14 믿고 주께로 나아오는 자가 더 많으니 남녀의 큰 무리더라 15 심지어 병든 사람
을 메고 거리에 나가 침대와 요 위에 누이고 베드로가 지날 때에 혹 그의 그림자라도 누구에
게 덮일까 바라고 16 예루살렘 부근의 수많은 사람들도 모여 병든 사람과 더러운 귀신에게
괴로움 받는 사람을 데리고 와서 다 나음을 얻으니라

아나니아와 삽비라 속에 있던 은밀한 속임이 명확하게 드러나고 심판 받자, 모든 사람들은 두려움을 가지게 되었습니다. 그리하여 참 신자가 아니면서 신자인체 하거나, 또는 내키지 않는 마음으로 사도들을 따르던 자들은 아나니아와 삽비라의 죽음을 보고는 크게 두려워하면서 감히 자신을 신자들과 동일시하지 않게 되었습니다.

이처럼 교회가 세상으로부터 구별되자 백성들은 교회를 더욱 칭송하게 되었고, 구원받는 무리들은 더욱 많아지게 되었습니다. 두려움과 동시에 칭송의 대상이 된 초대교회와는 달리 오늘날의 교회가 비웃음과 비난의 대상이 된 가장 중요한 이유는 구별됨을 잃어버렸기 때문입니다. 교회가 거룩하게 정화되자 나타난 또 한 가지의 특징은 강력한 능력입니다. 그리하여 심지어 베드로의 그

림자만 덮여도 병든 자가 낫는 기적들이 일어나게 되었습니다. 그 결과 예루살렘 부근의 병든 사람과 더러운 귀신에게 괴로움을 받은 사람들은 모두 나와 나음을 얻게 되었습니다. 지금도 하나님께서는 거룩하게 정화된 교회를 통해서 당신의 구원과 능력을 나타내십니다.

# 매일 수 없는 복음

17-32절

## 사도들을 풀어주는 주의 사자

17 대제사장과 그와 함께 있는 사람 즉 사두개인의 당파가 다 마음에 시기가 가득하여 일어
나서 18 사도들을 잡아다가 옥에 가두었더니 19 주의 사자가 밤에 옥문을 열고 끌어내어 이
르되 20 가서 성전에 서서 이 생명의 말씀을 다 백성에게 말하라 하매 21 그들이 듣고 새벽
에 성전에 들어가서 가르치더니…

교회를 내부에서부터 변질시키려는 음모가 통하지 않자 이제 사탄은 외적인 박해로 교회를 무너뜨리려고 했습니다. 경이적인 교회의 성장과 백성들의 칭송으로 인해 시기심이 가득했던 사두개인 당파에 속한 대제사장들은 다시 한 번 사도들을 옥에 가두었던 것입니다. 그러나 하나님은 당신의 천사를 보내어 옥문을 열어 주심으로 하나님으로 말미암아 난 일을 사람이 방해할 수 없음을 보여주셨고, 다시 한 번 사도들에게 생명의 말씀을 전해야할 사명을 일깨워 주셨습니다. 하나님의 말씀은 결코 메일 수 없습니다.

"복음으로 말미암아 내가 죄인과 같이 매이는 데까지 고난을 받았으나 하나님의 말씀은 매이지 아니하니라"(딤후 2:9).

그리하여 사도들은 곧바로 성전으로 가서 새벽부터 예수의 복음을 전하게 되었습니다. 그리스도를 통하여 인류에 주어진 영생의 말씀은 어떤 방해가 있더라도 모든 사람들에게 증거 되어야만 합니다. 그리고 이 일에 순종하는 자를

위하여 하나님은 오늘도 친히 돕는 천사를 보내시며 열린 문을 허락하고 계십니다.

"…거룩하고 진실하사 다윗의 열쇠를 가지신 이 곧 열면 닫을 사람이 없고 닫으면 열 사람이 없는 그가 이르시되 볼지어다 내가 네 앞에 열린 문을 두었으되 능히 닫을 사람이 없으리라 내가 네 행위를 아노니 네가 작은 능력을 가지고서도 내 말을 지키며 내 이름을 배반하지 아니하였도다"(계 3:7-8)

## 가두었던 자들의 당황

21…대제사장과 그와 함께 있는 사람들이 와서 공회와 이스라엘 족속의 원로들을 다 모으
고 사람을 옥에 보내어 사도들을 잡아오라 하니 22 부하들이 가서 옥에서 사도들을 보지 못
하고 돌아와 23 이르되 우리가 보니 옥은 든든하게 잠기고 지키는 사람들이 문에 서 있으되
문을 열고 본즉 그 안에는 한 사람도 없더이다 하니 24 성전 맡은 자와 제사장들이 이 말을
듣고 의혹하여 이 일이 어찌 될까 하더니 25 사람이 와서 알리되 보소서 옥에 가두었던 사람
들이 성전에 서서 백성을 가르치더이다 하니

종교 지도자들은 다음 날, 사도들에 대한 심문을 위해 전보다 더 큰 규모의 공회를 소집하였습니다. 그리하여 이 모임에는 산헤드린 공회에 속한 이스라엘 족속의 원로들이 다 모이게 되었습니다. 그러나 그들이 접하게 된 소식은, 옥은 든든히 잠기고 견고히 파수되고 있었지만 사도들은 없다는 보고였습니다. 이 말을 듣고 그들은 몹시 당황하게 되었습니다. 사실 천사가 사도들을 옥에서 끌어낸 기적은 유대의 지도자들로 하여금 자신들이 하나님을 대적하고 있음을 보여주기 위한 경고이기도 했던 것입니다.

## 종교 지도자들의 트집

26 성전 맡은 자가 부하들과 같이 가서 그들을 잡아왔으나 강제로 못함은 백성들이 돌로 칠
까 두려워함이더라 27 그들을 끌어다가 공회 앞에 세우니 대제사장이 물어 28 이르되 우리
가 이 이름으로 사람을 가르치지 말라고 엄금하였으되 너희가 너희 가르침을 예루살렘에
가득하게 하니 이 사람의 피를 우리에게로 돌리고자 함이로다

그러나 유대 지도자들은 마음을 더욱 강퍅하게 했습니다. 그리하여 그들은 당당하게 성전에 서서 백성들을 가르치고 있던 사도들을 다시 잡아 온 후, 두 가지의 조목으로 그들을 심문하였습니다.

첫 번째는 복음을 전하지 말라는 지난번에 주어진 명령을 어긴 행위는 종교 권위에 대한 도전이라는 논리와 두 번째는 반역죄로 죽은 예수의 가르침을 예루살렘에 널리 퍼트리는 이유는 백성들을 선동하여 반란을 획책하려는 정치적인 음모라는 논리였습니다. 이것은 예수님을 십자가에 못 박을 때의 논리와 비슷한 것으로 그들은 또다시 자신들의 질투심과 지위보전을 위해 그럴듯한 거짓 명분을 내세우고 있는 것입니다.

## 불복종의 정당한 이유

29 베드로와 사도들이 대답하여 이르되 사람보다 하나님께 순종하는 것이 마땅하니라 30
너희가 나무에 달아 죽인 예수를 우리 조상의 하나님이 살리시고 31 이스라엘에게 회개함
과 죄 사함을 주시려고 그를 오른손으로 높이사 임금과 구주로 삼으셨느니라 32 우리는 이
일에 증인이요 하나님이 자기에게 순종하는 사람들에게 주신 성령도 그러하니라 하더라

이에 대해 베드로와 사도들은 먼저 산헤드린 공회가 아무리 권위 있다 해도 사람보다 하나님께 순종하는 것이 마땅하다고 선언합니다. 그리고 그들의 행위

가 왜 하나님께 순종하는 것이냐에 대해서 예수님은 이스라엘의 조상의 하나님께서 죽음에서 다시 살리시고 이스라엘 백성들에게 회개함과 죄사함을 주시기 위해 친히 임금과 구주로 높여주신 메시야이기 때문이라고 밝힙니다. 또한 사도들은 이 같은 자신들의 증언이 자신들의 말로만 증거된 것이 아니라 성령님께서 확실한 증거로 친히 증인이 되어주시는 것이라고도 선언했습니다. 앉은뱅이가 일어나고 병든 사람이 치유되고 더러운 귀신이 떠나가는 일들은 부인할 수 없는 성령의 표적이었던 것입니다.

# 세상이 감당할 수 없는 제자들

33-42절

## 가말리엘의 충고

33 그들이 듣고 크게 노하여 사도들을 없이하고자 할새 34 바리새인 가말리엘은 율법교사
로 모든 백성에게 존경을 받는 자라 공회 중에 일어나 명하여 사도들을 잠깐 밖에 나가게 하
고 35 말하되 이스라엘 사람들아 너희가 이 사람들에게 대하여 어떻게 하려는지 조심하라
36 이 전에 드다가 일어나 스스로 선전하매 사람이 약 사백 명이나 따르더니 그가 죽임을 당
하매 따르던 모든 사람들이 흩어져 없어졌고 37 그 후 호적할 때에 갈릴리의 유다가 일어나
백성을 꾀어 따르게 하다가 그도 망한즉 따르던 모든 사람들이 흩어졌느니라 38 이제 내가
너희에게 말하노니 이 사람들을 상관하지 말고 버려 두라 이 사상과 이 소행이 사람으로부
터 났으면 무너질 것이요 39 만일 하나님께로부터 났으면 너희가 그들을 무너뜨릴 수 없겠
고 도리어 하나님을 대적하는 자가 될까 하노라 하니

사도들의 논리 정연한 항변과 성경에 부합된 증언을 들은 산헤드린 공의회는 그때라도 자신들의 소행을 돌아보고 돌이켜야 했습니다. 하지만 완악하고 교만한 그들은 더 이상 사도들의 입을 막을 수 없다고 생각하고 '사도들을 없이하고자' 모의하였습니다. 그들은 다시 한번 의인을 죽여서라도 진리를 막아보려 하는 것입니다. 그리고 사실 예수님마저 죽였던 권세 당당한 산헤드린이 모의를 꾸민다면 사도들을 죽이는 일은 그리 어려운 것이 아니었습니다.

그러나 그때 모든 백성에게 존경받는 교법사 가말리엘의 권위 있는 제안은 이

같은 모의를 무산되게 했습니다. 이것은 하나님께서 피할 길을 내심으로 사도들을 보호하신 것입니다.

한편 가말리엘의 말대로 우리가 가진 사상과 소행이 사람에게서부터 났으면 무너지겠지만, 하나님께로부터 났으면 결코 무너질 수 없는 것입니다. 우리는 결코 실패할 수 없는 진리와 하나님나라 운동에 속한 사람들입니다. 우리가 그 진리를 붙잡을 때 하나님은 지금도 돕는 천사를 보내시고, 피할 길을 내사 우리에게 주신 사명을 감당할 수 있도록 도와주십니다.

"사람이 감당할 시험 밖에는 너희가 당한 것이 없나니 오직 하나님은 미쁘사 너희가 감당하지 못할 시험 당함을 허락하지 아니하시고 시험 당할 즈음에 또한 피할 길을 내사 너희로 능히 감당하게 하시느니라"(고전 10:13).

## 능욕을 기뻐하며 예수를 전하는 사도들

40 그들이 옳게 여겨 사도들을 불러들여 채찍질하며 예수의 이름으로 말하는 것을 금하고
놓으니 41 사도들은 그 이름을 위하여 능욕 받는 일에 합당한 자로 여기심을 기뻐하면서 공
회 앞을 떠나니라 42 그들이 날마다 성전에 있든지 집에 있든지 예수는 그리스도라고 가르
치기와 전도하기를 그치지 아니하니라

가말리엘의 현명한 제안 앞에서 산헤드린의 사악한 의도는 하는 수 없이 철회되었지만, 그렇다고 그들의 분노가 사라진 것은 아니었습니다. 그리하여 공회의 지시에 불복종했다는 이유로 유대인의 처벌법대로 사도들에게 사십의 하나 감한 채찍질을 행하였습니다. 이 채찍질의 고통은 처벌 도중에 죄수가 죽게 되는 경우가 자주 있을 정도로 대단한 것이었습니다. 그러나 사도들은 한때 예수를 버려두고 달아나던 자신들이, 예수의 이름을 위하여 능욕 받게 된 것에 대해 감격하며 도리어 기뻐했습니다. 그리고 그 같은 박해와 위협에도 불구하

고 날마다 어디에 있든지 예수는 그리스도라 가르치기와 전도하기를 쉬지 아니하였습니다. 예수의 사람은 세상이 감당할 수 없는 사람입니다. 이로 인해 사탄의 공격은 수포로 돌아가게 되었습니다. 세상을 감당하지 못하는 신자들에게 세상이 감당할 수 없었던 사도들의 모습은 커다란 도전이 됩니다.

# 6장
## 깊이파기

교회 안에 생긴 위기를
기회로 바꾸다

# 초대교회에 들이닥친 위기와 기회

1-15절

## 초대교회 안에 생긴 원망

1 그 때에 제자가 더 많아졌는데 헬라파 유대인들이 자기의 과부들이 매일의 구제에 빠지므로 히브리파 사람을 원망하니

가말리엘의 변호와 채찍에 맞음에도 불구하고 복음을 증거한 사도들의 담대한 전도로 말미암아 제자의 수가 더 많아지게 되었습니다. 학자에 따르면 당시 신자의 수는 이만에서 이만 오천명 정도에 달했을 것이라고 추정하고 있습니다. 그런데 이런 폭발적인 성장은 위기를 불러오게 되었습니다.

초대교회가 가장 힘쓴 일 중 하나는 구제였습니다. 그들은 과부들의 명부를 작성하여 구제의 대상으로 삼고 있었습니다. 그러나 제자의 수가 갑자기 증가함에 따라 사도들은 이 일에 엄청난 시간을 쓰게 되었고, 그럼에도 불구하고 누수가 있기 때문에 원망이 생기게 되었습니다. 왜냐하면 이스라엘에서 태어나고 성장한 유대인 과부 중에는 없었지만, 헬라어를 주로 사용하는 유대인 과부들 중에는 매일의 구제에서 빠지는 경우가 발생했기 때문입니다. 이 문제는 교회 안에 지역감정과 분열이 생길 수 있는 중요한 위기였습니다. 복음의 능력은 참된 하나됨과 화평을 가능케 하는 것인데 이것이 위협받는 심각한 상황이 생긴 것입니다.

## 사도들의 결단

2 열두 사도가 모든 제자를 불러 이르되 우리가 하나님의 말씀을 제쳐 놓고 접대를 일삼는
것이 마땅하지 아니하니 3 형제들아 너희 가운데서 성령과 지혜가 충만하여 칭찬 받는 사람
일곱을 택하라 우리가 이 일을 그들에게 맡기고 4 우리는 오로지 기도하는 일과 말씀 사역
에 힘쓰리라 하니

열두 사도들은 먼저 이 같은 문제와 원망에 대해 무시하거나 책망하지 않고 해결책을 찾기 위해 모든 제자들을 불러 모았습니다. 그리고 지금 비록 당면하고 시급한 일이 있지만, 중요하고 우선순위가 되는 일이 무엇인지를 재확인하고 있습니다. 시급한 일을 하면 계속 쫓길 수밖에 없습니다. 당면한 일을 하면 끝없이 그 일 속에 빠져 있게 됩니다.

그러나 교회공동체가 무엇을 위해 존재하며 이를 위해 사도가 해야 할 가장 중요한 일이 무엇인가를 정확하게 하는 것이 문제해결의 출발입니다. 이 자리에서 사도들은 하나님의 말씀 전하는 것을 제쳐놓고 접대하는 일에 매여 있어서는 안된다는 점을 분명히 했습니다. 사도들은 이 문제를 해결하기 위해 노심초사하느라 기도와 말씀에 헌신할 시간을 잃게 된다면 그것은 교회의 더 큰 위기가 된다는 점을 알고 있었습니다. 이처럼 중요한 일에 대한 우선순위를 바로 세운 사도들은 여기에 더하여 동역과 분담의 방법을 택했습니다. 이전에 모든 일을 직접 다 책임지던 체제에서 자신들의 역할을 기도와 말씀으로 축소시키고 구제와 봉사의 부분은 동역자들을 세우기로 결정한 것입니다.

이렇게 하여 초대교회는 일곱 명의 집사를 선택하게 되었습니다. 그리고 집사로 세움 받기 위한 조건은 첫째 믿음과 성령이 충만한 신자이어야 하며, 둘째 자기가 맡은 일을 잘 처리할만한 지혜자이어야 하며, 셋째 사람들에게 칭찬받는 인격자이어야 했습니다. 이처럼 하나님의 일을 맡은 수 있는 사람은 성령과 지혜가 충만한 사람이어야 합니다. 또한 직분자는 믿지 않는 사람들에게서도

좋은 말을 듣는 사람이어야만 합니다.

"하나님의 영을 그에게 충만하게 하여 지혜와 총명과 지식으로 여러 가지 일을 하게 하시되"(출 35:31).

"또한 외인에게서도 선한 증거를 얻은 자라야 할지니 비방과 마귀의 올무에 빠질까 염려하라"(딤전 3:7).

## 일곱 집사의 안수

5 온 무리가 이 말을 기뻐하여 믿음과 성령이 충만한 사람 스데반과 또 빌립과 브로고로와
니가노르와 디몬과 바메나와 유대교에 입교했던 안디옥 사람 니골라를 택하여 6 사도들 앞
에 세우니 사도들이 기도하고 그들에게 안수하니라

사도들이 우선순위를 명확하게 재정립하고 집사제도를 통한 동역과 분담을 제시하자 온 성도들은 기쁨으로 이 말을 받아들였고, 믿음과 지혜와 인격을 갖춘 일곱 사람을 선택했습니다.

이렇게 해서 세워진 초대교회의 첫 집사는 스데반과 빌립, 브로고로와 니가노르, 디몬과 바메나, 그리고 유대교에 입교했던 안디옥 사람 니골라의 일곱 사람입니다. 여기서 일곱은 열둘과 마찬가지로 완전수입니다.

곧 이 일은 하나님의 계획 속에 있었던 일이라고 할 수 있습니다. 사실 이것은 곧 있을 예루살렘 교회에 대한 박해 이후 온 유다와 사마리아에 퍼져나갈 복음사역을 위한 하나님의 예지적인 준비이기도 했습니다. 그리고 초대교회는 이처럼 집사 제도를 제정함으로 유대교와 완전히 분리됩니다. 이 직분은 유대교에서는 전례를 찾아볼 수 없는 새로운 직분이었기 때문입니다. 사도들은 하나님의 명령대로 그들에게 안수하고 그들에게 주어진 새로운 사명을 위탁하였습니다.

"그에게 안수하여 위탁하되 여호와께서 모세에게 명령하신 대로 하였더라"(민 27:23).

한편 집사라는 직분의 원어는 디아코니아인데 이것은 봉사와 구제를 위한 '종'을 의미합니다. 오늘날 교회에서 집사직분은 장로나 권사가 되기 위해 거쳐가는 단계이거나 교회 안에서 호칭이 마뜩잖으니 모든 교인을 부를 때 사용하는 경우도 있지만, 원래 집사라는 것은 구제와 봉사의 일을 담당하기 위해 세운 신약교회의 대단히 특징적인 직분이라고 할 수 있습니다.

그러므로 집사의 역할은 분명히 새롭게 회복되어야 할 영역입니다.

## 분담과 동역의 결과

7 하나님의 말씀이 점점 왕성하여 예루살렘에 있는 제자의 수가 더 심히 많아지고 허다한 제사장의 무리도 이 도에 복종하니라

초대교회가 이처럼 우선순위를 공고히 하고 분담과 동역을 선택하자 하나님의 말씀은 점점 더 왕성하여졌으며, 예루살렘에 있는 제자의 수는 심히 더 많아지게 되었습니다. 그리하여 허다한 제사장의 무리까지 이 도에 복종하게 되었습니다. 사실 불완전한 지상교회에서 위기가 생기는 것 자체는 문제가 아니라 그 위기를 잘 극복하지 못하는 것이 진짜 문제입니다.

하나님 안에는 위기에 대한 해답이 있지 위기 자체가 없는 것이 아닙니다. 그리고 위기의 극복은 우선순위를 바르게 하는 것과 각자의 역할을 제대로 규정하고 분담하는 것에 답이 있습니다.

## 스데반의 사역과 대적들의 거짓 고소

8 스데반이 은혜와 권능이 충만하여 큰 기사와 표적을 민간에 행하니 9 이른 바 자유민들 즉
구레네인, 알렉산드리아인, 길리기아와 아시아에서 온 사람들의 회당에서 어떤 자들이 일
어나 스데반과 더불어 논쟁할새 10 스데반이 지혜와 성령으로 말함을 그들이 능히 당하지
못하여 11 사람들을 매수하여 말하게 하되 이 사람이 모세와 하나님을 모독하는 말을 하는
것을 우리가 들었노라 하게 하고 12 백성과 장로와 서기관들을 충동시켜 와서 잡아가지고
공회에 이르러 13 거짓 증인들을 세우니 이르되 이 사람이 이 거룩한 곳과 율법을 거슬러 말
하기를 마지 아니하는도다 14 그의 말에 이 나사렛 예수가 이 곳을 헐고 또 모세가 우리에게
전하여 준 규례를 고치겠다 함을 우리가 들었노라 하거늘 15 공회 중에 앉은 사람들이 다 스
데반을 주목하여 보니 그 얼굴이 천사의 얼굴과 같더라

스데반은 헬라파 사람들이 출입하는 회당에서 복음을 전하며 그들과 더불어 변론했습니다. 집사는 구제만 감당하는 것이 아닙니다. 예수의 증인이 되는 일은 성령을 받은 성도 모두에게 주어진 사명인 것입니다. 그런데 그의 지혜를 당할 수 없었던 대적들은 예수님에게 그랬던 것처럼 스데반을 세 가지 죄목으로 모함했습니다. 그것은 그리스도가 모세보다 위대하다고 말함으로 모세를 모독했다는 것과 예수가 성전을 헐고 율법을 고치겠다고 함으로 성전과 율법을 모독했다는 것입니다.

모세, 성전, 율법이란 단어는 분명 신앙생활의 중요한 요소입니다. 그러나 그들은 이것을 가지고 도리어 진리의 본체를 대적하는 데 사용하고 있습니다. 그들은 율법을 지키기 위해 아주 사소한 것의 십일조까지 챙기면서도 율법의 정신인 의로움과 사랑과 믿음은 묵살해버리는 사람입니다. 이 같은 세 가지 모함에 대해 스데반은 종교 지도자들 앞에서 변호를 시작합니다. 그러나 스데반의 진술은 자기의 무죄를 주장하기 위한 변명이 아니라 도리어 하나님께서 성경을 통해 말씀하시는 메시야 예수를 거부한 유대인들의 죄에 대한 탄핵적 변

론이었습니다. 이것은 변론을 시작하기 위해 섰던 스데반의 얼굴이 천사의 얼굴과 같았던 것을 통해서도 예고되고 있습니다. 그의 얼굴은 참된 지혜자와 참된 의인의 얼굴이었던 것입니다.

"누가 지혜자와 같으며 누가 사물의 이치를 아는 자이냐 사람의 지혜는 그의 얼굴에 광채가 나게 하나니 그의 얼굴의 사나운 것이 변하느니라"(전 8:1).

"그 때에 의인들은 자기 아버지 나라에서 해와 같이 빛나리라 귀 있는 자는 들으라"(마 13:43).

# 7장
## 깊이파기

스데반이 이스라엘의 역사를 관통하여

참된 신앙을 설명하다

# 유대교 신앙의 핵심

1-16절

## 유대교의 근간인 아브라함이 받은 언약

1 대제사장이 이르되 이것이 사실이냐 2 스데반이 이르되 여러분 부형들이여 들으소서 우
리 조상 아브라함이 하란에 있기 전 메소보다미아에 있을 때에 영광의 하나님이 그에게 보
여 3 이르시되 네 고향과 친척을 떠나 내가 네게 보일 땅으로 가라 하시니 4 아브라함이 갈
대아 사람의 땅을 떠나 하란에 거하다가 그의 아버지가 죽으매 하나님이 그를 거기서 너희
지금 사는 이 땅으로 옮기셨느니라 5 그러나 여기서 발 붙일 만한 땅도 유업으로 주지 아니
하시고 다만 이 땅을 아직 자식도 없는 그와 그의 후손에게 소유로 주신다고 약속하셨으며
6 하나님이 또 이같이 말씀하시되 그 후손이 다른 땅에서 나그네가 되리니 그 땅 사람들이
종으로 삼아 사백 년 동안을 괴롭게 하리라 하시고 7 또 이르시되 종 삼는 나라를 내가 심판
하리니 그 후에 그들이 나와서 이 곳에서 나를 섬기리라 하시고

우선 스데반은 그의 설교를 아브라함의 소명에서부터 시작하고 있습니다. 이것은 모세 율법과 성전 지상주의에 빠져 있던 유대인들에게, 참된 신앙의 기초가 모세 이전 아브라함의 소명과 언약에 근거하고 있음을 깨우치기 위함이었습니다. 하나님과 아브라함과의 관계는 율법이나 성전이 아니라 언약으로부터 시작되었습니다.

"내가 이것을 말하노니 하나님께서 미리 정하신 언약을 사백삼십 년 후에 생긴 율법이 폐기하지 못하고 그 약속을 헛되게 하지 못하리라"(갈 3:17).

아브라함에게 주신 언약은 하나님이 보여주실 땅으로 순종하고 가면 큰 민족을 이루고 복의 근원이 되게 하시겠다는 내용입니다. 이것은 간단히 씨, 땅, 복이라는 세 단어로 요약할 수 있습니다. 그리고 이것은 예수 그리스도를 통하여 하나님나라를 이루시는 구원의 복음을 상징하고 있습니다.

"여호와께서 아브람에게 이르시되 너는 너의 고향과 친척과 아버지의 집을 떠나 내가 네게 보여 줄 땅으로 가라 내가 너로 큰 민족을 이루고 네게 복을 주어 네 이름을 창대하게 하리니 너는 복이 될지라"(창 12:1-2).

그러나 아브라함이 하나님으로부터 받았던 언약은 현실적인 눈으로 보면 기쁜 것이 아니었습니다. 그는 발붙일 만큼의 땅도 얻지 못했으며, 아직 자식도 없었고, 후에 생길 그의 자손에게는 수백 년 동안의 믿음의 연단 후에야 땅이 주어질 것이 약속되어 있었기 때문입니다. 그러나 아브라함은 이 언약을 받아들였고, 갈 바를 알지 못하는 중에 순종하여 그 길을 떠났습니다. 하나님은 그의 믿음과 순종에 축복하시고 그를 이스라엘의 조상으로 세워주셨습니다. 바로 이 믿음과 순종이 선민사상의 참된 뿌리가 된 것입니다.

## 언약의 표시인 할례

8 할례의 언약을 아브라함에게 주셨더니 그가 이삭을 낳아 여드레 만에 할례를 행하고 이삭이 야곱을, 야곱이 우리 열두 조상을 낳으니라

하나님께서 언약의 증표로서 아브라함과 그 자손들에게 명령하신 것은 할례입니다.

"너희 중 남자는 다 할례를 받으라 이것이 나와 너희와 너희 후손 사이에 지킬 내 언약이니라"(창 17:10).

사실 '언약'이라는 단어의 원어인 '베리트'는 '자른다'라는 의미를 가지고 있습

니다. 이것은 하나님께서 아브라함과의 언약을 위해 짐승을 잡아 그 몸의 중간을 자른 것을 상징하기 위한 것으로 보입니다.

"아브람이 그 모든 것을 가져다가 그 중간을 쪼개고 그 쪼갠 것을 마주 대하여 놓고 그 새는 쪼개지 아니하였으며"(창 15:10).

그런데 할례라는 단어의 원어인 '물' 역시 '자른다'는 의미를 가지고 있습니다. 이 때문에 하나님은 언약의 표시로서 할례를 명령하셨던 것입니다. 하지만 성경은 진정한 할례란 포피 가죽을 자르는 것이 아니라 마음 가죽을 자르는 겸손이라고 구약에서부터 강조하고 있습니다.

"그러므로 너희는 마음에 할례를 행하고 다시는 목을 곧게 하지 말라"(신 10:16).

"유다인과 예루살렘 주민들아 너희는 스스로 할례를 행하여 너희 마음 가죽을 베고 나 여호와께 속하라 그리하지 아니하면 너희 악행으로 말미암아 나의 분노가 불 같이 일어나 사르리니 그것을 끌 자가 없으리라"(렘 4:4).

## 버림받았지만 구원자가 된 요셉

9 여러 조상이 요셉을 시기하여 애굽에 팔았더니 하나님이 그와 함께 계셔 10 그 모든 환난
에서 건져내사 애굽 왕 바로 앞에서 은총과 지혜를 주시매 바로가 그를 애굽과 자기 온 집의
통치자로 세웠느니라 11 그 때에 애굽과 가나안 온 땅에 흉년이 들어 큰 환난이 있을새 우
리 조상들이 양식이 없는지라 12 야곱이 애굽에 곡식 있다는 말을 듣고 먼저 우리 조상들을
보내고 13 또 재차 보내매 요셉이 자기 형제들에게 알려지게 되고 또 요셉의 친족이 바로에
게 드러나게 되니라 14 요셉이 사람을 보내어 그의 아버지 야곱과 온 친족 일흔다섯 사람을
청하였더니

아브라함에게 주셨던 언약은 요셉을 통하여 점점 현실로 나타나게 됩니다. 그를 통해 "네 자손이 땅의 티끌처럼 되리라", "너는 복의 근원이 되리라"는 말씀

이 이루어지기 때문입니다. 하지만 이 과정에서 유대인의 조상들이 한 일이란 오직 요셉을 시기하여 애굽에 판 것밖에 없었습니다. 스데반이 요셉의 이야기를 하는 또 하나의 중요한 이유는, 이스라엘 역사가 가진 계시의 점진성을 생각할 때 요셉이 메시야에 대한 선 이해를 제공하는 중요한 인물이기 때문입니다. 요셉은 형제들의 시기 때문에 애굽으로 팔렸습니다.

하지만 하나님은 그를 높여 애굽을 다스리는 자리에 앉히셨습니다. 더 나아가 하나님은 요셉을 환난에서 이스라엘을 건지는 구원자로 삼으셨습니다. 또 애굽에 곡식을 사러온 요셉의 형제들은 처음에는 요셉을 알아보지 못하다가 나중에야 알아보게 되었습니다. 이 모든 것은 유대인들에 의해 팔리시고 무시당하신 구세주 예수의 모습을 예표하는 것입니다.

한편 스데반이 애굽에 내려간 야곱 일가의 숫자가 75명이라고 말한 것은 구약에 나오는 70명이라는 숫자와는 차이가 있습니다. 하지만 이것은 십 단위로 표시하는 히브리식 사고방식과 정확한 것을 좋아하는 헬라식 사고방식의 차이에서 비롯된 것으로 볼 수 있습니다.

"애굽에서 요셉이 낳은 아들은 두 명이니 야곱의 집 사람으로 애굽에 이른 자가 모두 칠십 명이었더라"(창 46:27).

## 본향을 사모하여 가나안 땅에 매장된 야곱

15 야곱이 애굽으로 내려가 자기와 우리 조상들이 거기서 죽고 16 세겜으로 옮겨져 아브라함이 세겜 하몰의 자손에게서 은으로 값 주고 산 무덤에 장사되니라

야곱은 비록 비옥한 애굽 땅에서 살았지만, 유골만큼은 가나안 땅으로 옮겨 묻히기를 원했습니다. 그리하여 세겜으로 옮겨 아브라함과 야곱이 세겜 하몰의 자손에게서 은으로 값 주고 산 무덤에서 장사되었습니다.

"또 이스라엘 자손이 애굽에서 가져 온 요셉의 뼈를 세겜에 장사하였으니 이곳은 야곱이 백 크시타를 주고 세겜의 아버지 하몰의 자손들에게서 산 밭이라 그것이 요셉 자손의 기업이 되었더라"(수 24:32).

이것은 요셉 역시 마찬가지였습니다. 이처럼 자신의 해골을 가나안으로 옮기는 것은 평생 놓지 않았던 언약에 대한 그들의 믿음에 대한 표출입니다. 그들은 가나안 땅에서 발 붙일 만큼의 땅도 가지고 있지 못했지만, 언젠가는 반드시 하나님의 약속대로 그 땅을 유업으로 받을 것을 확신했던 것입니다. 몸은 애굽에 있었지만 마음은 항상 본향에 가 있었던 조상들의 언약신앙은 현세에서의 권력과 이권에 집착하던 당시 종교지도자들의 모습과는 대조를 이룹니다. 우리의 마음은 야곱처럼 항상 본향을 향하고 있어야 합니다.

한편 야곱이 산 세겜 땅의 무덤을(창 33:19) 아브라함이 산 것이라고 표현한 것은 아브라함이 세겜에 내려갔을 때(창 12:6) 샀다가 하몰 사람의 점령에 의해 빼앗긴 땅을 야곱이 다시 샀기 때문으로 보입니다.

# 백성들이 배척한 모세를 구원자로 세우신 하나님

17-38절

## 왕궁에서 성장하는 모세

17 하나님이 아브라함에게 약속하신 때가 가까우매 이스라엘 백성이 애굽에서 번성하여
많아졌더니 18 요셉을 알지 못하는 새 임금이 애굽 왕위에 오르매 19 그가 우리 족속에게 교
활한 방법을 써서 조상들을 괴롭게 하여 그 어린 아이들을 내버려 살지 못하게 하려 할새
20 그 때에 모세가 났는데 하나님 보시기에 아름다운지라 그의 아버지의 집에서 석 달 동안
길리더니 21 버려진 후에 바로의 딸이 그를 데려다가 자기 아들로 기르매 22 모세가 애굽 사
람의 모든 지혜를 배워 그의 말과 하는 일들이 능하더라

스데반은 자신이 모세를 모독했다고 고소하는 자들에게 진정으로 모세를 배척하고 모독하는 사람이 누구인지를 밝히기 위해 모세의 일생에 대해 설명하기 시작합니다. 요셉을 알지 못하는 왕조가 들어서자 이집트에 정착하여 번성하고 있던 야곱의 후손들에게는 박해가 시작되었습니다.

이것은 이미 아브라함에게 하신 예언대로 된 것으로, 그들로 하여금 세상을 상징하는 애굽에 마음을 두지 않고 하나님나라를 상징하는 가나안을 사모하게 하기 위함이었습니다. 이처럼 많은 경우 신자에게 있는 고난은 세상에 마음을 두지 않고 하나님나라를 사모하게 하기 위한 하나님의 노크일 수 있습니다.

한편 구원을 위해 하나님께서 예비하신 사람이 바로 하나님 보시기에 아름다웠던 모세입니다. 그는 믿음의 가정에서 최선을 다해 길러진 후에 하나님께 맡

기는 마음으로 나일강에 버려졌지만, 바로의 공주의 아들이 되어 모든 말과 일에 능한 왕자로 성장하고 있었습니다. 애굽의 박해는 심해지고 있었지만, 하나님은 구원계획은 성장하고 있었던 것입니다.

## 모세를 배척하는 이스라엘

23 나이가 사십이 되매 그 형제 이스라엘 자손을 돌볼 생각이 나더니 24 한 사람이 원통한
일 당함을 보고 보호하여 압제 받는 자를 위하여 원수를 갚아 애굽 사람을 쳐 죽이니라
25 그는 그의 형제들이 하나님께서 자기의 손을 통하여 구원해 주시는 것을 깨달으리라고
생각하였으나 그들이 깨닫지 못하였더라 26 이튿날 이스라엘 사람끼리 싸울 때에 모세가
와서 화해시키려 하여 이르되 너희는 형제인데 어찌 서로 해치느냐 하니 27 그 동무를 해치
는 사람이 모세를 밀어뜨려 이르되 누가 너를 관리와 재판장으로 우리 위에 세웠느냐 28 네
가 어제는 애굽 사람을 죽임과 같이 또 나를 죽이려느냐 하니 29 모세가 이 말 때문에 도주
하여 미디안 땅에서 나그네 되어 거기서 아들 둘을 낳으니라

바로의 딸이 된 모세는 화려한 왕궁의 생활에 안주하지 않고 그 형제 이스라엘 자손을 돌볼 생각을 가졌습니다.

"믿음으로 모세는 장성하여 바로의 공주의 아들이라 칭함 받기를 거절하고 도리어 하나님의 백성과 함께 고난 받기를 잠시 죄악의 낙 을 누리는 것보다 더 좋아하고"(히 11:24-25).

하지만 이스라엘 백성들은 하나님께서 보내 주신 그들의 구원자를 알아보지 못했고 도리어 "누가 너를 관리와 재판장으로 우리 위에 세웠느냐"고 하면서 모세를 밀어뜨려 버렸습니다. 그 결과 모세는 도주하여 미디안 땅에서 나그네가 될 수밖에 없었습니다. 한편 모세가 태어나자마자 살해의 위협을 받았던 점, 자기 백성을 위해 기꺼이 그 높은 보좌를 버렸던 점, 이스라엘 백성들로부

터 배척을 받았던 점 등은 바로 참된 구원자이신 예수님의 모습을 정확하게 예표하고 있습니다.

### 때가 차매 모세를 부르신 하나님

30 사십 년이 차매 천사가 시내 산 광야 가시나무 떨기 불꽃 가운데서 그에게 보이거늘
31 모세가 그 광경을 보고 놀랍게 여겨 알아보려고 가까이 가니 주의 소리가 있어 32 나는
네 조상의 하나님 즉 아브라함과 이삭과 야곱의 하나님이라 하신대 모세가 무서워 감히 바
라보지 못하더라 33 주께서 이르시되 네 발의 신을 벗으라 네가 서 있는 곳은 거룩한 땅이니
라

미디안 광야에서 나그네 생활 사십 년이 차자, 하나님은 비로소 모세를 찾아가셨습니다. 80살의 할아버지 모세는 여느 때와 같이 시내산 광야에서 양을 치다가 한 가시나무 떨기에 붙은 불꽃이 꺼지지 않고 계속 타오르는 것을 보게 되었습니다. 이 광경은 모세의 가슴 속에 이상한 감흥을 불러일으켰습니다. 그것은 하루 만에 재가 되어버린 민족해방을 위하여 자기가 붙인 열심의 불과는 너무나도 대조가 되었기 때문입니다.

그때 하나님은 불꽃 가운데서 "나는 네 조상의 하나님 즉 아브라함과 이삭과 야곱의 하나님이라"는 음성을 그에게 들려 주셨습니다. 이것은 언약을 반드시 지키시는 분이심을 나타내는 하나님의 거룩한 이름입니다.

그러면서 하나님은 모세에게 그의 신을 벗으라고 명령했습니다. 이것은 그의 주권을 종처럼 다 내려놓으라는 의미입니다. 모세는 이미 자기의 죄인됨과 무능함을 철저히 인정하고 있었기에 신을 벗고 하나님 앞에 섰습니다.

이 사십 년은 그에게 있어서 자아가 완전히 깨어지는 데 필요한 시간이었던 것입니다. 이처럼 하나님은 한창 자신감이 넘치고 힘과 열정이 가득했던 왕자 모

세가 아니라, 자기로서는 아무것도 할 수 없다는 사실을 절감하고 자기의 지정의를 온전히 내려놓은 늙은 모세를 들어 당신의 구원역사를 이루셨습니다. 이것은 하나님의 구원사역은 내 힘과 내 열정으로 하는 것이 아니라 오직 자기부인을 통해서 주님께서 나타나시게 하는데 있음을 잘 보여줍니다.

한편 스데반은 하나님께서 모세에게 이방 미디안에 있는 땅을 거룩한 곳이라고 말씀하신 부분을 인용하면서, 예루살렘 성전 자체를 신성시하고 있던 이스라엘 백성들의 잘못된 고정관념에 대해 지적하고 있습니다. 하나님께서 임재하시는 곳이 바로 거룩한 곳이며, 하나님께서 떠나가시는 곳이 가장 부정한 곳입니다.

## 배척받은 모세를 다시 구원자로 세우신 하나님

34 내 백성이 애굽에서 괴로움 받음을 내가 확실히 보고 그 탄식하는 소리를 듣고 그들을 구
원하려고 내려왔노니 이제 내가 너를 애굽으로 보내리라 하시니라 35 그들의 말이 누가 너
를 관리와 재판장으로 세웠느냐 하며 거절하던 그 모세를 하나님은 가시나무 떨기 가운데
서 보이던 천사의 손으로 관리와 속량하는 자로서 보내셨으니 36 이 사람이 백성을 인도하
여 나오게 하고 애굽과 홍해와 광야에서 사십 년간 기사와 표적을 행하였느니라 37 이스라
엘 자손에 대하여 하나님이 너희 형제 가운데서 나와 같은 선지자를 세우리라 하던 자가 곧
이 모세라 38 시내 산에서 말하던 그 천사와 우리 조상들과 함께 광야 교회에 있었고 또 살
아 있는 말씀을 받아 우리에게 주던 자가 이 사람이라

하나님은 "내가 이스라엘 백성의 부르짖음을 듣고 애굽 사람들이 괴롭게 하는 학대를 보았노라. 이제 내가 너를 바로에게 보내어 너로 내 백성 이스라엘 자손을 애굽에서 인도하여 내게 하리라"는 놀라운 소명을 모세에게 주셨습니다. 곧 하나님은 이스라엘 백성들로부터 "누가 너를 관리와 재판장으로 세웠느

냐?"라는 말을 듣고 버림받은 모세를 다시 이스라엘의 구원자로 세우신 것입니다. 그리하여 모세는 출애굽의 역사를 이루고 홍해를 가르고 무수한 표적과 기사로 사십 년 동안 이스라엘 백성들을 광야에서 이끌었습니다. 그러면서 스데반은 자신이 그리스도에 대해 말함으로 모세를 모독했다는 고소에 대해 "하나님이 너희 형제 가운데서 나와 같은 선지자를 세우리라"고 예언한 사람이 바로 하나님이 세우신 구원자인 모세라는 사실을 밝힘으로 반박합니다.

한편 38절에서 스데반은 광야에 있던 교회에 대해 '시내 산에서 말하던 그 천사'와 '우리 조상들'이 함께 모세를 통하여 '살아있는 말씀'을 주고 받는 모임을 '광야 교회'라고 표현하고 있습니다. 이것은 참된 교회의 핵심이 '하나님'의 '살아있는 말씀'이 '설교자'를 통하여 '성도들'에게 전달되어지는 일임을 보여주고 있습니다.

# 진리의 책망 앞에서 스데반을 죽이는 무리들

39-60절

## 대대에 걸친 이스라엘의 거역과 우상숭배

39 우리 조상들이 모세에게 복종하지 아니하고자 하여 거절하며 그 마음이 도리어 애굽으
로 향하여 40 아론더러 이르되 우리를 인도할 신들을 우리를 위하여 만들라 애굽 땅에서 우
리를 인도하던 이 모세는 어떻게 되었는지 알지 못하노라 하고 41 그 때에 그들이 송아지를
만들어 그 우상 앞에 제사하며 자기 손으로 만든 것을 기뻐하더니 42 하나님이 외면하사 그
들을 그 하늘의 군대 섬기는 일에 버려 두셨으니 이는 선지자의 책에 기록된 바 이스라엘의
집이여 너희가 광야에서 사십 년간 희생과 제물을 내게 드린 일이 있었느냐 43 몰록의 장막
과 신 레판의 별을 받들었음이여 이것은 너희가 절하고자 하여 만든 형상이로다 내가 너희
를 바벨론 밖으로 옮기리라 함과 같으니라

스데반은 시내산에서 하나님의 말씀을 받고, 광야에서 살아있는 말씀을 그들에게 전하여 주던 그 모세를 복종하지 않고 거절하며 배척한 자들이 다름 아닌 이스라엘 백성임도 지적하고 있습니다. 또 그는 이스라엘 백성들이 애굽으로부터 나오자마자 광야 사십 년 세월부터 시작하여 나라가 없어질 때까지 희생제물을 하나님께 드렸지만 실제적으로 그들이 행한 것은 하나님을 외면하고, 금송아지 숭배와 일월성신과 같은 하늘의 군대와 여러 이방나라에서 수입한 잡신들을 섬기는 것밖에 없었음을 지적합니다. 그리고 그 결과 바벨론 밖으로 옮겨지는 심판을 받게 되었음을 구약을 인용하여 밝히고 있습니다

"이스라엘 족속아 너희가 사십 년 동안 광야에서 희생과 소제물을 내게 드렸느냐 너희가 너희 왕 식굿과 기윤과 너희 우상들과 너희가 너희를 위하여 만든 신들의 별 형상을 지고 가리라 내가 너희를 다메섹 밖으로 사로잡혀 가게 하리라 그의 이름이 만군의 하나님이라 불리우는 여호와께서 말씀하셨느니라"(암 5:25-27).

사실 광야에서 모세를 향해 진리를 향한 배척과 우상을 향한 숭배로 일관했던 이스라엘 백성들은 이제는 모세가 예표하고 예언한 참된 구원자이신 예수님마저 배척하고 또 다시 율법과 성전을 우상화하고 있는 것입니다.

## 성전의 원형인 증거의 장막과 지상성전의 한계

44 광야에서 우리 조상들에게 증거의 장막이 있었으니 이것은 모세에게 말씀하신 이가 명
하사 그가 본 그 양식대로 만들게 하신 것이라 45 우리 조상들이 그것을 받아 하나님이 그들
앞에서 쫓아내신 이방인의 땅을 점령할 때에 여호수아와 함께 가지고 들어가서 다윗 때까
지 이르니라 46 다윗이 하나님 앞에서 은혜를 받아 야곱의 집을 위하여 하나님의 처소를 준
비하게 하여 달라고 하더니 47 솔로몬이 그를 위하여 집을 지었느니라 48 그러나 지극히 높
으신 이는 손으로 지은 곳에 계시지 아니하시나니 선지자가 말한 바 49 주께서 이르시되 하
늘은 나의 보좌요 땅은 나의 발등상이니 너희가 나를 위하여 무슨 집을 짓겠으며 나의 안식
할 처소가 어디냐 50 이 모든 것이 다 내 손으로 지은 것이 아니냐 함과 같으니라

이어서 스데반은 성전을 모독했다는 고소에 대해 참된 성전의 의미를 설명함으로 자신을 변호하고 있습니다.

그는 먼저 성전은 원래 출애굽 때에 모세가 하나님께서 보여주신 양식대로 만든 장막을 원형으로 하는 것으로, 이 성막은 고정식의 형태가 아니라 이스라엘이 어디로 가든지 하나님께서 함께 하심을 나타내는 이동식 형태였음을 밝힙니다. 또한 이 성막의 이름을 증거의 장막이라고 칭한 것은 성막의 가장 중요

한 기능이 진리의 말씀의 증거임을 밝히는 것이기도 합니다. 이와 같은 이동식의 성막을 처음으로 고정식 성전으로 건립하고자 한 이는 다윗입니다. 하지만 하나님은 당신을 위해 집을 지어 드리고 싶다는 다윗의 요청에 대해 다음과 같은 말씀으로 거절하셨습니다.

"내가 이스라엘 자손을 애굽에서 인도하여 내던 날부터 오늘까지 집에 살지 아니하고 장막과 성막 안에서 다녔나니 이스라엘 자손과 더불어 다니는 모든 곳에서 내가 내 백성 이스라엘을 먹이라고 명령한 이스라엘 어느 지파들 가운데 하나에게 내가 말하기를 너희가 어찌하여 나를 위하여 백향목 집을 건축하지 아니하였느냐고 말하였느냐?"(삼하 7:6-7).

하지만 그의 중심을 기쁘게 받으시고 도리어 '여호와가 너를 위하여 집을 짓으리라'는 놀라운 약속을 그에게 주셨습니다.

"전에 내가 사사에게 명령하여 내 백성 이스라엘을 다스리던 때와 같지 아니하게 하고 너를 모든 원수에게서 벗어나 편히 쉬게 하리라 여호와가 또 네게 이르노니 여호와가 너를 위하여 집을 짓고"(삼하 7:11).

물론 성전건축은 하나님의 허락으로 다윗의 아들 솔로몬 때에 이루어지게 되었습니다. 하지만 솔로몬도 성전완공 때에 드린 기도에서, 특정 장소에 구애받지 않으시는 하나님의 무소부재를 찬양했습니다. 왜냐하면 하늘은 하나님의 보좌요 땅은 그분의 발등상이며, 이 모든 것은 하나님께서 직접 그분의 손으로 다 지은 것이니 인간이 감히 하나님의 집을 짓는다는 것은 어불성설일 수밖에 없기 때문입니다.

"하나님이 참으로 땅에 거하시리이까 하늘과 하늘들의 하늘이라도 주를 용납하지 못하겠거든 하물며 내가 건축한 이 성전이오리이까?"(왕상 8:27).

이 같은 스데반의 설교는 하나님을 예루살렘성전이라는 한정된 장소에 가두고, 그 성전 자체를 우상으로 만들어 숭배하고 있는 이스라엘백성들의 잘못된 성전의식이야 말로 하나님을 모독하는 것임을 지적하는 내용이라고 할 수 있습니다.

하나님은 무소부재하는 분이시며, 우리와 늘 함께 하시는 분이십니다. 그리고 영과 진리로 예배하는 모든 처소는 하나님의 거룩한 성전입니다. 우리는 잘못된 성전의식으로 말미암아 하나님을 예배당 안에만 가두어 놓아서는 안됩니다.

## 교만에 대한 책망과 분노하는 유대인들

51 목이 곧고 마음과 귀에 할례를 받지 못한 사람들아 너희도 너희 조상과 같이 항상 성령을
거스르는도다 52 너희 조상들이 선지자들 중의 누구를 박해하지 아니하였느냐 의인이 오
시리라 예고한 자들을 그들이 죽였고 이제 너희는 그 의인을 잡아 준 자요 살인한 자가 되나
니 53 너희는 천사가 전한 율법을 받고도 지키지 아니하였도다 하니라 54 그들이 이 말을 듣
고 마음에 찔려 그를 향하여 이를 갈거늘

스데반은 모세와 성전과 율법을 모독했다고 고소한 유대인들을 향해서 성경을 풀어 설명함으로 변호를 마쳤습니다. 그럼에도 불구하고 저들은 조금도 돌이키지 않았습니다. 이에 스데반은 지금까지의 온건한 표현과는 달리 저들 무리들을 향해 목이 곧고 마음과 귀에 할례 받지 못한 사람들이며, 저들의 조상들처럼 항상 성령을 거스르고 있다고 책망했습니다. 뿐만 아니라 스데반은 저들의 조상들이 완전히 무죄하신 메시야가 오시리라고 예언하던 선지자들을 죽인 자들이라면, 그들은 바로 '그 의인'을 잡아 준 자요 살인한 자가 되었다고 책망했습니다.

선지자를 죽인 죄도 적지 않지만, 선지자들이 예언한 그 의인을 죽인 그들의 완악함과 죄악은 비교할 수 없는 것입니다. 그리고 저들이 자신을 향해 율법을 거역했다고 정죄하고 있지만, 정작 율법의 목적은 죄를 깨닫게 하고, 메시

야에게로 인도하기 위한 것이기에 저들의 완악함이야 말로 '율법'을 정면으로 거역하는 행위라고 고발했습니다. 참으로 스데반의 변론은 그리스도를 선명하게 계시하고 죄를 적나라하게 드러내는 것이었습니다.

이제 공은 유대인들에게로 넘어왔습니다. 하지만 이 말을 들은 무리들은 더 이상 이 명확한 진리가 그들의 양심을 찌르지 못하도록 도리어 스데반을 향해 이를 갈며 격분했습니다. 스스로 율법을 잘 지킨다고 하는 자만심에 빠져 있던 저들은 자신들이 틀린 것이 아니라 스데반이 틀렸다고 단죄함으로 회개의 기회를 차버리고 있는 것입니다.

신자는 마음을 찌르는 진리를 향해 이를 가는 자가 아니라 마음을 찌르게 하는 죄에 대해 이를 가는 자가 되어야 합니다.

## 스데반의 영광스러운 죽음

55 스데반이 성령 충만하여 하늘을 우러러 주목하여 하나님의 영광과 및 예수께서 하나님
우편에 서신 것을 보고 56 말하되 보라 하늘이 열리고 인자가 하나님 우편에 서신 것을 보노
라 한대 57 그들이 큰 소리를 지르며 귀를 막고 일제히 그에게 달려들어 58 성 밖으로 내치
고 돌로 칠새 증인들이 옷을 벗어 사울이라 하는 청년의 발 앞에 두니라 59 그들이 돌로 스
데반을 치니 스데반이 부르짖어 이르되 주 예수여 내 영혼을 받으시옵소서 하고 60 무릎을
꿇고 크게 불러 이르되 주여 이 죄를 그들에게 돌리지 마옵소서 이 말을 하고 자니라

이제 스데반은 자신의 말씀사역이 끝이 났음을 알고 하늘을 우러러 눈을 들었습니다. 만약 그가 자신의 말씀사역을 사람들의 반응으로 평가했다면 절망했을 것입니다. 그러나 그는 사람들이 어떻게 반응하는지를 주목한 것이 아니라 자기에게 말씀 증언의 사명을 허락하신 하나님과 주 예수 그리스도께서 어떻게 반응하시는지를 주목하고 있는 것입니다.

사실 진정한 성령 충만이란 어떤 상황에서도 자기 자신이나 다른 사람들이 아니라 하나님을 주목할 수 있는 능력을 가리킵니다. 그러자 스데반은 하나님의 영광과 예수께서 하나님 우편에 일어서 계신 것을 보게 되었습니다. 보좌에 앉아계시던 예수님은 사명을 완수한 스데반을 영접하기 위해 친히 일어나 두 팔을 벌리고 계셨던 것입니다. 이에 스데반은 죽음을 앞둔 두려운 순간에도 영광에 사로잡혀 "보라 하늘이 열리고 인자가 하나님 우편에 서신 것을 보노라!"고 외쳤습니다.

그러자 그들은 큰 소리를 지르며 귀를 막고 일제히 달려들어서 스데반을 성밖으로 내몰고는 돌로 치기 시작했습니다. 저들은 더 이상 그들의 양심을 찌르는 선명한 진리를 용납할 수 없었던 것입니다. 하지만 스데반은 돌에 맞아 죽어가면서도 자기가 주목하여 보고 있는 그 예수님의 품에 안기기를 갈망하면서 "주 예수여 내 영혼을 받으시옵소서"라고 부르짖었습니다. 뿐만 아니라 그는 돌에 맞아 고꾸라지는 마지막 순간에도 "주여 이 죄를 그들에게 돌리지 마옵소서!"라고 하며 중보하였습니다.

사도행전의 기록자인 누가는 이 죽음에 대해 "자니라"고 표현함으로 사명을 온전히 감당한 스데반의 죽음을 영화롭게 하고 있습니다. 또한 스데반의 죽음이 그것으로 끝이 아니라는 점을 사형집행에 대한 증인들의 옷이 사울이라는 청년의 발 앞에 놓인 것을 통해 극적으로 표현하고 있습니다. 이것은 그 박해자 사울이 장차 사도 바울이 되어 맺게 될 상상도 할 수 없는 풍성한 열매에 대한 암시가 아닐 수 없습니다. 순교자의 피는 교회성장의 거름입니다.

# 8장
## 깊이파기

사마리아와 에티오피아로
복음이 퍼져 가다

# 박해로 말미암은 복음의 확산

1-13절

## 스데반 처형의 주범인 사울의 박해

1 사울은 그가 죽임 당함을 마땅히 여기더라 그 날에 예루살렘에 있는 교회에 큰 박해가 있
어 사도 외에는 다 유대와 사마리아 모든 땅으로 흩어지니라 2 경건한 사람들이 스데반을
장사하고 위하여 크게 울더라 3 사울이 교회를 잔멸 할새 각 집에 들어가 남녀를 끌어다가
옥에 넘기니라 4 그 흩어진 사람들이 두루 다니며 복음의 말씀을 전할새

스데반의 순교는 교회에 대한 본격적인 핍박의 신호탄이 되었습니다. 그리하여 사도들을 제외한 대부분의 신자들은 예루살렘을 떠나 도처로 흩어지게 되었습니다. 그러나 동시에 이것은 본격적인 복음전파의 도화선이 되었습니다. 흩어진 성도들은 자신들이 옮기는 장소마다 어디서든지 복음을 전했던 것입니다. 그리하여 성령받은 제자들은 도리어 이 박해를 통해서 주님의 명령대로 예루살렘과 온 유대와 사마리아와 땅 끝까지 예수의 증인이 될 수 있었습니다. 그런데 이 핍박과 세계 선교의 중심에는 사울이 서 있었습니다.

사실 스데반은 유대의 경건한 사람들이 산헤드린에 의해 정죄받고 처형된 그를 위해 크게 통곡하며 장례를 치러줄 정도로 죽음의 순간까지 감동을 준 인물입니다. 하지만 사울은 그처럼 거룩한 스데반의 죽음을 보고도 마땅하게 여길 정도로 강팍한 사람이었으며, 각 집에 들어가 남녀를 끌어다가 옥에 넘길 정도로 교회를 잔멸하던 박해자였습니다. 이런 점에서 사울이 이방인의 사도

가 되어 땅 끝까지 복음을 전하게 된 것은 위대한 복음의 승리가 아닐 수 없습니다. 그리고 그런 사울이 이 같은 위대한 주의 긍휼을 입을 수 있었던 것은 그의 소행을 하나님께서 '알지 못하고 행한 것'으로 여겨주셨기 때문입니다.

"내가 전에는 비방자요 박해자요 폭행자였으나 도리어 긍휼을 입은 것은 내가 믿지 아니할 때에 알지 못하고 행하였음이라"(딤전 1:13).

## 사마리아 성으로 퍼져간 복음

5 빌립이 사마리아 성에 내려가 그리스도를 백성에게 전파하니 6 무리가 빌립의 말도 듣고
행하는 표적도 보고 한마음으로 그가 하는 말을 따르더라 7 많은 사람에게 붙었던 더러운
귀신들이 크게 소리를 지르며 나가고 또 많은 중풍병자와 못 걷는 사람이 나으니 8 그 성에
큰 기쁨이 있더라

특히 초대교회 일곱 집사 중의 한 명인 빌립을 통해서는 사마리아 사람들에게도 복음이 증거되었습니다. 빌립이 전도할 때 하나님은 많은 사람에게 붙었던 더러운 귀신들이 크게 소리를 지르며 나가고, 또 많은 중풍병자와 못 걷는 사람이 낫는 표적으로 전파되는 복음을 확증해 주셨습니다. 그리하여 저들은 한마음으로 빌립이 전하는 도를 받아들이게 되었고 그 결과 동족들에게까지 버림받았던 큰 슬픔의 성 사마리아에는 진리의 위로로 말미암는 큰 기쁨이 넘치게 되었습니다. 복음은 참으로 "온 백성에게 미칠 큰 기쁨의 좋은 소식"입니다.

## 마술사 시몬의 개종과 그 이유

9 그 성에 시몬이라 하는 사람이 전부터 있어 마술을 행하여 사마리아 백성을 놀라게 하며

자칭 큰 자라 하니 10 낮은 사람부터 높은 사람까지 다 따르며 이르되 이 사람은 크다 일컫는 하나님의 능력이라 하더라 11 오랫동안 그 마술에 놀랐으므로 그들이 따르더니 12 빌립이 하나님 나라와 및 예수 그리스도의 이름에 관하여 전도함을 그들이 믿고 남녀가 다 세례를 받으니 13 시몬도 믿고 세례를 받은 후에 전심으로 빌립을 따라다니며 그 나타나는 표적과 큰 능력을 보고 놀라니라

빌립의 전도에 의해 개종한 사람 중에는 시몬이 있었습니다. 그는 사마리아 지방에서 '크다 일컫는 하나님의 능력'이란 칭호로 불리우던 사람으로 오랫동안 상당한 영향력을 행사하던 마술사였습니다. 하지만 그는 빌립에게서 나타나는 표적과 큰 능력을 보고 개종하여 세례를 받게 되었고, 전심으로 빌립을 좇는 사람이 되었습니다. 그렇게 화려했던 경력을 가진 사람이 자기의 기득권을 포기하고 개종을 한 것은 놀라운 일이며, 그로 말미암은 파급 효과 역시 상당한 것이었습니다. 이런 회심자는 오늘 같으면 간증집회에 유명한 강사가 되었을지도 모릅니다. 그러나 성경은 그의 개종에 대해 물음표를 달고 있습니다. 그가 반한 것은 복음의 내용이 아니라 복음이 동반하는 외적인 능력들이었기 때문입니다. 오늘날도 많은 사람들이 기독교로 돌아오고 있지만 그들 중 많은 사람은 마술사 시몬처럼 단지 외적인 것에 감명 받고, 그것들을 얻기 위해 열심히 교회들과 예배들을 찾아다니고 있는지도 모릅니다. 하지만 하나님은 종교적 열정보다 당신을 바르게 아는 것을 더 원하십니다

"나는 인애를 원하고 제사를 원하지 아니하며 번제보다 하나님을 아는 것을 원하노라"(호 6:6).

하나님을 향한 바른 지식이 없는 소원은 선하지 못합니다.

"지식 없는 소원은 선하지 못하고 발이 급한 사람은 잘못 가느니라"(잠 19:2).

진리 자체가 아니라 진리에 동반되는 외적인 것들에 감명 받는 사람은 마술사 시몬과 다를 바 없습니다.

# 사마리아 성에 임한 성령

14-25절

## 베드로와 요한이 안수할 때 임하신 성령

14 예루살렘에 있는 사도들이 사마리아도 하나님의 말씀을 받았다 함을 듣고 베드로와 요
한을 보내매 15 그들이 내려가서 그들을 위하여 성령 받기를 기도하니 16 이는 아직 한 사
람에게도 성령 내리신 일이 없고 오직 주 예수의 이름으로 세례만 받을 뿐이더라 17 이에 두
사도가 그들에게 안수하매 성령을 받는지라

사마리아에 복음의 역사가 일어나자 예루살렘 모교회는 즉각 기쁘게 가장 중요한 두 사도인 베드로와 요한을 파송하여 빌립의 전도를 도왔습니다. 이 같은 조치는 그리스도 안에서 어떤 차별도 있을 수 없고 모두가 하나라는 믿음을 강하게 표출하는 것입니다. 그리하여 700년 동안 계속된 유대와 사마리아의 적대적인 관계가 복음 안에서는 단번에 무너지게 되었습니다.

사마리아에 내려와서 복음의 역사를 본 두 사도는 그 복음의 역사를 온전케 해줄 성령받기를 위하여 기도했습니다. 그때까지 사마리아 신자들은 주 예수의 이름으로 세례는 받았지만 마치 예수님의 부활과 승천 이전의 사도들과 같이 아직 그들 중에는 한사람에게도 성령이 내리신 일이 없었기 때문입니다.

세례는 물로 씻는 물리적 변화라고 하면 성령은 불로 태우는 화학적 변화라고 할 수 있습니다. 예수를 믿는 이들이 예수의 삶을 살아내게 하기 위해서는 성령께서 임하셔야만 합니다. 곧 두 사도는 형식적으로 내려가는 정도가 아니라

자신들에게 주어진 온전한 복음이 사마리아 사람들에게도 완전하게 임하기를 소원했던 것입니다. 이에 두 사도는 그들에게 안수를 행했습니다. 이것은 그동안 외인처럼 여겨지던 사마리아인들이 하나님의 새로운 공동체에 속하게 되었다는 것을 보여주는 교제와 연대의 표시였습니다. 그리고 이처럼 유대와 사마리아 사이에 묶인 것이 풀리자 성령님이 역사하셨고, 성령의 은사들이 풍성하게 나타나게 되었습니다.

한편 이방선교의 첫 문이 열린 사마리아 성에 성령이 임하는 일이 그 성에 복음을 전한 빌립집사가 아니라, 두 사도를 통하여서 이루어진 것은 사도들의 권위와 질서 아래서 이루어지게 하시려는 하나님의 계획 때문이었을 것입니다. 바른 하나님의 역사가 있는 곳에서는 바른 권위가 세워지고 바른 질서를 존중하는 모습도 동시에 동반됨을 알 수 있습니다.

### 시몬의 요구와 베드로의 엄한 책망

18 시몬이 사도들의 안수로 성령 받는 것을 보고 돈을 드려 19 이르되 이 권능을 내게도 주
어 누구든지 내가 안수하는 사람은 성령을 받게 하여 주소서 하니 20 베드로가 이르되 네가
하나님의 선물을 돈 주고 살 줄로 생각하였으니 네 은과 네가 함께 망할지어다 21 하나님 앞
에서 네 마음이 바르지 못하니 이 도에는 네가 관계도 없고 분깃 될 것도 없느니라 22 그러
므로 너의 이 악함을 회개하고 주께 기도하라 혹 마음에 품은 것을 사하여 주시리라 23 내가
보니 너는 악독이 가득하며 불의에 매인 바 되었도다 24 시몬이 대답하여 이르되 나를 위하
여 주께 기도하여 말한 것이 하나도 내게 임하지 않게 하소서 하니라 25 두 사도가 주의 말
씀을 증언하여 말한 후 예루살렘으로 돌아갈새 사마리아인의 여러 마을에서 복음을 전하
니라

베드로와 요한의 안수를 통해 성령이 임하는 것을 본 시몬의 흥분은 극에 달했

습니다. 그리고 이 같은 능력은 어떤 대가를 지불하더라도 살만한 가치가 있다고 판단했습니다. 그리하여 시몬은 사도들에게 돈을 주고 성령과 은사를 사려고 시도했습니다. 그에게 있어서 성령의 은사는 복음전파의 도구가 아니라 자기과시와 자기만족의 도구였던 것입니다. 이에 베드로는 하나님의 선물마저도 돈으로 살 수 있다고 생각하는 시몬의 황금만능주의적인 사고에 대해 "네가 하나님의 선물을 돈 주고 살 줄로 생각하였으니 네 은과 네가 함께 망할지어다!"라고 하며 꾸짖었습니다. 또한 베드로는 "하나님 앞에서 네 마음이 바르지 못하니 이 도에는 네가 관계도 없고 분깃 될 것도 없느니라"고 책망했습니다. 그리고 그의 마음에 가득한 악독과 생각을 묶고 있는 불의에 대해 지적하며 두려운 마음으로 철저하게 회개하기를 촉구하고 있습니다.

하나님이 감찰하시는 것은 마음의 중심입니다. 거짓 없는 믿음과 청결한 마음은 떼려야 뗄 수 없는 관계입니다.

"이 교훈의 목적은 청결한 마음과 선한 양심과 거짓이 없는 믿음에서 나오는 사랑이거늘"(딤전 1:5).

그러므로 선한 양심을 버린 사람은 믿음에 관해서도 파선할 수밖에 없습니다.

"믿음과 착한 양심을 가지라 어떤 이들은 이 양심을 버렸고 그 믿음에 관하여는 파선하였느니라"(딤전 1:19).

나에게는 시몬에게 있었던 황금만능주의는 없는지, 혹시 하나님께 받을 은사를 자기과시와 만족을 위해 구하고 있지는 않은지 살펴보아야 합니다.

한편 베드로와 요한은 예루살렘으로 돌아가는 길에도 사마리아인의 여러 마을을 찾아가서 복음을 전했습니다. 그들은 이제 "오직 성령이 너희에게 임하시면 너희가 권능을 받고 예루살렘과 온 유대와 사마리아와 땅 끝까지 이르러 내 증인이 되리라"고 하신 예수님의 말씀을 점점 더 깊이 이해하고 받아들이고 있는 것입니다.

# 에티오피아까지 전달된 복음

26-40절

## 성령의 인도로 에디오피아 내시에게 간 빌립

26 주의 사자가 빌립에게 말하여 이르되 일어나서 남쪽으로 향하여 예루살렘에서 가사로
내려가는 길까지 가라 하니 그 길은 광야라 27 일어나 가서 보니 에디오피아 사람 곧 에디오
피아 여왕 간다게의 모든 국고를 맡은 관리인 내시가 예배하러 예루살렘에 왔다가 28 돌아
가는데 수레를 타고 선지자 이사야의 글을 읽더라 29 성령이 빌립더러 이르시되 이 수레로
가까이 나아가라 하시거늘 30 빌립이 달려가서 선지자 이사야의 글 읽는 것을 듣고 말하되
읽는 것을 깨닫느냐 31 대답하되 지도해 주는 사람이 없으니 어찌 깨달을 수 있느냐 하고 빌
립을 청하여 수레에 올라 같이 앉으라 하니라

본문에서는 복음전파에 있어서 또 하나의 장벽이 무너지고 있습니다. 성령의 인도하심을 받은 빌립은 예루살렘에 예배하러 왔다가 돌아가는 에디오피아 여왕의 국고를 맡은 내시를 만나게 되었습니다. 여기서 내시라는 단어는 실제 내시뿐 아니라 정치적 고관을 가리킬 때도 사용되었던 단어입니다.

그는 당시 유대인이 아니면 좀처럼 구하기 힘든 이사야서 사본을 구해서 예배를 마치고 돌아가는 병거 위에서도 그것을 읽고 있던, 그 시대에 찾아보기 힘든 진리 탐구자였습니다. 그의 이런 성경을 사랑하는 열심은 하나님께 상달되었고, 하나님은 성경의 주제인 메시야 예수에 대한 깨달음을 지도하기 위해 빌립을 보내셨습니다.

## 읽고 있던 성경구절에 대한 내시의 질문

32 읽는 성경 구절은 이것이니 일렀으되 그가 도살자에게로 가는 양과 같이 끌려갔고 털 깎
는 자 앞에 있는 어린 양이 조용함과 같이 그의 입을 열지 아니하였도다 33 그가 굴욕을 당
했을 때 공정한 재판도 받지 못하였으니 누가 그의 세대를 말하리요 그의 생명이 땅에서 빼
앗김이로다 하였거늘 34 그 내시가 빌립에게 말하되 청컨대 내가 묻노니 선지자가 이 말한
것이 누구를 가리킴이냐 자기를 가리킴이냐 타인을 가리킴이냐 35 빌립이 입을 열어 이 글
에서 시작하여 예수를 가르쳐 복음을 전하니

에디오피아 내시가 읽고 있던 이사야 53장에는 메시야가 자기를 죽이기 위한 각종 모함에도 한마디 변명을 하지 않고 불공평한 재판을 받아 죽임을 당하는 장면이 나옵니다. 뿐만 아니라 여기에는 메시야가 생명을 빼앗기지만 그의 세대가 영구히 길며, 그의 손으로 여호와의 뜻을 성취하리라는 예언도 나오고 있습니다.

"여호와께서 그에게 상함을 받게 하시기를 원하사 질고를 당하게 하셨은즉 그의 영혼을 속건제물로 드리기에 이르면 그가 씨를 보게 되며 그의 날은 길 것이요 또 그의 손으로 여호와께서 기뻐하시는 뜻을 성취하리로다"(사 53:10).

이것은 메시야의 부활과 영원한 통치를 의미합니다. 바로 이 같은 예수님의 대속적 죽음과 승리의 부활을 통해 우리는 예언된 대로 평화와 나음과 구원을 누리게 되었습니다.

"그가 찔림은 우리의 허물 때문이요 그가 상함은 우리의 죄악 때문이라 그가 징계를 받으므로 우리는 평화를 누리고 그가 채찍에 맞으므로 우리는 나음을 받았도다"(사 53:5).

이것이 바로 빌립이 전한 복음이요, 우리가 가진 복음입니다.

### 내시의 세례와 주의 영에 의해 이끌려 간 빌립

36 길 가다가 물 있는 곳에 이르러 그 내시가 말하되 보라 물이 있으니 내가 세례를 받음에
무슨 거리낌이 있느냐 37 (없음) 38 이에 명하여 수레를 멈추고 빌립과 내시가 둘 다 물에 내
려가 빌립이 세례를 베풀고 39 둘이 물에서 올라올새 주의 영이 빌립을 이끌어간지라 내시
는 기쁘게 길을 가므로 그를 다시 보지 못하니라 40 빌립은 아소도에 나타나 여러 성을 지나
다니며 복음을 전하고 가이사랴에 이르니라

복음을 받은 내시는 즉시 세례를 청했습니다. 세례는 단순한 회개를 뛰어넘어 그리스도의 죽음이 나의 죽음이요, 그리스도의 부활이 나의 부활이라는 그리스도의 '대신하시는' 사역에 대한 믿음이 강하게 들어 있습니다. 그래서 킹 제임스 성경에는 누락된 37절을 "빌립이 가로되 네가 마음을 온전히 하여 믿으면 가하니라 대답하여 가로되 내가 예수 그리스도께서 하나님의 아들인줄 믿노라"는 말씀이 첨가되어 있습니다.

한편 세례 후 빌립은 하나님의 초자연적인 능력으로 내시의 앞에서 사라져 다른 선교지로 옮기게 되었습니다. 그리하여 빌립은 고대 블레셋의 영토인 아소도(아스돗)에 이르러 복음을 전하고 고향인 가이사랴로 돌아갔습니다. 그러나 내시는 인간 빌립에 연연하지 않고 그리스도를 영접한 기쁨으로 인해 감격 가운데 고국으로 돌아갔습니다. 구스 내시는 빌립을 다시 보지 못했지만 더 보고자 하지도 않았습니다. 말씀과 그리스도를 깨달은 사람은 인간의 안내로부터 떠날 수 있습니다.

# 9장
## 깊이파기

박해자의 눈에서
비늘이 벗겨지다

# 예수님의 빛과 음성 앞에서 소경이 된 사울

1-9절

### 제자를 잡기 위해 다메섹으로 가는 사울

1 사울이 주의 제자들에 대하여 여전히 위협과 살기가 등등하여 대제사장에게 가서 2 다메
섹 여러 회당에 가져갈 공문을 청하니 이는 만일 그 도를 따르는 사람을 만나면 남녀를 막론
하고 결박하여 예루살렘으로 잡아오려 함이라

사울은 주의 제자들을 향해 살기가 등등했습니다. '등등하다'는 표현은 오직 그 생각으로만 꽉찬 상태라는 뜻입니다. 사울은 그것이 하나님을 섬기는 길이라 생각하여 기독교를 핍박하는데 비상한 열심을 내고 있었습니다. 그는 예루살렘에서 많은 성도들을 죽였고, 옥에 잡힌 성도들을 고문하여 강제로 예수를 모독하게 했을 뿐 아니라, 이제는 대제사장에게 공문을 청해 멀리 외국의 성까지 그리스도인을 체포하기 위해 내려가고 있는 것입니다.

자기 의와 자기 생각이 강한 사람은 위협과 살기로 가득 차게 됩니다. 그러나 성령으로 충만한 사람은 사랑과 희락으로 가득 차게 됩니다.

### 사울에게 임한 하늘의 빛과 음성

3 사울이 길을 가다가 다메섹에 가까이 이르더니 홀연히 하늘로부터 빛이 그를 둘러 비추는

지라 4 땅에 엎드러져 들으매 소리가 있어 이르시되 사울아 사울아 네가 어찌하여 나를 박
해하느냐 하시거늘

하지만 하나님은 오직 이 생각뿐인 사울에게 진리의 빛을 비추셨습니다. 훗날 사울은 자신이 본 빛에 대해 천지 창조 시에 "빛이 있으라" 명하시던 하나님께서 예수 그리스도의 얼굴에 있는 하나님의 영광을 아는 빛을 자기에게 비추셨다고 간증하고 있습니다.

"어두운 데에 빛이 비치라 말씀하셨던 그 하나님께서 예수 그리스도의 얼굴에 있는 하나님의 영광을 아는 빛을 우리 마음에 비추셨느니라"(고후 4:6).

이처럼 그 빛은 흑암 가운데 있던 자신의 삶을 광명세상으로 재창조하는 엄청난 충격이었던 것입니다. 한편 사울의 회심은 갈등과 고민 속에서 점차적으로 이루어진 것이 아니라 오직 하나님의 일방적인 섭리와 개입에 의하여 일방적으로 이루어진 것입니다. 그는 이 같은 놀라운 회심경험을 통하여 구원이 오직 하나님의 은혜로 말미암는다는 진리를 깨닫고 평생 그것을 전파하게 됩니다.

## 주되신 예수님을 만나고 흑암 중에 삼일을 보낸 사울

5 대답하되 주여 누구시니이까 이르시되 나는 네가 박해하는 예수라 6 너는 일어나 시내로
들어가라 네가 행할 것을 네게 이를 자가 있느니라 하시니 7 같이 가던 사람들은 소리만 듣
고 아무도 보지 못하여 말을 못하고 서 있더라 8 사울이 땅에서 일어나 눈은 떴으나 아무 것
도 보지 못하고 사람의 손에 끌려 다메섹으로 들어가서 9 사흘 동안 보지 못하고 먹지도 마
시지도 아니하니라

사울은 빛과 함께 하늘에서 자기 이름을 부르는 음성을 듣고 두려움 가운데 "주여 누구시니이까?"하고 묻고 있습니다. 여기서 '주여'란 단순한 존칭이 아니라 하나님을 부르는 소리입니다. 랍비들은 전통적으로 하늘에서 들리는 음성

을 하나님의 음성으로 생각했습니다. 그러므로 이 고백은 자기가 하나님이 누구신지 잘 모르고 있음을 시인하는 것이 됩니다.

사울은 그동안 하나님을 너무도 잘 아는 사람이었습니다. 그러나 이 은혜의 순간 그는 자신이 정말 하나님을 알지 못하는 사람임을 고백하고 있는 것입니다. 그리고 사울은 음성을 통해 그때까지 자기가 박해했던 예수가 진실로 하나님의 아들이심을 알게 되었습니다. 하지만 사울을 부르시는 예수님의 음성에는 진노가 아니라 긍휼의 마음이 담겨 있었습니다.

"… 내가 소리를 들으니 히브리 말로 이르되 사울아 사울아 네가 어찌하여 나를 박해하느냐 가시채를 뒷발질하기가 네게 고생이니라"(행 26:14).

예수님은 사울이 자기를 핍박할 때에도 불쌍히 여기시는 마음으로 그를 부르고 계신 것입니다. 한편 눈이 멀어 다른 사람들의 손에 이끌려 다메섹으로 들어간 사울의 마음은 완전히 깨어지고 낮아지게 되었습니다. 그리하여 그는 사흘 동안 아무것도 보이지 않는 캄캄한 암흑 속에서 식음을 전폐하며 기도했습니다. 그것은 고래 뱃속에서의 요나의 기도와 같은 것이었습니다.

# 아나니아를 통해 눈을 뜨고 성령충만을 받은 사울

10-22절

## 아나니아를 사울에게 보내시려는 하나님

10 그 때에 다메섹에 아나니아라 하는 제자가 있더니 주께서 환상 중에 불러 이르시되 아나
니아야 하시거늘 대답하되 주여 내가 여기 있나이다 하니 11 주께서 이르시되 일어나 직가
라 하는 거리로 가서 유다의 집에서 다소 사람 사울이라 하는 사람을 찾으라 그가 기도하는
중이니라 12 그가 아나니아라 하는 사람이 들어와서 자기에게 안수하여 다시 보게 하는 것
을 보았느니라 하시거늘

하나님은 사울을 구하기 위해 아나니아라는 제자를 부르고 계십니다. 그리고 환상 중에 아니니아에게 사울을 찾아가라고 말씀하셨고 이미 사울에게도 아니니아가 찾아갈 것을 알리셨습니다. 하나님은 서로를 두려워하는 두 사람 사이에서 당신의 뜻을 성취하시기 위해 세밀하게 교통하고 계신 것입니다.

한편 바울은 훗날 아나니아를 경건하고 칭찬 듣는 사람이라고 소개합니다.

"율법에 따라 경건한 사람으로 거기 사는 모든 유대인들에게 칭찬을 듣는 아나니아 라 하는 이가"(행 22:12).

사실 초대교회 집사의 조건도 성령과 지혜가 충만하고 칭찬 듣는 사람이었고, 바나바에 대한 소개에도 착한 사람이요 성령과 믿음이 충만하였다고 기록되어 있습니다.

"형제들아 너희 가운데서 성령과 지혜가 충만하여 칭찬 받는 사람 일곱을 택하라…: (행 6:3).

"바나바는 착한 사람이요 성령과 믿음이 충만한 사람이라…"(행 11:24).

여기서 우리는 초대교회 신앙 지도자들의 한 가지 공통점을 발견하게 됩니다. 그것은 신앙과 인격이 하나였다는 점입니다.

## 아나니아의 질문에 대한 하나님의 답변

13 아나니아가 대답하되 주여 이 사람에 대하여 내가 여러 사람에게 듣사온즉 그가 예루살렘에서 주의 성도에게 적지 않은 해를 끼쳤다 하더니 14 여기서도 주의 이름을 부르는 모든 사람을 결박할 권한을 대제사장들에게서 받았나이다 하거늘 15 주께서 이르시되 가라 이 사람은 내 이름을 이방인과 임금들과 이스라엘 자손들에게 전하기 위하여 택한 나의 그릇이라 16 그가 내 이름을 위하여 얼마나 고난을 받아야 할 것을 내가 그에게 보이리라 하시니

깊은 신앙인인 아나니아에게도 박해자인 사울의 현재 모습밖에는 아무 것도 보이지 않았습니다. 그러나 이미 하나님의 눈에는 그가 이방인을 위해 택한 당신의 소중한 그릇으로 보이고 있었습니다.

우리는 현재밖에 모르지만 하나님은 미래까지도 아십니다. 그러므로 우리가 할 일은 아나니아처럼 자기 생각과 상관없이 하나님께 순종하는 것입니다.

## 아나니아의 안수로 성령 충만을 받은 바울

17 아나니아가 떠나 그 집에 들어가서 그에게 안수하여 이르되 형제 사울아 주 곧 네가 오는 길에서 나타나셨던 예수께서 나를 보내어 너로 다시 보게 하시고 성령으로 충만하게 하신

다 하니 18 즉시 사울의 눈에서 비늘 같은 것이 벗어져 다시 보게 된지라…

아나니아는 두려움에도 불구하고 하나님의 말씀에 순종하여 사울에게로 나아갔습니다. 그는 하나님의 말씀을 자기의 감정이나 지식보다 앞세우는 사람이었던 것입니다. 아나니아는 사울을 형제라고 부르면서 그에게 안수하였습니다. 그리고 "주 곧 네가 오는 길에서 나타나셨던 예수께서 나를 보내어 너로 다시 보게 하시고 성령으로 충만하게 하신다"라고 대언했습니다. 그러자 사울의 눈에서는 즉시 비늘 같은 것이 벗어졌습니다. 이제 드디어 사울의 육신의 눈과 함께 참 하나님을 알아볼 수 있는 영의 눈을 뜨게 된 것입니다.

## 즉시 예수 복음을 전파한 바울

18… 일어나 세례를 받고 19 음식을 먹으매 강건하여지니라 사울이 다메섹에 있는 제자들과 함께 며칠 있을새 20 즉시로 각 회당에서 예수가 하나님의 아들이심을 전파하니 21 듣는 사람이 다 놀라 말하되 이 사람이 예루살렘에서 이 이름을 부르는 사람을 멸하려던 자가 아니냐 여기 온 것도 그들을 결박하여 대제사장들에게 끌어 가고자 함이 아니냐 하더라 22 사울은 힘을 더 얻어 예수를 그리스도라 증언하여 다메섹에 사는 유대인들을 당혹하게 하니라

아나니아를 통해 예수의 이름으로 치유 받고 성령 충만함을 받게 된 사울은 즉시 일어나 세례를 받았고 음식을 먹고 강건해졌습니다. 이것은 복음을 전하기 위함이었습니다. 이제 그는 먹든지 마시든지 무엇을 하든지 주를 위해 하는 사람으로 다시 태어나게 된 것입니다(고전 10:31). 그리고 즉시 전도자가 되어, 기독교인을 잡기 위해 왔던 그곳에서 도리어 예수의 하나님 아들 되심을 전파하였습니다.

사울은 참 진리를 발견하자 그것이 과거에 자기가 믿고 헌신했던 길과는 정반대되는 것이었음에도 불구하고, 아무 주저 없이 진리의 편에 서는 사람이었습

니다. 이 소식을 들은 사람들은 사울이 이 성에 내려온 목적을 알고 있었기에 다 놀랄 수밖에 없었고 그 성에 사는 유대주의자들은 당혹해하게 되었습니다. 그리하여 사울은 3년 동안 다메섹에 머무르게 됩니다.

한편 본문에는 기록되어 있지 않지만 이 기간 동안 사울은 자기가 받은 은혜의 의미를 정확히 깨닫기 위해 가까운 아라비아 광야로 들어가 기도하고 성경을 연구하는데 전무하는 시간을 가지게 됩니다. 은혜의 소명 앞에서 혈육과 의논하거나 사도들을 만나기 전에 먼저 하나님 앞에 서는 바울의 모습은 소명을 받은 모든 자에게 귀한 본이 됩니다.

# 배척받고 낙향하게 된 사울

23-31절

## 광주리를 타고 내려와 도망한 사울

23 여러 날이 지나매 유대인들이 사울 죽이기를 공모하더니 24 그 계교가 사울에게 알려지
니라 그들이 그를 죽이려고 밤낮으로 성문까지 지키거늘 25 그의 제자들이 밤에 사울을 광
주리에 담아 성벽에서 달아 내리니라

사울이 다메섹에서 보낸 3년의 결산은 철저한 배척과 처절한 패배였습니다. 그는 다메섹 도상에서 하나님을 만나는 놀라운 회심을 체험도 했고, 아라비아 광야에서 기도와 말씀에 전무하는 시간도 가졌습니다. 하지만 유대인들은 사울의 전도에 귀를 기울이지 않았고, 다메섹 왕과 힘을 합쳐 그를 죽이려고 밤낮 성문을 지켰습니다.

결국 사울은 생명을 부지하기 위해 야밤에 광주리를 타고 성을 내려와 도주하는 수밖에 없었습니다. 이것은 과거 그렇게 당당하던 자신의 모습에 비해 부끄럽기 그지없는 경험이었던 것 같습니다. 그래서 사울은 영화로운 삼층천의 경험을 소개하는 중간에, 자신의 실제 모습은 약하고 초라하기 그지없음을 보여주기 위해 이 경험을 언급하고 있습니다.

**"내가 부득불 자랑할진대 내가 약한 것을 자랑하리라 주 예수의 아버지 영원히 찬송할 하나님이 내가 거짓말 아니하는 것을 아시느니라 다메섹에서 아레다 왕의 고관이 나를 잡으려고 다메섹 성을 지켰으나 나는 광주리를 타고 들창문으로 성벽을 내려가**

그 손에서 벗어났노라"(고후 11:30-33).

이렇게 해서 예루살렘으로 올라온 사울에게는 또 다른 종류의 배척이 기다리고 있었습니다. 예루살렘 성도들은 그의 개종을 믿지 않았고 아무도 그를 가까이 하려는 사람이 없었던 것입니다. 여기서 그는 다시 한 번 자기가 교회를 핍박한 일이 얼마나 커다란 죄였는지를 절감하게 되었을 것입니다. 실패의 시간은 자만심이 깨어지고 자신의 죄악에 대해 되돌아보는 시간이기도 합니다.

## 사울을 변호하는 바나바

26 사울이 예루살렘에 가서 제자들을 사귀고자 하나 다 두려워하여 그가 제자 됨을 믿지 아
니하니 27 바나바가 데리고 사도들에게 가서 그가 길에서 어떻게 주를 보았는지와 주께서
그에게 말씀하신 일과 다메섹에서 그가 어떻게 예수의 이름으로 담대히 말하였는지를 전
하니라

바나바는 아무도 사울을 믿어주지 않을 때 홀로 그를 믿고 적극적으로 변호하고 나섰습니다.

믿을 수 있는 지도자 바나바의 이 같은 노력으로 인해 성도들은 바울을 받아들이게 되었습니다. 과거 성도들의 어려움을 보고 말없이 자기의 소유를 내어놓았던 바나바는 여기서도 위험과 비판을 무릅쓰고 사울과 함께 했던 것입니다. 바나바는 그 이름의 뜻대로 참된 위로의 사람이었습니다.

## 예루살렘에서 쫓겨나 낙향한 바울

28 사울이 제자들과 함께 있어 예루살렘에 출입하며 29 또 주 예수의 이름으로 담대히 말하
고 헬라파 유대인들과 함께 말하며 변론하니 그 사람들이 죽이려고 힘쓰거늘 30 형제들이
알고 가이사랴로 데리고 내려가서 다소로 보내니라 31 그리하여 온 유대와 갈릴리와 사마
리아 교회가 평안하여 든든히 서 가고 주를 경외함과 성령의 위로로 진행하여 수가 더 많아
지니라

하지만 사울은 보름 만에 다시 자기를 죽이려고 하는 유대인들의 위협으로 인해 가이사랴로 피신하게 되었고, 결국 고향인 다소로 낙향해 오랜 시간을 은둔하게 되었습니다. 사울은 예루살렘 사람들이 자신의 과거 전력을 잘 알고 있기 때문에 자기야말로 유대인 전도에 최적임자라고 확신하고 있었을 것입니다. 그러나 이 같은 배척과 실패를 통해 그는 자신의 무능을 인식함과 동시에, '이방인의 사도'로서의 부르심을 받아드릴 수 있는 준비를 하게 됩니다. 거듭되는 실패는 자기 생각을 내려놓고, 자신을 향한 하나님의 소명을 영접하게 하는데 꼭 필요한 시간입니다.

한편 최악의 박해자였던 사울의 굴복은 주를 경외함을 더하게 하였고, 그로 말미암은 안정은 온 유대와 갈릴리와 사마리아에 갓 세워지고 있던 교회들이 마치 튼튼한 건물처럼 서가게 해주었으며, 이 같은 성령의 격려로 말미암아 믿는 자의 수효는 점점 더 늘어나게 되었습니다. 그 어떤 것도 복음의 전진을 막을 수는 없습니다.

# 이스라엘 최변방에서 일어난 구원의 역사

32-43절

## 룻다에서 일어난 치유사건

32 그 때에 베드로가 사방으로 두루 다니다가 룻다에 사는 성도들에게도 내려갔더니 33 거
기서 애니아라 하는 사람을 만나매 그는 중풍병으로 침상 위에 누운 지 여덟 해라 34 베드로
가 이르되 애니아야 예수 그리스도께서 너를 낫게 하시니 일어나 네 자리를 정돈하라 한대
곧 일어나니 35 룻다와 사론에 사는 사람들이 다 그를 보고 주께로 돌아오니라

흩어진 성도들이 세운 유다와 사마리아와 갈릴리 교회를 두루 다니던 베드로는 최변방 접경지역인 룻다와 욥바에까지 이르게 되었습니다. 베드로는 룻다에서 8년간 병상에서 신음하는 애니아를 예수 그리스도의 이름으로 낫게 해주었습니다. 이 일로 인해 룻다와 사론에 사는 사람들이 다 주께 돌아오는 역사가 일어났습니다. 이것은 "샤론은 양 떼의 우리가 되겠고"라는 이사야 예언의 성취입니다(사 65:10).

## 욥바에서 일어난 부활사건

36 욥바에 다비다라 하는 여제자가 있으니 그 이름을 번역하면 도르가라 선행과 구제하는
일이 심히 많더니 37 그 때에 병들어 죽으매 시체를 씻어 다락에 누이니라 38 룻다가 욥바에

서 가까운지라 제자들이 베드로가 거기 있음을 듣고 두 사람을 보내어 지체 말고 와 달라고
간청하여39 베드로가 일어나 그들과 함께 가서 이르매 그들이 데리고 다락방에 올라가니
모든 과부가 베드로 곁에 서서 울며 도르가가 그들과 함께 있을 때에 지은 속옷과 겉옷을 다
내보이거늘 40 베드로가 사람을 다 내보내고 무릎을 꿇고 기도하고 돌이켜 시체를 향하여
이르되 다비다야 일어나라 하니 그가 눈을 떠 베드로를 보고 일어나 앉는지라 41 베드로가
손을 내밀어 일으키고 성도들과 과부들을 불러 들여 그가 살아난 것을 보이니

또 욥바에서는 죽었던 사람이 살아나는 놀라운 기적을 일으키기도 했습니다. 유대식으로 다비다 혹은 헬라식으로 도르가라고 불리우는 여제자는 선행과 구제가 심히 많았던 자로 모든 과부들의 부양자였습니다.

이 때문에 그녀의 죽음 앞에서 제자들은 마침 두 사도가 욥바와 가까운 룻다에 있다함을 듣고는 지체말고 와 달라며 간청했습니다. 그들이 도착하자 많은 과부들이 울면서 생전에 그녀가 보여준 사랑에 대해 말을 했습니다. 이에 베드로는 사람들을 다 내보내고 무릎을 꿇고 기도한 후 "다비다야 일어나라"고 선언했습니다. 그리고 그녀를 향해 손을 내밀어 일으켜서는 성도들과 과부들을 불러들여 그녀가 살아난 것을 볼 수 있게 해주었습니다.

이것은 예수님께서 야이로의 죽은 딸을 살리실 때의 모습과 무척 비슷합니다. 곧 베드로는 그가 예수님께 보고 배운 대로 이 일을 하고 있는 것이며, 예수님도 베드로에게 이런 일이 있을 것을 미리 아시고 야이로의 딸을 살리는 자리에 그를 동반했던 것입니다. 한편 다비다에게 일어난 이 특별한 부활의 기적은 하나님께서 가난한 자들을 향한 선행과 구제를 얼마나 기뻐하시는지에 대한 증거가 됩니다.

## 무두장이 집에서 머문 베드로와 하나님의 준비

42 온 욥바 사람이 알고 많은 사람이 주를 믿더라 43 베드로가 욥바에 여러 날 있어 시몬이
라 하는 무두장이의 집에서 머무니라

다비다의 부활로 인해 욥바에서는 큰 부흥이 일어나게 되었습니다. 이 때문에 베드로는 이 성에 여러 날을 머물게 됩니다. 그가 기거했던 곳은 무두장이 시몬의 집입니다. 본래 무두장이라는 직업은 죽은 동물의 가죽을 무두질을 통해 부드럽게 하는 일이었기에 유대인들은 이들을 멸시하고 가까이 하지 않는 편이었습니다. 구약의 의식법 중 정결례에 보면 주검에 손을 대는 것은 부정한 행위였기 때문입니다.

그러나 베드로는 시몬을 신분의 차이로 인해 멀리하지 않고 기꺼이 그와 함께 지냈습니다. 이것은 죄인들과 함께 식사하시며 그들을 위해 세상에 오셨다고 말씀하시던 예수님의 모습을 보여주는 것입니다. 이처럼 베드로가 가이사랴에서 가까운 욥바에 내려오게 된 일과 비록 유대인 안에서지만 율법적인 작은 편견을 극복하고 있는 것은 자신도 모르는 사이에, 사도행전 10장에서 일어날 이방 선교를 위한 준비를 하고 있는 것입니다.

# 10장
## 깊이파기

이방인에게도
성령의 새 시대가 열리다

# 고넬료를 찾아간 하나님의 사자

1-8절

## 하나님께 상달된 고넬료의 경건

1 가이사랴에 고넬료라 하는 사람이 있으니 이달리야 부대라 하는 군대의 백부장이라 2 그
가 경건하여 온 집안과 더불어 하나님을 경외하며 백성을 많이 구제하고 하나님께 항상 기
도하더니 3 하루는 제 구 시쯤 되어 환상 중에 밝히 보매 하나님의 사자가 들어와 이르되 고
넬료야 하니 4 고넬료가 주목하여 보고 두려워 이르되 주여 무슨 일이니이까 천사가 이르되
네 기도와 구제가 하나님 앞에 상달되어 기억하신 바가 되었으니

에디오피아 내시의 개종이 이방인에 대한 복음전도의 출발이었다면, 고넬료의 가정에 복음이 전해진 것은 이방인에게 본격적인 성령의 시대가 열렸음을 알리는 신호탄이라고 할 수 있습니다. 고넬료는 유대교 개종자는 아니었지만, 하나님을 경외하고 구제에 힘쓰고 기도에 힘쓰는 사람이었습니다. 이런 고넬료에게 성령께서는 황홀경의 체험을 주셨습니다. 고넬료에게 나타난 하나님의 사자는 그의 기도와 구제가 하나님께 상달되었고 하나님의 기억하신 바 되었다고 전합니다. 이것은 기도와 구제의 중요성을 잘 보여줍니다.

성경은 기도와 구제가 동반되어야 함을 가르쳐 줍니다. 이사야는 하나님께 열납되는 금식기도에 대해 "또 주린 자에게 네 양식을 나누어 주며 유리하는 빈민을 집에 들이며 헐벗은 자를 보면 입히며 또 네 골육을 피하여 스스로 숨지 아니하는 것이 아니겠느냐"(사 58:7)라고 교훈하고 있습니다.

우리의 신앙생활에서 기도와 구제는 언제나 병행되어야 합니다. 구제 없는 기도는 위선적이고, 기도 없는 구제는 교만에 빠질 염려가 있습니다. 한편 타종교의 황홀경체험에는 인간의 인격에 아무런 영향을 미치지 않습니다. 그러나 기독교의 황홀경체험은 보통 경건의 습관이라는 바른 준비가 있을 때 이루어집니다.

경건의 습관이 없는데 임하는 황홀경은 악령의 역사이며, 설령 성령의 역사라 할지라도 사울왕이나 발람선지자의 경우처럼 잠시 쓰고 버릴 악인에게 나타나는 현상에 지나지 않습니다.

## 고넬료에게 시몬을 청하라고 명하심

5 네가 지금 사람들을 욥바에 보내어 베드로라 하는 시몬을 청하라 6 그는 무두장이 시몬의
집에 유숙하니 그 집은 해변에 있다 하더라 7 마침 말하던 천사가 떠나매 고넬료가 집안 하
인 둘과 부하 가운데 경건한 사람 하나를 불러 8 이 일을 다 이르고 욥바로 보내니라

하나님은 고넬료에게 직접 그의 온 집이 구원받을 말씀을 전해 주시지는 않았습니다. 대신 하나님은 가이사랴에서 가까운 욥바에 이미 준비시켜 두신 베드로를 청하게 했습니다. 하나님은 사람을 통해서 말씀하십니다. 이 때문에 우리는 혼자 신앙생활을 할 수 없고 주의 이름을 부르는 두 세 사람의 공동체, 곧 교회와 함께 해야 하는 것입니다. 공동체에 열려 있는 신자만이 올바른 성령체험을 할 수 있는 준비가 되어 있는 사람입니다.

하나님이 특별히 베드로를 통해서 일하신 이유는 교회의 반석으로 세운 그를 통해 사마리아에서와 마찬가지로 이방인에게도 성령의 새 시대를 열게 하기 위함이었습니다. 하나님은 질서를 통해서 일하는 분이십니다. 또한 하나님께서 베드로를 통해 이방선교의 문을 여신 것에는 하나님의 놀라운 예지가 들어 있

습니다. 베드로는 훗날 이 경험으로 인해, 이방 신자에 대한 할례 시행 문제를 다루기 위해 모인 예루살렘 총회에서 초대교회를 올바른 방향으로 이끄는 역할을 하게 되기 때문입니다. 그러므로 우리는 사람을 통해서 질서 가운데 일하시는 하나님의 방법을 존중하는 겸손함을 놓지 않아야 합니다.

한편 고넬료는 천사가 떠나자마자 경건한 하인 둘과 부하 한 사람을 욥바로 보내고 있습니다. 그는 즉각적인 순종의 사람이었습니다.

# 베드로를 찾아간 하나님의 사자

9-23절

## 베드로에게 세 번 임한 환상과 그가 가진 선입견

9 이튿날 그들이 길을 가다가 그 성에 가까이 갔을 그 때에 베드로가 기도하려고 지붕에 올
라가니 그 시각은 제 육 시더라 10 그가 시장하여 먹고자 하매 사람들이 준비할 때에 황홀한
중에 11 하늘이 열리며 한 그릇이 내려오는 것을 보니 큰 보자기 같고 네 귀를 매어 땅에 드
리웠더라 12 그 안에는 땅에 있는 각종 네 발 가진 짐승과 기는 것과 공중에 나는 것들이 있
더라 13 또 소리가 있으되 베드로야 일어나 잡아 먹어라 하거늘 14 베드로가 이르되 주여 그
럴 수 없나이다 속되고 깨끗하지 아니한 것을 내가 결코 먹지 아니하였나이다 한 대 15 또
두 번째 소리가 있으되 하나님께서 깨끗하게 하신 것을 네가 속되다 하지 말라 하더라 16 이
런 일이 세 번 있은 후 그 그릇이 곧 하늘로 올려져 가니라

고넬료가 보낸 하인들이 욥바에 가까이 이른 그 시간은 베드로가 기도를 위해 정해둔 정오 무렵이었고, 그때 베드로는 기도 중에 고넬료와 마찬가지로 황홀경을 체험하게 되었습니다. 교회는 기도하는 공동체입니다. 특별히 성령의 교통의 역사를 가장 민감하게 체험할 수 있는 때는 기도할 때입니다.

황홀경 속에서 베드로는 하늘이 열리고 네 귀를 맨 큰 보자기 하나가 내려오는 것을 보게 되었습니다. 그런데 그 속에 들어있는 것은 율법에서 금한 각종 부정한 짐승들이었습니다. 그 때 그에게 "베드로야 일어나 잡아 먹어라"는 음성이 하늘에서 들렸습니다. 그러자 점심시간을 앞두고 시장기를 느끼고 있었

기 때문에 헛것을 보고 들은 것이 아닌지 당황한 베드로는 즉시 "주여 그럴 수 없나이다!"라고 단호하게 거부했습니다. 율법에서는 속되고 깨끗하지 않은 것들은 먹지 말라고 명하고 있기 때문입니다. 그런데 이 같은 대답에 대한 하늘의 반응은 놀랍게도 "하나님께서 깨끗하게 하신 것을 네가 속되다 하지 말라"고 하는 것이었습니다. 그리고 이 같은 일은 세 번이나 반복되었습니다.

구약성경에 나오는 율법은 크게는 시민법과 의식법의 두 가지로 나눌 수 있습니다. 이중 의식법에 해당하는 것은 성막, 절기, 제사법, 정결례 등이 있는데 이것은 장차 오실 예수 그리스도에 대해 예표하기 위한 그림자에 해당하는 것으로, 신약시대가 이르러 그것의 실체이신 예수님께서 오심으로 말미암아 폐지되었습니다. 본문에 등장하는 음식에 대한 규례 역시 의식법 중 정결례에 해당하는 것으로 이스라엘 백성의 구별됨과 위생을 위하여 주신 유치원의 실물교육과 같은 것입니다. 이 때문에 예수님은 이 같은 외적인 규례는 철저히 지키지만 속마음은 부패할 대로 부패한 유대인들을 향해 이미 "입으로 들어가는 것이 사람을 더럽게 하는 것이 아니라 입에서 나오는 그것이 사람을 더럽게 하는 것이니라"고 경고하기도 했습니다(마 15:11).

하지만 율법적인 선입견에 사로잡혀있던 베드로는 끝까지 "주여 그럴 수 없나이다!"를 고수하면서 하늘의 음성을 거부하였습니다. 이처럼 신앙생활이 습관화될수록 나름의 원칙들이 생기고 그것들을 절대화시켜 매여 있기가 쉽습니다. 그러나 그리스도의 사람들은 초등학문과 같은 외적인 규례에 매여서 성경의 내면의 정신을 억압해서는 안되며, 하나님께서 깨끗하다 하신 것을 사람이 속되다고 해서는 안됩니다.

## 고넬료가 보낸 사람을 영접하는 베드로

17 베드로가 본 바 환상이 무슨 뜻인지 속으로 의아해 하더니 마침 고넬료가 보낸 사람들이
시몬의 집을 찾아 문 밖에 서서 18 불러 묻되 베드로라 하는 시몬이 여기 유숙하느냐 하거늘
19 베드로가 그 환상에 대하여 생각할 때에 성령께서 그에게 말씀하시되 두 사람이 너를 찾
으니 20 일어나 내려가 의심하지 말고 함께 가라 내가 그들을 보내었느니라 하시니 21 베드
로가 내려가 그 사람들을 보고 이르되 내가 곧 너희가 찾는 사람인데 너희가 무슨 일로 왔느
냐 22 그들이 대답하되 백부장 고넬료는 의인이요 하나님을 경외하는 사람이라 유대 온 족
속이 칭찬하더니 그가 거룩한 천사의 지시를 받아 당신을 그 집으로 청하여 말을 들으려 하
느니라 한 대 23 베드로가 불러 들여 유숙하게 하니라

베드로가 이해할 수 없는 황홀경(엑스타시스)로 인해 의아해하고, 번민하고, 고민하고 있을 그 때, 고넬료가 보낸 하인들이 그가 머무르고 있는 집에 도착했고 문 밖에서 "베드로라 하는 시몬이 여기 유숙하느냐?"고 물었습니다.

그러자 베드로는 이 이방인들의 방문이 자신이 본 환상과 관련이 있음을 어렴풋이나마 깨닫게 되었습니다. 그리고 "두 사람이 너를 찾으니 일어나 내려가 의심하지 말고 함께 가라 내가 그들을 보내었느니라"는 성령의 음성을 듣게 되었습니다. 얼마 전까지 부정한 음식에 대해 강한 거부감을 표시했던 베드로는 그 음성에 따라 율법을 깨고 이들 이방인들을 손님처럼 영접하여 유숙케 하였습니다. 이것은 베드로가 할례받지 않은 자와 사귀고 식사를 나눈 첫 번째 일입니다. 여기서 볼 수 있듯이 베드로는 작은 깨달음이라도 성령님이 주시는 음성에 즉시 실천할 줄 아는 사람이었습니다. 성령의 음성은 실천하면 실천할수록 점점 더 많이 들리게 되는 것입니다.

한편 이와 같은 황홀경은 당시 그리스 로마문화에서 엄청나게 강조되고 있는 것이었습니다. 왜냐하면 당시는 인류 역사상 철학이 가장 꽃피고 발전했던 시대였지만 철학으로는 명백한 한계가 있음을 스스로가 절감하고 있었기 때문

입니다. 하지만 타종교의 황홀경체험에는 인간의 이성이 아무런 영향을 끼치지 않는다고 가르쳤습니다. 플라톤의 대화편에 보면, 소크라테스는 이런 말을 하고 있습니다. "가장 큰 축복은 광기를 통해서 신들의 선물로서 우리에게 온다. 이성은 신의 영이 임할 때 쫓겨나지만 그 영이 떠나면 제자리로 돌아온다. 죽을 인간과 불멸의 존재가 동일한 집을 공유할 수 없다" 그러나 베드로는 황홀경의 느낌을 즐기기보다는 그것의 의미에 대해 생각하고 있었습니다. 곧 성령으로 말미암는 올바른 황홀경은 이성의 한계를 초월하는 것이기는 하지만 그렇다고 해서 생각이라는 이성의 건전한 활동을 무시하는 것은 아닙니다.

# 고넬료와 베드로의 만남

24-35절

## 말씀을 높이는 고넬료의 신앙

24 이튿날 가이사랴에 들어가니 고넬료가 그의 친척과 가까운 친구들을 모아 기다리더니
25 마침 베드로가 들어올 때에 고넬료가 맞아 발 앞에 엎드리어 절하니 26 베드로가 일으켜
이르되 일어서라 나도 사람이라 하고

고넬료는 하나님의 말씀을 듣기 위해 친척과 가까운 친구들을 다 모아 놓고 베드로를 기다리고 있었습니다. 그리고 베드로가 들어오자 발 앞에 엎드려 절하며 그를 맞이했습니다. 그 모습이 얼마나 극진했던지 베드로가 "나도 사람이라"고 당황할 정도였습니다. 로마의 백부장인 그가 피지배민족이요, 게다가 무식한 어부출신의 사람을 이렇게 최고의 경의로 영접한 것은 베드로가 하나님의 말씀을 가진 사람이었기 때문입니다. 여기서 우리는 고넬료가 하나님의 말씀에 대해 얼마나 겸손한 마음을 가지고 있었는지를 발견하게 됩니다.

## 말씀을 따르는 베드로의 신앙

27 더불어 말하며 들어가 여러 사람이 모인 것을 보고 28 이르되 유대인으로서 이방인과 교
제하며 가까이 하는 것이 위법인 줄은 너희도 알거니와 하나님께서 내게 지시하사 아무도

속되다 하거나 깨끗하지 않다 하지 말라 하시기로 29 부름을 사양하지 아니하고 왔노라 묻
노니 무슨 일로 나를 불렀느냐

고넬료의 집에 들어간 베드로는 먼저 유대인이 이방인과 교제하는 것이 위법임을 말합니다. 하지만 그럼에도 불구하고 찾아온 이유에 대해 하나님께서 "아무도 속되다 하거나 깨끗하지 않다 하지 말라"고 말씀하셨기 때문이라고 밝힙니다. 여기서 우리는 베드로도 역시 하나님의 말씀 앞에서 열린 마음을 가지고 자기의 관습과 상식을 내려놓는 사람이었음을 확인하게 됩니다.

## 초청 경위에 대한 고넬료의 설명

30 고넬료가 이르되 내가 나흘 전 이맘때까지 내 집에서 제 구 시 기도를 하는데 갑자기 한
사람이 빛난 옷을 입고 내 앞에 서서 31 말하되 고넬료야 하나님이 네 기도를 들으시고 네
구제를 기억하셨으니 32 사람을 욥바에 보내어 베드로라 하는 시몬을 청하라 그가 바닷가
무두장이 시몬의 집에 유숙하느니라 하시기로 33 내가 곧 당신에게 사람을 보내었는데 오
셨으니 잘하였나이다 이제 우리는 주께서 당신에게 명하신 모든 것을 듣고자 하여 다 하나
님 앞에 있나이다

고넬료는 무슨 일로 자기를 불렀느냐는 베드로의 질문에 대해 자기가 본 것과 들은 것에 대해 나눕니다. 그것은 나흘 전 기도시간에 천사가 나타나 하나님께서 자기의 기도와 구제를 받으시고 기억하신다고 하면서, 욥바에 있는 시몬 베드로를 청하여 말씀을 들으라고 명하셨던 내용입니다. 그러면서 고넬료는 다시 한 번 "우리는 주께서 당신에게 명하신 모든 것을 듣고자 하여 하나님 앞에 있나이다"라고 고백하고 있습니다.

그는 하나님의 말씀을 듣는 것을 하나님 앞에 서는 것과 동일시 하는 신앙을 가진 사람이었습니다. 이것이야말로 기독교의 바른 신앙관입니다.

## 베드로의 깨달음

34 베드로가 입을 열어 말하되 내가 참으로 하나님은 사람의 외모를 보지 아니하시고 35 각
나라 중 하나님을 경외하며 의를 행하는 사람은 다 받으시는 줄 깨달았도다

한편 고넬료의 환상에 대해 듣던 베드로는 그것을 자신이 본 환상으로 연관시키게 되었고, 하나님의 깊은 뜻을 깨닫게 되었습니다. 그리하여 그는 "하나님께서 참으로 사람의 외모를 취하지 않고 당신을 경외하고 의를 행하는 사람은 모두 받으시는 줄 깨달았도다"라고 고백하고 있습니다. 베드로의 이 한 마디는 유대인의 민족적 우월감과 편견을 일소해 버리고 모든 민족에게 복음을 증거되게 되는 중요한 계기가 되었습니다. 참으로 하나님은 당신을 경외하고 의를 행하는 사람은 그 누구든지 받으시는 분이십니다.

"이는 각 사람이 무슨 선을 행하든지 종이나 자유인이나 주께로부터 그대로 받을 줄을 앎이라"(엡 6:8)

# 고넬료의 집에서 행한 베드로의 설교와 안수

36-48절

## 예수님이 전한 화평의 복음

36 만유의 주 되신 예수 그리스도로 말미암아 화평의 복음을 전하사 이스라엘 자손들에게
보내신 말씀 37 곧 요한이 그 세례를 반포한 후에 갈릴리에서 시작하여 온 유대에 두루 전파
된 그것을 너희도 알거니와 38 하나님이 나사렛 예수에게 성령과 능력을 기름 붓듯 하셨으
매 그가 두루 다니시며 선한 일을 행하시고 마귀에게 눌린 모든 사람을 고치셨으니 이는 하
나님이 함께 하셨음이라

고넬료의 집에서 행한 베드로의 짧은 설교는 복음의 핵심내용을 잘 보여줍니다. 먼저 그는 이 도의 제목에 대해 "만유의 주되신 예수 그리스도로 말미암는 화평의 복음"이라고 소개하고 있습니다(36). 또 그는 갈릴리에서부터 시작하여 유대 전역으로 퍼진 예수 그리스도의 사역에 대해 '성령과 능력의 기름부음을 받아 선한 일을 행하시고 마귀에게 눌린 사람을 고치신 일'이라고 요약하고 있습니다. 베드로의 정리대로 예수님의 복음의 주제는 하나님과 사람, 사람과 사람 사이의 화해이며, 예수님의 사역의 원동력은 성령님이셨습니다.

## 사도들에게 있는 증인의 사명

39 우리는 유대인의 땅과 예루살렘에서 그가 행하신 모든 일에 증인이라 그를 그들이 나무
에 달아 죽였으나 40 하나님이 사흘 만에 다시 살리사 나타내시되 41 모든 백성에게 하신 것
이 아니요 오직 미리 택하신 증인 곧 죽은 자 가운데서 부활하신 후 그를 모시고 음식을 먹
은 우리에게 하신 것이라 42 우리에게 명하사 백성에게 전도하되 하나님이 살아 있는 자와
죽은 자의 재판장으로 정하신 자가 곧 이 사람인 것을 증언하게 하셨고 43 그에 대하여 모든
선지자도 증언하되 그를 믿는 사람들이 다 그의 이름을 힘입어 죄 사함을 받는다 하였느니
라

이어서 베드로는 예수님께서 하신 가장 중요한 사역인 대속의 죽음과 승리의 부활에 대해 간증하면서, 예수님을 "하나님이 살아 있는 자와 죽은 자의 재판장으로 정하신 자"라고 밝힙니다. 그리고 예수님이 행하신 모든 일의 증인인 자신들에게는 예수님에 대해 전도하는 사명이 주어져 있다고 밝힙니다. 또한 베드로는 모든 구약 선지자들이 증언한 내용도 "그를 믿는 사람들이 다 그의 이름을 힘입어 죄사함을 받는다"라는 것임을 부연하고 있습니다. 대속의 죽음과 승리의 부활을 이루신 예수님은 산 자와 죽은 자의 심판주이십니다. 인류에게 있는 유일한 구원의 길은 오직 그의 이름을 믿는 것밖에 없습니다.

## 이방인에게 임한 성령과 세례를 베푼 베드로

44 베드로가 이 말을 할 때에 성령이 말씀 듣는 모든 사람에게 내려오시니 45 베드로와 함께
온 할례 받은 신자들이 이방인들에게도 성령 부어 주심으로 말미암아 놀라니 46 이는 방언
을 말하며 하나님 높임을 들음이러라 47 이에 베드로가 이르되 이 사람들이 우리와 같이 성
령을 받았으니 누가 능히 물로 세례 베풂을 금하리요 하고 48 명하여 예수 그리스도의 이름

으로 세례를 베풀라 하니라 그들이 베드로에게 며칠 더 머물기를 청하니라

베드로가 진리의 말씀을 증거하고 있을 때 성령께서 말씀을 듣는 모든 이방인에게 내려오게 되었습니다. 그리하여 그들은 모두 방언을 말하며 하나님을 높이게 되었습니다. 하지만 이 광경은 베드로 자신에게도 전혀 예기치 못한 놀라운 일이었습니다.

방언은 영성의 표출이라면, 하나님의 구원역사에 대한 신앙고백인 '하나님 높임'은 지성의 표출입니다. 바울은 온전한 기도와 바른 찬양은 지성과 영성이 함께 해야 한다고 가르치고 있습니다.

**"그러면 어떻게 할까 내가 영으로 기도하고 또 마음으로 기도하며 내가 영으로 찬송하고 또 마음으로 찬송하리라"**(고전 14:15).

여기서 우리는 선교의 주관자가 사도가 아니라 성령이심을 분명히 확인하게 됩니다. 이 때문에 사도행전의 참된 이름은 성령행전이라고 하는 것입니다.

한편 이 광경을 본 베드로는 "이 사람들이 우리와 같이 성령을 받았으니 누가 능히 물로 세례 베풂을 금하리요!"라고 하면서 아무 거리낌 없이 예수 그리스도의 이름으로 세례를 베풀었습니다. 그리고 그들의 요청을 받아들여 며칠간 함께 머물면서 그들과 인격적인 교제를 나누었습니다. 여기서 우리는 다시 한 번 베드로가 자기가 가진 고정관념보다 초월하시는 성령의 뜻을 더 높이는 자임을 확인하게 됩니다.

# 11장
## 깊이파기

예루살렘 교회와 안디옥 교회가
도움을 주고 받다

# 예루살렘 교회의 비난을 잠잠케 한 베드로

1-18절

## 베드로를 향한 유대 교회의 비난

1 유대에 있는 사도들과 형제들이 이방인들도 하나님의 말씀을 받았다 함을 들었더니 2 베
드로가 예루살렘에 올라갔을 때에 할례자들이 비난하여 3 이르되 네가 무할례자의 집에 들
어가 함께 먹었다 하니

이방인에게 성령의 새 시대를 여는 일에 수종 들었던 베드로가 예루살렘에 돌아왔을 때, 그를 기다리고 있던 것은 격려나 축복이 아니라 비난과 오해였습니다. 예루살렘의 신자들은 성령 안에서 유대와 이방이 하나 되게 하시려는 원대한 하나님의 뜻을 깨닫지 못했던 것입니다.

먼저 우리는 하나님의 일을 행한 후에 이 같은 어려움이 올 수 있음을 인식하고 있어야 합니다. 이 같은 항의에 대해 베드로는 자신도 처음에 율법적인 태도에 매여 있었음을 기억하고 이해하는 마음으로 받아들입니다. 그리고 자신에게 일어난 일에 대해 너무도 상세히 설명하면서 오해를 풀기 위해 노력하고 있습니다. 지도자의 이 같은 이해심과 겸손한 태도는 자칫 위기로 발전할 수 있는 교회문제를 도리어 성숙의 기회로 바꾸어 놓고 있습니다. 수고 후에 오는 시험을 이기기 위해서는 공로의식 대신 겸손이 있어야 합니다.

## 고넬료에게 가게 된 경위에 대한 설명

4 베드로가 그들에게 이 일을 차례로 설명하여 5 이르되 내가 욥바 시에서 기도할 때에 황
홀한 중에 환상을 보니 큰 보자기 같은 그릇이 네 귀에 매어 하늘로부터 내리어 내 앞에까지
드리워지거늘 6 이것을 주목하여 보니 땅에 네 발 가진 것과 들짐승과 기는 것과 공중에 나
는 것들이 보이더라 7 또 들으니 소리 있어 내게 이르되 베드로야 일어나 잡아 먹으라 하거
늘 8 내가 이르되 주님 그럴 수 없나이다 속되거나 깨끗하지 아니한 것은 결코 내 입에 들어
간 일이 없나이다 하니 9 또 하늘로부터 두 번째 소리 있어 내게 이르되 하나님이 깨끗하게
하신 것을 네가 속되다고 하지 말라 하더라 10 이런 일이 세 번 있은 후에 모든 것이 다시 하
늘로 끌려 올라가더라 11 마침 세 사람이 내가 유숙한 집 앞에 서 있으니 가이사랴에서 내게
로 보낸 사람이라 12 성령이 내게 명하사 아무 의심 말고 함께 가라 하시매 이 여섯 형제도
나와 함께 가서 그 사람의 집에 들어가니 13 그가 우리에게 말하기를 천사가 내 집에 서서
말하되 네가 사람을 욥바에 보내어 베드로라 하는 시몬을 청하라 14 그가 너와 네 온 집이
구원 받을 말씀을 네게 이르리라 함을 보았다 하거늘

베드로는 자신에게 있었던 일을 상세하고 친절하게 설명하고 있습니다. 그런데 사실 그가  황홀경을 체험함으로 말미암아 과감하게 유대인과 이방인 사이의 장벽을 허물어뜨린 것은 하나님나라 확장에는 유익했지만, 개인적으로는 득보다 실이 많은 것이었습니다. 이 점은 역설적으로 그가 체험한 황홀경이 성령에 의한 황홀경임을 증명해 줍니다. 왜냐하면 타 종교의 황홀경체험은 모두 돈과 명예를 통한 자기 왕국의 확장과 직결되어 있기 때문입니다. 그러나 경건과 영성을 이익의 방도로 생각하는 자들은 모두 거짓 선지자에 지나지 않습니다(딤전 6:5). 이런 자들에게는 귀를 기울여서는 안되며 도리어 그들의 입을 막게 해야 합니다.

"그들의 입을 막을 것이라 이런 자들이 더러운 이득을 취하려고 마땅하지 아니한 것을 가르쳐 가정들을 온통 무너뜨리는도다"(딛 1:11).

### 이방인들에게 세례를 베푼 이유와 유대 성도들의 찬양

15 내가 말을 시작할 때에 성령이 그들에게 임하시기를 처음 우리에게 하신 것과 같이 하는
지라 16 내가 주의 말씀에 요한은 물로 세례를 베풀었으나 너희는 성령으로 세례를 받으리
라 하신 것이 생각났노라 17 그런즉 하나님이 우리가 주 예수 그리스도를 믿을 때에 주신 것
과 같은 선물을 그들에게도 주셨으니 내가 누구이기에 하나님을 능히 막겠느냐 하더라
18 그들이 이 말을 듣고 잠잠하여 하나님께 영광을 돌려 이르되 그러면 하나님께서 이방인
에게도 생명 얻는 회개를 주셨도다 하니라

베드로는 자신을 포함한 유대인들이 받은 구원과 성령은 그들의 혈통이나 노력으로 된 것이 아니라 오직 예수 그리스도를 믿을 때 선물로 주어진 것임을 상기시킵니다. 그러면서 베드로는 이 같은 구원과 성령을 하나님께서 이방인에게도 동일하게 선물로 주시는 것을 목격한 간증을 하고 있습니다. 그의 변호의 결론은 "내가 누구기에 하나님을 능히 막겠느냐?"였습니다. 이렇게 하자 모든 성도들은 잠잠해졌고 하나님께 영광을 돌리게 되었습니다. 하나님께서 생명을 얻는 회개를 이방인에게도 주신 것을 받아들이게 된 것입니다.

한편 성령 충만한 초대교회에서도 이처럼 오해와 편견의 문제가 발생했다는 사실은 중요한 것을 알려줍니다. 아름다운 교회는 문제가 없는 교회가 아니라 문제가 생겼을 때 하나님의 방식으로 해결될 수 있는 교회입니다. 그리고 이를 위해서는 하나님의 일을 행한 후에 오는 어려움들을 이해하는 마음으로 받아들이는 성숙하고 겸손한 리더가 꼭 필요합니다.

# 안디옥 교회의 설립과 성장

19-30절

## 헬라인에게 일어난 개종의 역사

19 그 때에 스데반의 일로 일어난 환난으로 말미암아 흩어진 자들이 베니게와 구브로와 안
디옥까지 이르러 유대인에게만 말씀을 전하는데 20 그 중에 구브로와 구레네 몇 사람이 안
디옥에 이르러 헬라인에게도 말하여 주 예수를 전파하니 21 주의 손이 그들과 함께 하시매
수많은 사람들이 믿고 주께 돌아오더라

스데반의 일로 흩어진 성도들 중 일부는 베니게 지역과 구브로 섬과 소아시아의 중심 도시인 안디옥까지 이르러 유대인과 유대교 개종자에게 복음을 전했습니다. 그런데 여기서 복음을 받은 몇몇 사람은 안디옥에 이르러 헬라인에게도 복음을 전하기 시작했습니다. 그러자 그들의 전도에는 하나님의 엄청난 축복이 있었고, 수많은 이방인이 믿고 주께로 돌아오는 역사가 일어났습니다.
여기서 우리는 베드로를 통해 이방인에게 복음이 증거된 것과는 별도로 다른 지역에서도 이 같은 일이 동시다발적으로 일어나고 있음을 확인하게 됩니다. 이것은 복음전파의 주체가 성령님이심을 다시 한 번 증명해 주는 것입니다. 선교는 인간의 기획과 열정에 의해 이루어지는 일이 아니라 처음부터 있었고 완성될 수밖에 없는 하나님의 그림에 의해 주도되는 구원역사입니다.

## 바나바를 파견하는 예루살렘 교회

22 예루살렘 교회가 이 사람들의 소문을 듣고 바나바를 안디옥까지 보내니

한편 예루살렘 교회는 이 소문을 듣고 바나바를 안디옥 교회에 파송하였습니다. 이것은 유대 교회가 이방 교회를 받아들인다는 아름다운 연합의 표현이었습니다. 성령께서는 유대 교회가 이 같은 결정을 할 수 있도록 베드로의 사건을 통해 미리 준비시켜 두신 것입니다. 성령님은 오늘도 모든 족속에게 복음이 전해지는 일과 그리스도 안에서 교회가 하나 되는 일을 주도하고 계십니다.

## 바나바의 권면과 바나바로 말미암는 부흥

23 그가 이르러 하나님의 은혜를 보고 기뻐하여 모든 사람에게 굳건한 마음으로 주와 함께
머물러 있으라 권하니 24 바나바는 착한 사람이요 성령과 믿음이 충만한 사람이라 이에 큰
무리가 주께 더하여지더라

바나바는 안디옥에서 일어난 이방인의 부흥을 직접 보면서 하나님이 주신 은혜를 기뻐했습니다. 그리고 그는 복음을 받은 성도들이 고난을 이기는 믿음을 가질 수 있도록 격려했습니다. 초대교회는 이처럼 복음에 따르는 고난에 대해 아주 민감하게 알고 있었고 준비시키는 교회였습니다.

"사랑하는 자들아 너희를 시련하려고 오는 불 시험을 이상한 일 당하는 것같이 이상히 여기지 말고"(벧전 4:12).

하지만 오늘날 전파되는 복음에서 축복에 대한 약속은 넘치지만 고난에 대한 예고를 찾아보기란 너무 힘듭니다.

한편 24절은 바나바의 인격과 신앙에 대해 잘 설명하고 있습니다. 바나바는 무엇보다도 성품이 착한 사람이라고 소개되고 있습니다. 그리고 그는 성령과

믿음이 충만한 신앙인이었습니다. 이 같은 바나바의 아름다운 인격과 충만한 신앙은 안디옥 지역의 부흥을 한층 더 성숙시키는 계기가 되었습니다. 초대교회에서 일꾼을 세우는 기준은 "성령과 지혜가 충만하여 칭찬 받는 사람"이었습니다(행 6:3). 그리고 이 같은 지도자를 가진 안디옥 교회는 선교를 위해 큰 일을 할 수 있는 건강한 교회로 성장하게 됩니다.

## 사울을 찾으러간 바나바

25 바나바가 사울을 찾으러 다소에 가서 26 만나매 안디옥에 데리고 와서 둘이 교회에 일 년간 모여 있어 큰 무리를 가르쳤고 제자들이 안디옥에서 비로소 그리스도인이라 일컬음을 받게 되었더라

바나바는 안디옥의 이방 교회가 성장하자 그곳에서 13km밖에 떨어지지 않은 다소에 낙향해있던 사울을 찾아가 그를 안디옥으로 불러왔습니다. 이전에 예루살렘에서 아무도 사울을 믿어주지 않을 때 홀로 믿어주었던 바나바는 이제 아무도 사울을 기억하지 않을 때 홀로 기억하고 동역자로 초청하고 있는 것입니다. 참으로 바나바가 없었다면 바울은 바울 될 수가 없었을 것입니다.

한편 사울은 예루살렘에서 도피한 후 무려 13년 정도를 고향 다소에서 지낸 것으로 추측됩니다. 그에게 이 기간은 마치 모세의 광야 40년처럼 자아가 모두 깨어지는 연단의 세월이었을 것입니다. 하지만 사울이 자기에 대한 모든 믿음을 잃어버리게 되었을 때, 하나님은 바나바를 통해 이방지역에서 처음 생긴 안디옥 교회로 그를 부르셨습니다. 하나님은 결코 서두르지 않으시며 결코 실수하지 않으십니다.

이와 같은 바나바와 바울의 아름다운 동역은 안디옥 교회 성장에 큰 기여를 하게 되었습니다. 바나바의 아름다운 인격과 신앙 위에 세워진 안디옥 교회,

지도자들의 신뢰와 동역 가운데 발전한 안디옥 교회는 결국 이방인들로부터 이전까지 '나사렛 이단'이나 '도를 좇는 자'등으로 불리던 것과 달리 '그리스도인'이라는 아름다운 이름을 얻게 되었습니다.

### 예루살렘 교회를 돕는 안디옥 교회

27 그 때에 선지자들이 예루살렘에서 안디옥에 이르니 28 그 중에 아가보라 하는 한 사람이
일어나 성령으로 말하되 천하에 큰 흉년이 들리라 하더니 글라우디오 때에 그렇게 되니라
29 제자들이 각각 그 힘대로 유대에 사는 형제들에게 부조를 보내기로 작정하고 30 이를 실
행하여 바나바와 사울의 손으로 장로들에게 보내니라

이 때, 아가보의 예언대로 이스라엘에 큰 흉년이 들게 되었습니다. 그러자 예루살렘 교회로부터 바나바를 선물로 받은 안디옥 교회는 이제 힘을 모아 예루살렘 교회를 돕기로 결정하고 있습니다. 안디옥 교회는 새로 생긴 어린 교회이지만 처음부터 성령 안에서 성도의 교통에 동참하고 있는 것입니다. 그리고 예루살렘 교회는 이를 통해 그리스도의 몸이 유대와 이방을 초월하여 진정으로 하나라는 사실을 확인하게 되었습니다. 이 같은 모습은 바울의 전도여행 내내 계속되었습니다. 그는 복음을 받은 이방 교회들에게 어려움 중에 있는 예루살렘 교회를 돌아보는 것이 마땅하다고 강조했습니다.

"저희가 기뻐서 하였거니와 또한 저희는 그들에게 빚진 자니 만일 이방인들이 그들의 영적인 것을 나눠 가졌으면 육적인 것으로 그들을 섬기는 것이 마땅하니라"(롬 15:27).

한 몸의 지체들은 때로 부족하여 공급을 받고, 때로 풍성하여 흘려보내면서 서로 교통하고 있습니다. 형제의 부족과 나의 넘침, 나의 약함과 형제의 강함은 서로가 그리스도 안에서 한 몸 됨을 확인할 수 있는 은혜의 기회입니다.

# 12장
## 깊이파기

박해자 헤롯이

급사하다

# 박해를 이기는 기도의 능력

1-17절

## 헤롯 왕의 박해와 교회의 중보기도

1 그 때에 헤롯 왕이 손을 들어 교회 중에서 몇 사람을 해하려 하여 2 요한의 형제 야고보를
칼로 죽이니 3 유대인들이 이 일을 기뻐하는 것을 보고 베드로도 잡으려 할 새 때는 무교절
기간이라 4 잡으매 옥에 가두어 군인 넷씩인 네 패에게 맡겨 지키고 유월절 후에 백성 앞에
끌어 내고자 하더라 5 이에 베드로는 옥에 갇혔고 교회는 그를 위하여 간절히 하나님께 기
도하더라

본 장에 언급된 헤롯은 헤롯 아그립바 1세로 그는 다른 왕들에 비해 유대인들에게 많은 인기를 끌었습니다. 그것은 그가 유대인들의 호의를 얻고자 하는 정치를 행했기 때문입니다. 이 같은 정책 중 하나가 바로 기독교에 대한 박해입니다. 그리하여 헤롯은 요한의 형인 사도 야고보를 칼로 죽였고, 반응이 좋자 교회의 최고 지도자 격인 베드로도 죽이려 했습니다.

헤롯은 정치적 효과를 극대화하기 위해 가장 많은 사람이 모이는 유월절을 택하여 베드로를 체포했으며, 한 주간의 무교절 절기가 시작되는 유월절 다음날에 처형을 집행하려 했습니다. 이 날은 예수님께서 십자가 형틀에서 운명하신 바로 그 날이기도 했습니다. 이 때문에 헤롯은 계획에 차질이 생기지 않도록 군사를 4인 4조로 편성하여 삼엄한 경계를 펴게 했습니다.

이 같은 정권에 의한 박해는 앞의 4장에 나오는 교권에 의한 박해보다 훨씬 더

두려운 것으로, 지도자들의 사형과 투옥은 초대교회에 엄청난 충격이 되었을 것입니다. 하지만 예루살렘 교회는 기도하는 일에서 물러나지 않았습니다. 그리하여 한편에서는 대적들이 무력으로 베드로를 가두고 있고, 다른 편에서는 성도들이 기도로 베드로를 위해 중보하고 있었습니다. 이것은 치열한 영적 전쟁입니다. 이 같은 전쟁에 임하는 교회의 무기는 합심하는 간절한 기도였습니다.

우리의 마음은 심히 게으르고 거짓됩니다. 그러므로 우리는 모이지 않으면 열심이 식기 쉽고, 많은 시간 간절히 구하지 않으면 비록 입술은 기도하고 있다 해도, 진정한 소원이 아닐 수도 있습니다. 마치 박토에 농사짓는 사람이 많은 시간 동안 땅을 기경해야 함과 마찬가지로, 거짓되고 게으른 우리 마음에서 참된 기도가 이루어지기 위해서는 함께 모여 간절히 기도해야만 하는 것입니다.

## 베드로가 누린 평안과 기적적인 출옥

6 헤롯이 잡아 내려고 하는 그 전날 밤에 베드로가 두 군인 틈에서 두 쇠사슬에 매여 누워 자
는데 파수꾼들이 문 밖에서 옥을 지키더니 7 홀연히 주의 사자가 나타나매 옥중에 광채가
빛나며 또 베드로의 옆구리를 쳐 깨워 이르되 급히 일어나라 하니 쇠사슬이 그 손에서 벗어
지더라 8 천사가 이르되 띠를 띠고 신을 신으라 하거늘 베드로가 그대로 하니 천사가 또 이
르되 겉옷을 입고 따라오라 한 대 9 베드로가 나와서 따라갈새 천사가 하는 것이 생시인 줄
알지 못하고 환상을 보는가 하니라

처형을 하루 앞둔 밤에 두 군인 틈에서 두 쇠사슬에 매여 있던 베드로는 천사가 옆구리를 쳐야 일어날 만큼 깊은 잠을 잘 수 있었습니다. '살아도 주를 위해 살고 죽어도 주를 위해 죽기로' 결정한 그에게는 죽음의 두려움이 빼앗아

갈 수 없는 평안이 있었던 것입니다. 그리고 이같이 완전한 위탁은 그것 자체가 능력 있는 기도가 됩니다. 그리고 이 같은 위탁에는 자기 자신도 믿을 수 없는 놀라운 구원이 동반되었습니다.

신자에게 더 필요한 것은 어떤 식으로 구원이 이루어질지에 대한 예측이나 기대가 아니라, 베드로처럼 모든 것을 전적으로 하나님께 맡기는 신뢰와 위탁입니다. 야고보처럼 순교의 제물이 될지 베드로처럼 응답의 증거가 될지는 하나님께 달려 있습니다.

참된 신자는 간절한 기도의 헌신과 완전한 위탁의 평안이 함께 있는 사람입니다.

### 기적의 배후인 중보기도

10 이에 첫째와 둘째 파수를 지나 시내로 통한 쇠문에 이르니 문이 저절로 열리는지라 나와
서 한 거리를 지나매 천사가 곧 떠나더라 11 이에 베드로가 정신이 들어 이르되 내가 이제야
참으로 주께서 그의 천사를 보내어 나를 헤롯의 손과 유대 백성의 모든 기대에서 벗어나게
하신 줄 알겠노라 하여 12 깨닫고 마가라 하는 요한의 어머니 마리아의 집에 가니 여러 사람
이 거기에 모여 기도하고 있더라

베드로는 천사에 이끌려 첫째와 둘째 파수를 지나 성으로 통하는 쇠문을 통과하고, 한 거리를 지나서야 이것이 현실임을 깨닫게 되었습니다. 그리고 마가 요한의 어머니 마리아의 집으로 간 베드로는 이 같은 기적의 배후에 성도들의 중보가 있었음을 발견하게 됩니다. 고난 중의 중보는 이와 같이 놀라운 구원의 능력을 이끌어낸 것입니다.

## 중보자들도 믿을 수 없는 크고 비밀한 일

13 베드로가 대문을 두드린대 로데라 하는 여자 아이가 영접하러 나왔다가 14 베드로의 음
성인 줄 알고 기뻐하여 문을 미처 열지 못하고 달려 들어가 말하되 베드로가 대문 밖에 섰더
라 하니 15 그들이 말하되 네가 미쳤다 하나 여자 아이는 힘써 말하되 참말이라 하니 그들이
말하되 그러면 그의 천사라 하더라 16 베드로가 문 두드리기를 그치지 아니하니 그들이 문
을 열어 베드로를 보고 놀라는지라 17 베드로가 그들에게 손짓하여 조용하게 하고 주께서
자기를 이끌어 옥에서 나오게 하던 일을 말하고 또 야고보와 형제들에게 이 말을 전하라 하
고 떠나 다른 곳으로 가니라

베드로를 위해 중보하던 성도들 역시 이 기적을 믿을 수 없었습니다. 이 때문에 대문을 두드리는 베드로의 음성을 알아듣고는 너무 기뻐 문을 여는 것도 잊은 채 무리들에게 달려가 "베드로가 대문 밖에 섰더라"고 말한 여자아이에게 신자들은 미쳤다고 야단치거나 '그의 수호천사가 그의 죽음을 알리기 위해 온 것'이라고 설명했습니다. 그도 그럴 것이 감옥의 경비는 너무 삼엄했고, 소수의 신자들이 기도로 맞서서 싸우고 있는 상대는 백성들의 지지를 등에 업은 절대 권력을 가진 헤롯의 정권이었기 때문입니다.

그러나 성도의 기도는 때로 기도하는 자신의 생각보다 훨씬 더 역사하는 힘이 큽니다. 왜냐하면 우리가 부르짖을 때 우리가 알지 못하는 크고 비밀한 일을 이루시는 분은 바로 하나님이시기 때문입니다.

"너는 내게 부르짖으라 내가 네게 응답하겠고 네가 알지 못하는 크고 은밀한 일을 네게 보이리라"(렘 33:3).

하나님은 지금도 우리가 기도할 때 너무 커서 알 수 없고 너무 은밀해서 보이지 않는 일을 행하고 계신 분이십니다. 그러므로 하나님의 구원을 구체적으로 체험할 수 있는 기회인 고난 중의 기도는 절대 놓쳐서는 안됩니다. 기도는 우리의 일이고 역사는 하나님의 일입니다.

# 교만한 헤롯의 죽음

18-25절

## 수포로 돌아간 헤롯의 계획

18 날이 새매 군인들은 베드로가 어떻게 되었는지 알지 못하여 적지 않게 소동하니 19 헤롯
이 그를 찾아도 보지 못하매 파수꾼들을 심문하고 죽이라 명하니라 헤롯이 유대를 떠나 가
이사랴로 내려가서 머무니라

하나님께서 개입하시자 그동안 착착 진행되고 있던 헤롯의 계획은 한순간에 수포로 돌아가게 되었습니다. 이 때문에 헤롯은 심히 당황했고, 위신에 큰 손상을 입고 유대를 떠나게 되었습니다. 하나님은 이를 통해 세상 정권도 하나님의 뜻을 막을 수 없음을 분명히 보여주셨습니다.

한편 우리는 흔히 베드로에게 일어난 일과 같은 기적에 대해서는 감사하고 영광을 돌리지만, 야고보에게 일어난 일과 같은 것은 실패로 규정하고 부끄럽게 생각하는 경향이 있습니다. 이것은 잘못된 인간적인 생각입니다. 우리는 야고보가 죽게 된 것도 베드로의 기적적인 구출 못지않은 하나님의 간섭 속에서 되어진 일임을 믿어야 합니다. 하나님은 신자의 약함과 강함, 성공과 실패, 삶과 죽음 전부에서 역사하시며, 전부를 통해서 영광을 받으시는 분이십니다.

## 두로와 시돈 사람들의 아부와 교만한 헤롯의 죽음

20 헤롯이 두로와 시돈 사람들을 대단히 노여워하니 그들의 지방이 왕국에서 나는 양식을
먹는 까닭에 한마음으로 그에게 나아와 왕의 침소 맡은 신하 블라스도를 설득하여 화목하
기를 청한지라 21 헤롯이 날을 택하여 왕복을 입고 단상에 앉아 백성에게 연설하니 22 백성
들이 크게 부르되 이것은 신의 소리요 사람의 소리가 아니라 하거늘 23 헤롯이 영광을 하나
님께로 돌리지 아니하므로 주의 사자가 곧 치니 벌레에게 먹혀 죽으니라

본문에는 사람들의 인기를 끌기 위해 교회까지 핍박했던 헤롯의 말로가 나오고 있습니다. 그것은 결국 사람들의 칭송 때문에 멸망하는 모습입니다.

헤롯 왕조는 헤롯대왕으로부터 4개에 걸쳐 유다를 지배했기에 여러 명의 헤롯의 이름이 성경에 등장합니다. 헤롯대왕은 베들레헴에서 유아를 학살하였고, 유대인들의 지지를 이끌어 내기 위해 성전 건축을 시작한 왕입니다.

그가 죽을 때가 되었을 때는 세 아들이 남아 있었는데, 이들에게 세 영역을 나누어서 아켈라오 헤롯안디바 헤롯빌립을 분봉 왕으로 세웠습니다. 이중 총애하던 아켈라오에게는 예루살렘과 유대 지역을, 헤롯 안디바에게는 갈릴리 지역을, 헤롯빌립은 유대 북부를 맡겼습니다.

이 셋은 아버지 헤롯대왕처럼 분봉 왕이 아니라 유대 전체를 다스리는 왕이 되고자 하는 권력암투가 계속되었지만, 이중 아켈라오는 로마에 의해 폐위되고 그가 다스리던 땅은 로마총독이 직접 다스리는 지역으로 바뀌게 되었습니다. 그리고 남은 헤롯 안디바는 유대인의 왕이라는 정통성을 가지고 싶어서 하스몬 혈통으로 태어난 이복 남매요 유부녀인 헤로디아와 결혼을 하게 되었고 이 일을 책망하는 세례요한을 목 베어 죽이게 됩니다.

한편 본문에 등장하는 헤롯은 헤롯대왕처럼 분봉 왕이 아니라 정통 왕위를 가지게 된 인물로서, 하스몬 혈통을 타고난 헤롯대왕의 손자요 헤롯 아그립바 1세입니다. 게다가 그는 로마 유학파요 로마의 3대 황제인 칼리굴라의 친구로

서 뛰어난 혈연 학연 지연을 가진 인물이었습니다. 두로와 시돈은 헤롯 아그립바 1세와 사이가 좋지 못했습니다. 하지만 그들은 헤롯이 통치하는 갈릴리 지방의 양식에 의존하고 있었기 때문에 화친을 위해 노력했습니다. 그리하여 그들은 헤롯왕의 연설을 들을 때 크게 소리 질러 "이것은 신의 소리요 사람의 소리가 아니라"고 아첨했고, 헤롯은 승리감에 도취되어 그 소리를 즐기고 있었습니다.

이처럼 헤롯의 교만이 극치에 달하자 하나님의 심판이 나타났습니다. 역사가 요세푸스의 기록에 의하면, 헤롯은 그 순간 갑자기 생긴 복통으로 인해 앓다가 5일 만에 죽었고 그의 몸에서는 벌레가 나왔다고 합니다. 피조물인 인간에게 창조주의 영광을 탐하게 만드는 것은 사탄의 유혹입니다. 그러나 교만은 멸망을 부르는 가장 빠른 지름길일 뿐입니다.

헤롯 아그립바 1세가 죽고 나자 그의 아들 헤롯 아그립바 2세를 세웠지만 그의 신분은 분봉 왕 수준이었고 그것으로 헤롯 왕조는 사라지게 되었습니다.

한편 헤롯 아그립바 1세의 동생이며 로마의 4대 황제 클라우디우스의 친구였던 아리스다불고는 없어질 인간의 왕국이 아니라 없어지지 않을 하나님나라를 발견하고 복음 안으로 들어오게 되었습니다.

"그리스도 안에서 인정함을 받은 아벨레에게 문안하라 아리스도불로의 권속에게 문안하라"(롬 16:10).

## 말씀의 흥왕과 바나바와 바울의 목격

24 하나님의 말씀은 흥왕하여 더하더라 25 바나바와 사울이 부조하는 일을 마치고 마가라 하는 요한을 데리고 예루살렘에서 돌아오니라

교회를 핍박하던 헤롯은 죽었지만 하나님의 말씀은 점점 더 흥왕하여 갔습니

다. 진리의 말씀을 가진 교회의 전진을 막을 수 있는 세력은 아무것도 없습니다. 그리고 이것이 바로 성령의 역사의 핵심입니다. 사도행전에는 '흥왕하다', '왕성하다'라는 표현이 3번 나오는데 이것은 모두 말씀과 관련되어 사용되고 있습니다.

한편 25절에서 우리는 하나님이 베드로를 구출하신 또 한 가지 중요한 이유를 발견하게 됩니다. 바나바와 바울은 안디옥 교회의 구제헌금을 가지고 예루살렘에 올라왔습니다. '그리스도인'이라는 호칭을 처음으로 받은 안디옥의 성도들은 예루살렘에 임한 큰 흉년 소식을 듣고 각각 그 힘대로 부조를 작정하고 실행하였던 것입니다.

**"그 때에 선지자들이 예루살렘에서 안디옥에 이르니 그 중에 아가보라 하는 한 사람이 일어나 성령으로 말하되 천하에 큰 흉년이 들리라 하더니 글라우디오 때에 그렇게 되니라 제자들이 각각 그 힘대로 유대에 사는 형제들에게 부조를 보내기로 작정하고 이를 실행하여 바나바와 사울의 손으로 장로들에게 보내니라"**(행 11:27-30).

그런데 바나바와 바울이 예루살렘에 도착한 시간은 바로 교회에 대한 정권의 박해가 시작되는 매우 살벌한 시기였습니다(행12:1). 하지만 그곳에서 이 두 사람은 성도들의 중보와 베드로의 놀라운 출옥 현장을 생생하게 목도하고 안디옥으로 되돌아갈 수 있었습니다. 이것은 하나님이 이들을 이방인의 사도로 따로 세우시기 전에 앞으로의 선교사역에서 당할 고난을 극복할 수 있도록 산 교훈으로 경험케 하신 것입니다. 오늘도 하나님은 신앙 선배들의 고난과 승리를 통해 우리의 마음에 갑옷을 준비시켜 주고 계십니다.

한편 바나바와 바울은 안디옥으로 올라가는 길에 그리스도의 성만찬과 초대 교회의 기도처인 마리아의 집에서 마가 요한을 데려왔습니다. 마가 요한은 이 두 사람의 1차 전도여행 수행원이 됩니다.

**"두 사람이 성령의 보내심을 받아 실루기아에 내려가 거기서 배 타고 구브로에 가서 살라미에 이르러 하나님의 말씀을 유대인의 여러 회당에서 전할새 요한을 수행원으로**

두었더라"(행 13:4-5).

하나님은 이미 바나바와 바울을 통해 시작될 1차 전도여행을 예비하고 계셨던 것입니다.

# 13장
## 깊이파기

바나바와 바울이
1차 전도여행을 시작하다

# 1차 전도여행의 시작

1-13절

## 안디옥 교회의 지도자들

1 안디옥 교회에 선지자들과 교사들이 있으니 곧 바나바와 니게르라 하는 시므온과 구레네
사람 루기오와 분봉 왕 헤롯의 젖동생 마나엔과 및 사울이라

안디옥 교회에는 바나바와 사울 외에도 훌륭한 선지자와 교사들이 있었습니다. 니게르(흑인)라 하는 시므온은 예수님의 십자가를 대신 졌던 구레네 시몬이 아닌가 하는 견해가 있습니다. 루기오 역시 아프리카 출신이었습니다. 그리고 헤롯과 함께 자란 귀족 출신의 마나엔도 있었습니다. 그들은 신분과 피부색과 민족을 초월하여 복음 안에서 한 팀을 이루어 동역한 것입니다.

## 바나바와 사울을 선교사로 파송함

2 주를 섬겨 금식할 때에 성령이 이르시되 내가 불러 시키는 일을 위하여 바나바와 사울을
따로 세우라 하시니 3 이에 금식하며 기도하고 두 사람에게 안수하여 보내니라 4 두 사람이
성령의 보내심을 받아 실루기아에 내려가 거기서 배 타고 구브로에 가서 5 살라미에 이르러
하나님의 말씀을 유대인의 여러 회당에서 전할새 요한을 수행원으로 두었더라

이들 지도자들은 하나님께서 맡기신 사명을 감당하기 위해 금식하며 나아갔

습니다. 그때 하나님은 이 공동체를 향한 놀라운 사명을 보여주셨습니다. 하나님은 이방인 교회의 첫 열매요, 처음 그리스도인이라는 이름을 얻은 안디옥 교회를, 본격적인 세계 선교시대를 여는 도구로 사용할 계획을 가지고 계셨던 것입니다. 이를 위해 하나님은 이 공동체에서 가장 소중한 지도자 바나바와 바울을 요구하셨습니다. 금식하며 하나님의 뜻을 묻고, 그 뜻을 발견하고는 가장 소중한 것을 내어놓는 안디옥 교회의 모습은 오늘날 교회들에게 큰 귀감과 도전이 됩니다.

한편 이것은 하나님께서 바울에게 개인적으로 주셨던 '이방인의 사도'라는 소명을 교회를 통해 공식적으로 확인시켜 주시는 것이기도 합니다.

## 거짓 선지자 바예수의 방해

6 온 섬 가운데로 지나서 바보에 이르러 바예수라 하는 유대인 거짓 선지자인 마술사를 만
나니 7 그가 총독 서기오 바울과 함께 있으니 서기오 바울은 지혜 있는 사람이라 바나바와
사울을 불러 하나님의 말씀을 듣고자 하더라 8 이 마술사 엘루마는 (이 이름을 번역하면 마
술사라) 그들을 대적하여 총독으로 믿지 못하게 힘쓰니

바나바와 바울이 처음 간 곳은 현재의 사이프러스인 구브로섬입니다. 그들의 전도 여행에는 바나바의 어린 조카인 마가 요한도 동참했습니다. 이곳에서 구브로섬의 바보라는 도시에서 이들은 바예수라는 유대인 거짓 선지자와 그 성의 총독이요 지혜가 있어서 하나님의 말씀을 듣고자 하는 서기오 바울을 동시에 만나게 됩니다. 그동안 서기오 바울 곁에서 참모역할을 하던 엘루마(마술사) 바예수는 '구원의 아들'이라는 뜻의 이름을 가졌지만 실상 하나님의 말씀을 듣지 못하도록 속이고 방해하는 '마귀의 자식'이었습니다.

### 바울의 꾸짖음과 구브로 총독의 회심

9 바울이라고 하는 사울이 성령이 충만하여 그를 주목하고 10 이르되 모든 거짓과 악행이
가득한 자요 마귀의 자식이요 모든 의의 원수여 주의 바른 길을 굽게 하기를 그치지 아니하
겠느냐 11 보라 이제 주의 손이 네 위에 있으니 네가 맹인이 되어 얼마 동안 해를 보지 못하
리라 하니 즉시 안개와 어둠이 그를 덮어 인도할 사람을 두루 구하는지라 12 이에 총독이 그
렇게 된 것을 보고 믿으며 주의 가르치심을 놀랍게 여기니라

바예수의 정체는 성령충만한 바울에 의해 정확하게 분별되었습니다. 사도 바울은 이방인 전도가 시작되는 본 장에서부터 사울이라는 유대식 이름 대신 로마식 이름인 바울을 사용하기 시작합니다. 이것은 그가 이방인의 사도라는 자신의 부르심을 온전히 받아들인 증거라고 할 수 있습니다.

이에 바울은 "모든 거짓과 악행이 가득한 자요 마귀의 자식이요 모든 의의 원수여 주의 바른 길을 굽게 하기를 그치지 아니하겠느냐?"라고 그를 꾸짖었습니다. 그는 진리를 알고자 하는 자들 앞에서 광명한 선지자인 척 행세하고 있지만, 실상은 주의 의의 말씀과 바른 길을 굽게 함으로 자신의 이익을 챙기고 있는 교활하고 사악한 자였던 것입니다.

이어서 바울은 "보라 이제 주의 손이 네 위에 있으니 네가 맹인이 되어 얼마 동안 해를 보지 못하리라!"고 하면서 심판을 선언했습니다. 그렇게 되자 그동안 진리의 인도자를 자처하고 있던 바예수는 집으로 가는 길도 찾을 수 없어서 주위 사람들을 붙잡고 제발 자기를 집까지 인도해 달라고 애원을 하게 되었습니다. 이 같은 심판은 소경으로서 소경을 인도하고 있는 거짓 선지자의 실체와 무능을 가장 잘 폭로하는 표적이라고 할 수 있습니다. 이에 총독 서기오 바울은 바른 진리에 이르게 되었고, 1차 선교여행의 첫 열매가 되었습니다. 이것은 하나님께서 바나바와 바울을 이방인의 사도로 부르셨다는 것에 대한 외적인 확증이 되는 것입니다.

## 전도팀을 떠난 마가 요한

13 바울과 및 동행하는 사람들이 바보에서 배 타고 밤빌리아에 있는 버가에 이르니 요한은 그들에게서 떠나 예루살렘으로 돌아가고

1차 전도여행에 동참했던 마가 요한은 다음 행선지인 터키 반도 동남부 지역인 밤빌리아의 항구도시 버가에서 고향으로 되돌아가게 되었습니다. 그가 돌아간 이유가 고향이나 부모에 대한 향수 때문인지, 아니면 연약한 신앙이나 인간적인 갈등 때문인지는 알 수 없지만, 이것이 바울에게 커다란 실망을 준 것은 틀림없습니다. 이 때문에 바울은 2차 전도 여행에 마가가 동참하는 것을 강력히 거부합니다. 사람에 대한 기대는 이처럼 실망으로 되돌려 받기가 쉽습니다. 우리가 기대해도 되는 분은 오직 실패한 마가 요한을 들어서도 마가복음의 저자가 되게 하시는 하나님뿐입니다.

# 비시디아 안디옥에서 행한 바울의 설교

14-41절

## 이스라엘의 소행을 참고 약속을 이루어주신 하나님

14 그들은 버가에서 더 나아가 비시디아 안디옥에 이르러 안식일에 회당에 들어가 앉으니
라 15 율법과 선지자의 글을 읽은 후에 회당장들이 사람을 보내어 물어 이르되 형제들아 만
일 백성을 권할 말이 있거든 말하라 하니 16 바울이 일어나 손짓하며 말하되 이스라엘 사람
들과 및 하나님을 경외하는 사람들아 들으라 17 이 이스라엘 백성의 하나님이 우리 조상들
을 택하시고 애굽 땅에서 나그네 된 그 백성을 높여 큰 권능으로 인도하여 내사 18 광야에서
약 사십 년간 그들의 소행을 참으시고 19 가나안 땅 일곱 족속을 멸하사 그 땅을 기업으로
주시기까지 약 사백오십 년간이라

전도팀은 마가 요한의 이탈에도 불구하고 버가를 지나 비시디아 안디옥에 이르렀습니다. 본문에는 비시디아 안디옥에서 행한 바울의 설교가 기록되어 있습니다. 우선 바울은 아브라함으로부터 다윗에 이르는 역사를 약술함으로 설교를 시작하고 있습니다.

이스라엘의 역사는 한마디로 하나님의 신실하심과 이와는 대조되는 인간들의 반역의 기록이라고 할 수 있습니다. 하나님께서 행하신 일은 아브라함을 택하여 자기 백성으로 삼으시고, 모세를 택하여 애굽에서 구출해 주신 일입니다. 하지만 이스라엘이 하나님께 행한 것은 40년 동안 광야에서 하나님께 반역하고 원망하는 일이었습니다. 이들은 나라와 민족으로서 처음 시작하는 순간부

터 범죄한 것입니다. 하지만 하나님은 여호수아를 택하여 아브라함에게 주신 약속대로 가나안 땅을 기업으로 주셨습니다. 그리하여 애굽 땅에 들어간 때로부터 가나안 땅을 차지하는 때까지 약 450년간의 시간이 있었지만, 하나님은 언약을 지켜주신 것입니다.

### 왕을 구하다가 사울의 통치를 받게 된 백성들

20 그 후에 선지자 사무엘 때까지 사사를 주셨더니 21 그 후에 그들이 왕을 구하거늘 하나님
이 베냐민 지파 사람 기스의 아들 사울을 사십 년간 주셨다가

이스라엘 백성들은 가나안에 들어가서도 끊임없이 범죄하고 하나님을 떠나 스스로 이방 나라들의 압제를 초래한 일뿐입니다. 하지만 하나님은 사사들을 세워 위기 때마다 백성들을 구원하고 바른 길로 인도하여 주셨습니다. 하나님은 참으로 이스라엘을 향하여 인자하시고 신실하셨습니다. 그러나 이스라엘은 지금까지의 모든 죄악에 대하여 자신들의 왕을 구하는 가장 큰 반역을 하나님께 행했습니다. 이것은 더 이상 하나님을 자신들의 통치자로 인정하지 않겠다는 표현인 것입니다. 이스라엘의 범죄와 반역의 역사는 오늘날 우리 안에서도 계속되고 있습니다.

### 다윗의 후손으로 오신 구주 예수

22 폐하시고 다윗을 왕으로 세우시고 증언하여 이르시되 내가 이새의 아들 다윗을 만나니
내 마음에 맞는 사람이라 내 뜻을 다 이루리라 하시더니 23 하나님이 약속하신 대로 이 사람
의 후손에서 이스라엘을 위하여 구주를 세우셨으니 곧 예수라

왕을 구하던 이스라엘 백성들은 사울을 그들의 통치자로 얻었습니다. 사울은 인간적인 눈으로 볼 때 왕으로서 더없이 좋은 조건을 갖춘 인물이었습니다. 하지만 그들이 구한 왕은 이스라엘을 고통과 실망의 구렁텅이로 몰고 갔고, 그 자신도 전쟁터에서 자살하는 비참한 결말을 맞이하고 맙니다.

그러나 은혜로우신 하나님은 반역한 백성들에게 당신의 마음에 합한 왕을 다시 보내주셨습니다. 그가 바로 다윗입니다. 하나님은 다윗을 왕으로 세우심으로 인류의 참된 왕 메시야를 보내주시려는 당신의 계획을 선명히 드러내셨습니다. 사실 이스라엘의 역사는 구속사적인 관점에서 볼 때, 하나님께서 보내주신 메시야가 직접 그들의 왕이 되셔야만 한다는 깨달음과 이 같은 왕을 보내주시기 위한 준비의 과정이라고 할 수 있습니다.

이 같은 역사를 정리하면서 바울은 예수님이 바로 그 다윗의 씨로 이 세상에 오신 참된 왕이심을 선언합니다. 왕이신 예수님은 반역한 인류에게 주시는 가장 귀한 선물이며, 우리의 유일한 구원자가 되시는 분이십니다.

### 세례 요한의 예비사역

24 그가 오시기에 앞서 요한이 먼저 회개의 세례를 이스라엘 모든 백성에게 전파하니라
25 요한이 그 달려갈 길을 마칠 때에 말하되 너희가 나를 누구로 생각하느냐 나는 그리스도
가 아니라 내 뒤에 오시는 이가 있으니 나는 그 발의 신발 끈을 풀기도 감당하지 못하리라
하였으니

바울은 이어서 예수님의 그리스도 되심을 동시대의 선지자인 세례 요한의 예를 들어 증거하고 있습니다. 당시 대부분의 유대인들은 세례 요한을 선지자로 여기고 있었습니다. 하지만 세례 요한이 이 땅에 와서 세례를 베푼 목적을 이해하는 사람들은 거의 없었습니다. 바울은 세례 요한의 사역이 백성들로 하여금

그리스도를 맞이할 준비를 하게 만드는 것이었다고 강조합니다. 그리고 세례 요한은 스스로 그리스도의 신발 끈을 풀기도 감당하지 못한다고 고백했음을 상기시킵니다.

## 예언대로 메시야를 죽인 유대인

26 형제들아 아브라함의 후손과 너희 중 하나님을 경외하는 사람들아 이 구원의 말씀을 우
리에게 보내셨거늘 27 예루살렘에 사는 자들과 그들 관리들이 예수와 및 안식일마다 외우
는 바 선지자들의 말을 알지 못하므로 예수를 정죄하여 선지자들의 말을 응하게 하였도다
28 죽일 죄를 하나도 찾지 못하였으나 빌라도에게 죽여 달라 하였으니 29 성경에 그를 가리
켜 기록한 말씀을 다 응하게 한 것이라 후에 나무에서 내려다가 무덤에 두었으나

그러면서 바울은 하나님께서 아브라함의 후손과 하나님을 경외하는 자들을 위해 이 구원의 말씀되신 그리스도를 보내주셨다고 선언합니다. 그리고 그들이 안식일마다 외우는 선지자의 가르침 역시 바로 그리스도 예수님에 대한 예언이었음을 지적합니다. 이어서 바울은 이스라엘 백성들이 행했던 최악의 반역에 대해 고발하기 시작합니다. 그것은 그들이 하나님이 보내신 구원의 말씀 되신 그분을 알지 못하고 죽일 죄를 하나도 찾지 못했음에도 불구하고 정죄하여 죽인 일입니다. 그것도 심지어 율법 없는 이방 총독 빌라도마저 예수의 무죄함을 알고 살리려고 애를 썼는데도 죽여달라고 압력을 가하면서 말입니다. 그런데 이와 같은 예루살렘 주민들과 관리들의 모습은 다름 아닌 우리 자아의 모습이기도 합니다. 범죄한 우리는 스스로 왕이 되어 있고, 자기 마음대로 하고 싶어 하기 때문에 그리스도의 통치와 구원을 격렬하게 거부하는 것입니다.

## 예수의 부활에 대한 증언

30 하나님이 죽은 자 가운데서 그를 살리신지라 31 갈릴리로부터 예루살렘에 함께 올라간
사람들에게 여러 날 보이셨으니 그들이 이제 백성 앞에서 그의 증인이라

그러나 바울은 하나님의 약속이 여기서 멈추지 않았다고 말하고 있습니다. 그는 이스라엘의 이 같은 반역마저도 성경의 예언대로 된 것임을 지적하면서 하나님은 오히려 그 일로 성경에 그를 가리켜 기록한 말씀을 다 응하게 하셨다고 선언합니다. 곧 그것은 하나님께서 저주의 나무에 달려 죽으셨다가 지옥의 무덤까지 내려가신 예수를 죽은 자 가운데서 다시 살리심으로 온 인류를 묶고 있던 죄와 사망의 권세를 깨뜨린 것이었습니다. 그러면서 바울은 예수 부활의 증인들이 많이 있으며, 자신들은 조상들에게 주신 구원의 약속을 바로 예수 그리스도의 부활을 통해 이루어주신다는 사실을 너희들에게 전파하고 있는 것이라고 소개하고 있습니다.

## 메시야의 성육신과 부활에 대한 예언

32 우리도 조상들에게 주신 약속을 너희에게 전파하노니 33 곧 하나님이 예수를 일으키사
우리 자녀들에게 이 약속을 이루게 하셨다 함이라 시편 둘째 편에 기록한 바와 같이 너는 내
아들이라 오늘 너를 낳았다 하셨고 34 또 하나님께서 죽은 자 가운데서 그를 일으키사 다시
썩음을 당하지 않게 하실 것을 가르쳐 이르시되 내가 다윗의 거룩하고 미쁜 은사를 너희에
게 주리라 하셨으며 35 또 다른 시편에 일렀으되 주의 거룩한 자로 썩음을 당하지 않게 하시
리라 하셨느니라 36 다윗은 당시에 하나님의 뜻을 따라 섬기다가 잠들어 그 조상들과 함께
묻혀 썩음을 당하였으되 37 하나님께서 살리신 이는 썩음을 당하지 아니하였나니

이어서 바울은 이 믿을 수 없는 진리들을 증명하기 위해 구약의 예언들을 인용

합니다. "너는 내 아들이라 오늘날 내가 너를 낳았도다"라는 시편 2편의 말씀은 하나님의 독생자의 성육신을 증명합니다. 또 "주의 거룩한 자로 썩지 않게 하시리라"는 시편 16장 10절의 말씀은 부활의 확실성을 증명하고, 다윗에게 약속한 거룩하고 미쁜 약속에 관한 이사야 55장 3절의 말씀은 이것이 우리의 구원을 보증하는 확실한 복음임을 증명합니다.

"너희는 귀를 기울이고 내게로 나아와 들으라 그리하면 너희의 영혼이 살리라 내가 너희를 위하여 영원한 언약을 맺으리니 곧 다윗에게 허락한 확실한 은혜이니라"(사 55:3).

## 예수로 말미암는 사죄와 칭의

38 그러므로 형제들아 너희가 알 것은 이 사람을 힘입어 죄 사함을 너희에게 전하는 이것이며 39 또 모세의 율법으로 너희가 의롭다 하심을 얻지 못하던 모든 일에도 이 사람을 힘입어 믿는 자마다 의롭다 하심을 얻는 이것이라

결론적으로 바울은 예수님의 이름으로 죄사함과 의롭다 하심을 얻는 도를 전하고 있습니다. 바울은 율법으로는 결코 아무도 의로움에 이를 수 없지만, 예수의 이름으로는 누구든지 의롭다하심을 얻을 수 있음을 극명하게 대비시키고 있습니다.

바울의 이신칭의(以信稱義) 사상은 바울에게서 확립된 성경 전체를 흐르는 핵심 진리라고 할 수 있습니다. 바울이 이 진리를 그처럼 강조한 것은 그의 삶의 경험과 밀접한 관련이 있습니다. 그는 율법을 통해 의에 이를 수 있다는 유대교의 교리를 철저하게 믿는 사람이었습니다. 하지만 그가 발견한 것은, 율법을 지키려는 노력은 인간의 전적타락을 깨닫게 할 뿐이지 결코 의에 이르게 할 수 없다는 사실이었습니다. 그가 의롭다 인정함을 받은 것은 오직 예수님

을 통하여 하나님 앞에 섰을 때의 일입니다. 히브리어에서 '의롭다'라는 단어는 '죄를 짓지 않았다'라는 윤리적인 용어가 아니라, '무죄판결을 받았다'라는 법적인 용어입니다. 하나님은 예수님을 의지하는 모든 자들을, 그 피를 보시고 무죄하다고 선언하십니다.

## 믿지 않는 자들의 멸망에 대한 경고

40 그런즉 너희는 선지자들을 통하여 말씀하신 것이 너희에게 미칠까 삼가라 41 일렀으되
보라 멸시하는 사람들아 너희는 놀라고 멸망하라 내가 너희 때를 당하여 한 일을 행할 것이
니 사람이 너희에게 일러줄지라도 도무지 믿지 못할 일이라 하였느니라 하니라

마지막으로 바울은 복음을 거절하는 자들에게 임할 심판을 강조하는 하박국의 말씀을 인용하면서 그의 설교를 마무리합니다.

"여호와께서 이르시되 너희는 여러 나라를 보고 또 보고 놀라고 또 놀랄지어다 너희의 생전에 내가 한 가지 일을 행할 것이라 누가 너희에게 말할지라도 너희가 믿지 아니하리라"(합 1:5).

예수님을 믿지 않는 것은 가장 큰 재앙입니다.

# 유대인의 비난 앞에서 소명을 새롭게 함

42-52절

## 본격적인 이방 전도를 선언하는 두 사도

42 그들이 나갈새 사람들이 청하되 다음 안식일에도 이 말씀을 하라 하더라 43 회당의 모임
이 끝난 후에 유대인과 유대교에 입교한 경건한 사람들이 많이 바울과 바나바를 따르니 두
사도가 더불어 말하고 항상 하나님의 은혜 가운데 있으라 권하니라 44 그 다음 안식일에는
온 시민이 거의 다 하나님의 말씀을 듣고자 하여 모이니 45 유대인들이 그 무리를 보고 시기
가 가득하여 바울이 말한 것을 반박하고 비방하거늘 46 바울과 바나바가 담대히 말하여 이
르되 하나님의 말씀을 마땅히 먼저 너희에게 전할 것이로되 너희가 그것을 버리고 영생을
얻기에 합당하지 않은 자로 자처하기로 우리가 이방인에게로 향하노라 47 주께서 이같이
우리에게 명하시되 내가 너를 이방의 빛으로 삼아 너로 땅 끝까지 구원하게 하리라 하셨느
니라 하니

바울의 설교를 통해 많은 무리들이 복음에 관심을 가지게 되었고, 그 다음 안식일에는 거의 온 성이 다 모여 하나님의 말씀을 듣고자 했습니다. 이렇게 되자 유대인들 가운데는 시기가 가득하게 되었습니다. 그리하여 바울의 설교에 대해 사사건건 반박하고 비난을 퍼부었습니다.

이 때문에 바나바와 바울은 전도의 방향을 이방인에게로 선회하게 되었습니다. 그리고 이방의 빛이 되게 하시려는 것이 이스라엘을 부르신 하나님의 원래 계획이었으며, 자신들을 향한 소명임을 선언합니다. 그들은 유대인의 방해를 통해 '이방인의 사도'로 부르신 하나님의 뜻을 재발견하고 있는 것입니다.

하지만 이 말이 자기 민족에 대한 애정을 포기했다는 뜻은 아닙니다. 그들이 이방인의 사도로서의 부르심에 충성한 주된 이유는 그것을 통해 자기 민족이 시기심을 느끼고 진리로 돌아오게 하려는 열망 때문이었습니다.

**"그러므로 내가 말하노니 그들이 넘어지기까지 실족하였느냐 그럴 수 없느니라 그들이 넘어짐으로 구원이 이방인에게 이르러 이스라엘로 시기나게 함이니라"**(롬11:11).

여기서 알 수 있듯이 우리에게 다가오는 어려움들은 우리로 하여금 다시 소명의 길을 걷게 하기 위한 하나님의 섭리일 때가 많습니다.

## 기쁨과 성령이 충만한 제자들

48 이방인들이 듣고 기뻐하여 하나님의 말씀을 찬송하며 영생을 주시기로 작정된 자는 다
믿더라 49 주의 말씀이 그 지방에 두루 퍼지니라 50 이에 유대인들이 경건한 귀부인들과 그
시내 유력자들을 선동하여 바울과 바나바를 박해하게 하여 그 지역에서 쫓아내니 51 두 사
람이 그들을 향하여 발의 티끌을 떨어 버리고 이고니온으로 가거늘 52 제자들은 기쁨과 성
령이 충만하니라

그러나 유대인들은 더욱 강퍅해져서 권세자들을 선동하여 그들을 핍박하고, 그 지경에서 쫓아내었습니다. 하지만 제자들은 두 사도가 없음에도 불구하고 기쁨이 충만했습니다. 이것은 복음을 받아들인 그들 속에 하나님이신 성령님이 충만히 임재해 계셨기 때문입니다. 그리하여 1차 전도여행에서 첫 교회가 비디시아 안디옥에 세워지게 되었습니다. 한편 비시디아 안디옥 교회의 제자들을 묘사한 장면에서 우리는 성령충만의 가장 정확한 척도가 기쁨충만이라는 사실을 확인하게 됩니다.

# 14장
## 깊이파기

두 사도가

1차 전도여행을 마무리하다

# 이고니온과 루스드라에서의 전도사역

1-19절

## 이고니온에서의 박해와 도망

1 이에 이고니온에서 두 사도가 함께 유대인의 회당에 들어가 말하니 유대와 헬라의 허다한
무리가 믿더라 2 그러나 순종하지 아니하는 유대인들이 이방인들의 마음을 선동하여 형제
들에게 악감을 품게 하거늘 3 두 사도가 오래 있어 주를 힘입어 담대히 말하니 주께서 그들
의 손으로 표적과 기사를 행하게 하여 주사 자기 은혜의 말씀을 증언하시니 4 그 시내의 무
리가 나뉘어 유대인을 따르는 자도 있고 두 사도를 따르는 자도 있는지라 5 이방인과 유대
인과 그 관리들이 두 사도를 모욕하며 돌로 치려고 달려드니 6 그들이 알고 도망하여 루가
오니아의 두 성 루스드라와 더베와 그 근방으로 가서 7 거기서 복음을 전하니라

죄사함과 의로움을 주시는 예수 그리스도의 복음에 대한 바나바와 바울의 전도사역이 계속되면서 이고니온의 백성들은 유대인을 좇는 자와 두 사도를 좇는 자로 양분되었습니다. 이와 같이 복음이 들어가는 곳에 일어나는 분열은 이미 예수님께서 예언하신 것입니다.

유대인들은 이들 사도에 대해 이방인들에게 악선전을 해서 악감을 품게 만들었습니다. 하지만 이 같은 인간적인 방법으로는 진리를 막을 수 없는 것입니다. 하나님은 두 사도의 손으로 당신의 능력을 나타내셔서 은혜의 말씀이 막힘없이 증거되게 하셨기 때문입니다. 이에 유대인들은 거짓 증거로 복음을 막을 수 없게 되자 두 사도를 모욕하며 돌로 치려고 달려들었습니다.

그러자 바울과 바나바는 폭력을 피해 전도의 문이 열려 있는 다른 지역으로 옮기게 됩니다. 바울과 바나바가 이른 곳은 루가오니아의 두 성 루스드라와 더베였습니다. 이처럼 전도자들은 어떤 때는 물러갔으며, 어떤 때는 그냥 매를 맞거나 대항하기도 했습니다. 선교에는 분별력과 지혜가 필요합니다.
신자는 선으로 악을 이기고, 하나님의 방법과 때를 따라갈 수 있는 자세를 가지고 있어야 합니다.

## 루스드라에서 일어난 신유와 숭배

8 루스드라에 발을 쓰지 못하는 한 사람이 앉아 있는데 나면서 걷지 못하게 되어 걸어 본 적
이 없는 자라 9 바울이 말하는 것을 듣거늘 바울이 주목하여 구원 받을 만한 믿음이 그에게
있는 것을 보고 10 큰 소리로 이르되 네 발로 바로 일어서라 하니 그 사람이 일어나 걷는지
라 11 무리가 바울이 한 일을 보고 루가오니아 방언으로 소리 질러 이르되 신들이 사람의 형
상으로 우리 가운데 내려오셨다 하여 12 바나바는 제우스라 하고 바울은 그 중에 말하는 자
이므로 헤르메스라 하더라 13 시외 제우스 신당의 제사장이 소와 화환들을 가지고 대문 앞
에 와서 무리와 함께 제사하고자 하니

루스드라에서 바울은 말씀에 귀 기울이는 앉은뱅이를 만나게 되었습니다. 그리고 그 속에 구원받을 만한 믿음이 있음을 보고 치유의 은총을 선포했습니다. 여기서 구원받을 만한 믿음이란 진리를 경청하는 것과 겸손히 그 진리를 받아들이는 것을 의미합니다.
그런데 이 기적은 예기치 못한 사태를 초래했습니다. 루스드라 사람들이 바나바와 바울을 그들의 신 '제우스'와 '헤르메스'로 생각하고 경배하려 한 것입니다. 핍박으로 두 사도를 거꾸러뜨리려 했던 사탄은 이제 작전을 바꾸어 영광으로 그들을 삼키려 하고 있습니다.

## 무리를 만류하는 두 사도

14 두 사도 바나바와 바울이 듣고 옷을 찢고 무리 가운데 뛰어 들어가서 소리 질러 15 이르
되 여러분이여 어찌하여 이러한 일을 하느냐 우리도 여러분과 같은 성정을 가진 사람이라
여러분에게 복음을 전하는 것은 이런 헛된 일을 버리고 천지와 바다와 그 가운데 만물을 지
으시고 살아 계신 하나님께로 돌아오게 함이라 16 하나님이 지나간 세대에는 모든 민족으
로 자기들의 길들을 가게 방임하셨으나 17 그러나 자기를 증언하지 아니하신 것이 아니니
곧 여러분에게 하늘로부터 비를 내리시며 결실기를 주시는 선한 일을 하사 음식과 기쁨으
로 여러분의 마음에 만족하게 하셨느니라 하고 18 이렇게 말하여 겨우 무리를 말려 자기들
에게 제사를 못하게 하니라

바나바와 바울은 참담한 마음으로 그들의 옷을 찢으면서 이 같은 불경죄를 멈추게 했습니다. 우리는 핍박뿐 아니라 영광으로 나를 무너뜨리려는 사탄의 작전에 대해 민감하게 대적해야 합니다. 이어지는 바울의 설교는 유일하신 하나님을 알고 있는 유대인과 유대교 개종자들에 대한 설교와는 많은 차이가 있습니다. 그는 유대인에게는 구약성경에 기반하여 예수의 메시야 되심과 믿음으로 말미암는 죄사함과 의로움에 대해 전했습니다.

하지만 유일하신 하나님을 알지 못하는 이방인에게는 어리석은 우상숭배를 버리고 천지와 바다와 그 가운데 만유를 지으신 살아계신 하나님께 돌아오라고 전도하고 있습니다. 바울은 자연에 나타난 일반 은총의 예를 들어 이 선하신 하나님에 대해 증명하며, 모든 사람이 핑계할 수 없다고 선언합니다.

한편 하나님은 온전한 진리를 알지 못하는 인류의 범죄에 대해 오랫동안 참으셨습니다. 하지만 온전한 구원의 복음이 전파된 곳에서는 누구에게든지 회개를 명하셨습니다. 이 때문에 복음은 인류에게 구원과 심판의 갈림길 앞에 서게 하는 것입니다.

"알지 못하던 시대에는 하나님이 간과하셨거니와 이제는 어디든지 사람에게 다 명하

사 회개하라 하셨으니 이는 정하신 사람으로 하여금 천하를 공의로 심판할 날을 작정하시고 이에 그를 죽은 자 가운데서 다시 살리신 것으로 모든 사람에게 믿을 만한 증거를 주셨음이니라 하니라"(행 17:30-31).

## 이고니온에서 돌에 맞아 내쳐진 바울

19 유대인들이 안디옥과 이고니온에서 와서 무리를 충동하니 그들이 돌로 바울을 쳐서 죽은 줄로 알고 시외로 끌어 내치니라

유대인들의 방해는 집요했습니다. 비시디아 안디옥과 이고니온에서 내려온 무리들은 루스드라의 이방인들을 충동하였습니다. 그것은 아마도 바울과 바나바가 방문한 목적은 제우스를 숭배하는 그들의 신앙을 파괴하기 위함이라는 말이었을 것입니다. 이 같은 충동에 루스드라 사람들은 격분했습니다.

얼마 전까지만 해도 앉은뱅이가 나은 일로 인해 바나바와 바울을 신으로 추앙하던 그들은 돌변하여 성 안에서 바울을 돌로 쳤고, 그가 죽은 줄로 알고 성 밖으로 끌어 내치고 있는 것입니다.

이 사건을 통해 우리는 인간 속에 있는 악한 본성을 발견하게 됩니다. 유대인들은 예수님을 정치적인 왕으로 삼으려는 자기들의 기대가 채워지지 않자 그를 십자가에 못 박아 죽였습니다. 이방인들도 바울과 바울을 자기의 신으로 삼으려 했지만 그렇게 되지 않자 그를 죽이려고 한 것입니다. 사람들은 자기 마음에 맞는 신, 자기 뜻대로 움직여 주는 신을 원합니다. 곧 그들이 섬기는 우상은 바로 자기 자신인 것입니다.

# 1차 전도여행을 마무리하는 두 사도

20-28절

## 곧바로 다시 복음을 전하는 바울

20 제자들이 둘러섰을 때에 바울이 일어나 그 성에 들어갔다가 이튿날 바나바와 함께 더베로 가서

바울은 시신을 수습하기 위해 나온 제자들이 둘러섰을 때 깨어나게 되었습니다. 하지만 그는 상처투성이가 된 몸을 이끌고 곧바로 루스드라로 들어가 복음을 전하고는 이튿날 1차 전도여행의 최종 목적지인 더베로 향하고 있습니다. 사실 죽을 정도로 돌에 맞은 사람이 이렇게 한다는 것은 결코 자연스러운 일이 아닙니다. 이것은 바울이 돌에 맞는 고통 속에서, 스데반을 돌로 쳐 죽이는 일을 주도했던 자기 같은 죄인을 위해 십자가의 고통을 참으신 예수님을 생각했기 때문일 것입니다. 바로 이 사랑에 대한 감격이 그를 일으켜 복음을 전하게 했던 것입니다. 참으로 그리스도의 사랑은 알아 가면 알아 갈수록 도무지 측량할 수 없는 것입니다.

## 제자들을 굳게 하고 장로들을 세운 두 사도

21 복음을 그 성에서 전하여 많은 사람을 제자로 삼고 루스드라와 이고니온과 안디옥으로

돌아가서 22 제자들의 마음을 굳게 하여 이 믿음에 머물러 있으라 권하고 또 우리가 하나님
의 나라에 들어가려면 많은 환난을 겪어야 할 것이라 하고 23 각 교회에서 장로들을 택하여
금식 기도 하며 그들이 믿는 주께 그들을 위탁하고

더베를 끝으로 갈라디아 지역에서의 전도사역을 마친 바나바와 바울은 루스드라와 이고니온과 비시디아 안디옥으로 다시 돌아가 그곳에 세워진 교회를 굳게 하는 일을 하고 있습니다. 대적들은 모함하고 추방하고 돌로 치는 공격을 감행했지만, 복음을 받을 영혼들을 향한 그리스도의 사랑을 막을 수 있는 것은 아무것도 없었던 것입니다.

이 자리에서 바나바와 바울은 제자들의 마음을 굳게 하여 이 믿음에 거하라고 권면했고, 또 하나님나라에 들어가려면 많은 환난을 겪어야 함을 알려주었습니다. 초대교회는 믿음 안에 있는 고난에 대해 정확하게 가르치는 공동체였습니다.

오늘날 많은 신자들은 예수를 잘 믿으면 좋은 일만 생길 것이라고 생각합니다. 그러나 성경은 실낙원한 인간 누구에게나 고난이 있다고 말합니다. 단지 신자는 자기 악행으로 인하여 고난을 겪는 자가 아니라 그리스도를 위한 영광스러운 고난에 동참하는 자이며, 궁극적인 승리를 약속받은 차이가 있을 뿐입니다. 그리스도인은 믿음 안에 있는 대가지불에 대해 정확하게 알면서도, 그리스도의 남은 고난에 기꺼이 동참하는 사람입니다. 그리고 바나바와 바울은 금식하고 기도하는 중에, 선교지의 교회가 성도를 굳게 하고 위로하는 일을 더 잘 감당할 수 있도록 최초로 장로를 세우고 있습니다.

## 선교여행을 마치고 모교회에서 재충전하는 두 사도

24 비시디아 가운데로 지나서 밤빌리아에 이르러 25 말씀을 버가에서 전하고 앗달리아로

내려가서 26 거기서 배 타고 안디옥에 이르니 이 곳은 두 사도가 이룬 그 일을 위하여 전에
하나님의 은혜에 부탁하던 곳이라 27 그들이 이르러 교회를 모아 하나님이 함께 행하신 모
든 일과 이방인들에게 믿음의 문을 여신 것을 보고하고 28 제자들과 함께 오래 있으니라

이어서 이들은 1차 여행의 경로를 거슬러 밤빌리아에 이르러 다시 한 번 버가에 말씀을 전하고 앗달리에서 배를 타고 파송교회인 안디옥으로 돌아갔습니다. 그리고 안디옥으로 돌아온 두 사람은 약 1년 동안 하나님이 행하신 모든 일에 대해 선교보고를 했고, 약 1년 동안 파송교회와 함께 하며 서로의 교통을 깊게 하는 시간을 가졌습니다. 선교사에게 쉼과 재충전이 가능한 모교회가 있다는 것은, 마치 대양에서 작전을 수행하는 전투기에게 항공모함이 있다는 것과 같은 안정감을 줍니다.

# 15장
## 깊이파기

예루살렘 총회가
예상을 뒤엎는 결정을 내리다

# 할례문제에 관한 예루살렘 총회의 결정

1-21절

## 할례문제로 일어난 총회에의 제소

1 어떤 사람들이 유대로부터 내려와서 형제들을 가르치되 너희가 모세의 법대로 할례를 받
지 아니하면 능히 구원을 받지 못하리라 하니 2 바울 및 바나바와 그들 사이에 적지 아니한
다툼과 변론이 일어난지라 형제들이 이 문제에 대하여 바울과 바나바와 및 그 중의 몇 사람
을 예루살렘에 있는 사도와 장로들에게 보내기로 작정하니라 3 그들이 교회의 전송을 받고
베니게와 사마리아로 다니며 이방인들이 주께 돌아온 일을 말하여 형제들을 다 크게 기쁘
게 하더라

아름답게 성장하고 있던 첫 이방 교회인 안디옥 교회에 중요한 문제가 발생했습니다. 유대에서 온 몇몇 신자들이 구원을 받으려면, 먼저 유대인처럼 할례를 비롯한 제반 율법을 지켜야 한다고 가르쳤던 것입니다.

이 가르침의 핵심은 간단합니다. 구원은 오직 유대인에게만 있는 것이니, 그러므로 이방인이 구원받기 위해서는 먼저 유대인처럼 되어야 한다는 주장입니다. 이방 교회의 존립 근거를 뿌리 채 뒤흔드는 이 같은 주장으로 인해 매우 격렬한 논쟁이 일어나게 되었습니다.

그런데 안디옥 교회는 자칫 교회가 분열될 수 있는 중대한 문제 앞에서 예루살렘 교회의 권위를 인정하고 총회의 결정을 통해 문제를 해결하기로 결정하고 있습니다.

사실 당시 교회의 최고 지도자인 베드로는 얼마 전에 이 문제에 대해 우유부단한 태도를 취해 바울에게 책망을 받은 적이 있으며, 이 같은 문제를 일으킨 유대로부터 온 신자들은 예루살렘 총회의 대표인 야고보의 계열에 속한 실권자들이었습니다.

**"게바가 안디옥에 이르렀을 때에 책망 받을 일이 있기로 내가 그를 대면하여 책망하였노라 야고보에게서 온 어떤 이들이 이르기 전에 게바가 이방인과 함께 먹다가 그들이 오매 그가 할례자들을 두려워하여 떠나 물러가매"**(갈 2:11-12).

그러나 바울과 바나바는 이 같은 점을 들어 총회로 가는 것이 무의미하다고 주장하지 않았습니다. 독선은 오히려 더 진리를 왜곡시키는 결과를 초래할 수 있습니다.

우리에게도 선입견과 독선을 버리고 교회의 권위와 하나님의 섭리를 인정하는 모습이 꼭 필요합니다.

한편 안디옥 교회의 파송을 받은 바울과 바나바를 비롯한 대표단들은 베니게와 사마리아등 예루살렘에 올라가는 길에서 믿음의 형제들에게 이방인들이 주께 돌아온 일에 대해 알렸고, 이 소식을 들은 형제들은 다 크게 기뻐하였습니다. 동일한 복음과 성령으로 구원받은 교회들의 동일한 기쁨은 이방 선교에 대한 하나님의 뜻을 확인하는 중요한 증거가 됩니다.

## 할례로 인한 총회에서의 논쟁

4 예루살렘에 이르러 교회와 사도와 장로들에게 영접을 받고 하나님이 자기들과 함께 계셔
행하신 모든 일을 말하매 5 바리새파 중에 어떤 믿는 사람들이 일어나 말하되 이방인에게
할례를 행하고 모세의 율법을 지키라 명하는 것이 마땅하다 하니라 6 사도와 장로들이 이
일을 의논하러 모여

예루살렘 총회가 시작되고 안디옥 교회 대표단들의 증언이 시작되자, 이방인의 할례를 주장하는 유대 기독교인들은 "이방인에게 할례를 행하고 모세의 율법을 지키라 명하는 것이 마땅하다"라고 하면서 공격의 포문을 열었습니다. 저들은 자신은 은혜로 구원받았으면서도 이방인들에게는 은연중에 율법의 멍에를 지우려고 하고 있는 것입니다. 이 부류는 과거 바리새파에 속했다가 회심한 사람들로, 사회에서 지도적인 위치에 있던 그들은 초대교회에서 적지 않은 영향력을 가졌을 것으로 추측됩니다. 이 때문에 이들 유대주의자와 안디옥 교회의 대표단 사이에는 많은 변론과 팽팽한 논쟁이 있게 됩니다.

### 이방인도 은혜로 구원받음을 선언하는 베드로

7 많은 변론이 있은 후에 베드로가 일어나 말하되 형제들아 너희도 알거니와 하나님이 이방
인들로 내 입에서 복음의 말씀을 들어 믿게 하시려고 오래 전부터 너희 가운데서 나를 택하
시고 8 또 마음을 아시는 하나님이 우리에게와 같이 그들에게도 성령을 주어 증언하시고
9 믿음으로 그들의 마음을 깨끗이 하사 그들이나 우리나 차별하지 아니하셨느니라 10 그런
데 지금 너희가 어찌하여 하나님을 시험하여 우리 조상과 우리도 능히 메지 못하던 멍에를
제자들의 목에 두려느냐 11 그러나 우리는 그들이 우리와 동일하게 주 예수의 은혜로 구원
받는 줄을 믿노라 하니라

그러자 이때 교회의 대표 격인 베드로가 일어납니다. 그는 자신이 고넬료에게 복음 전하는 일에 사용된 것을 상기시키면서 중심을 보시는 하나님이 유대인과 이방인을 분간치 않으시고, 그 증거로 이방인에게도 성령을 주셨음을 증언했습니다. 곧 구원의 길은 예수 그리스도를 믿음으로 의롭다함에 이르는 것이지, 율법에서 요구하는 정결의식을 지키는 데 있지 않다는 것입니다. 이어서 베드로는 자신들도 감당치 못하는 율법이라는 멍에를 이방인에게 지우는 것은

부도덕한 일일 뿐 아니라 하나님을 시험하는 행위라고 밝힙니다. 왜냐하면 그것은 위선적인 것일 뿐 아니라 구원을 위한 그리스도의 보혈 공로가 불완전하다고 주장하는 것과 마찬가지가 되기 때문입니다.
결론적으로 베드로는 구원은 율법의 여러 의식들을 지키는 행위가 아니라 주 예수의 은혜로 말미암는 것이며, 여기에는 유대인과 이방인 사이에 어떤 차별도 없음을 선언했습니다. 이처럼 교회의 주되신 예수님은 성령을 통하여 총회의 결정을 주관하셨습니다. 그리고 안디옥에서 실수를 범한 베드로는 이제 자신의 잘못을 분명히 시인하고 진리를 주장할 수 있는 겸손과 용기로 이 일에 수종 들고 있습니다.

## 이방선교가 성경과 일치하는지에 대한 야고보의 판결

12 온 무리가 가만히 있어 바나바와 바울이 하나님께서 자기들로 말미암아 이방인 중에서
행하신 표적과 기사에 관하여 말하는 것을 듣더니 13 말을 마치매 야고보가 대답하여 이르
되 형제들아 내 말을 들으라 14 하나님이 처음으로 이방인 중에서 자기 이름을 위할 백성을
취하시려고 그들을 돌보신 것을 시므온이 말하였으니 15 선지자들의 말씀이 이와 일치하
도다 기록된 바 16 이 후에 내가 돌아와서 다윗의 무너진 장막을 다시 지으며 또 그 허물어
진 것을 다시 지어 일으키리니 17 이는 그 남은 사람들과 내 이름으로 일컬음을 받는 모든
이방인들로 주를 찾게 하려 함이라 하셨으니 18 즉 예로부터 이것을 알게 하시는 주의 말씀
이라 함과 같으니라

베드로의 변론은 청중들의 분위기를 숙연하게 만들었습니다. 이어서 바나바와 바울도 하나님께서 이방 가운데 행하신 역사들을 보고하고 그것을 증명하기 위해 하나님이 행하신 표적과 기사에 대해 진술했습니다. 이 말을 마치자 총회의 의장인 야고보가 일어나 교회의 공식입장을 정리합니다. 그는 예수님의 동

생으로 초대교회의 기둥이었습니다. 그의 무릎은 늘 기도를 쉬지 않아 낙타무릎 같았다고 전해지며, 아주 선한 사람으로 '의인 야고보'로 불리웠습니다.

야고보는 먼저 성경적인 근거를 가지고 시몬 베드로의 주장이 올바른 것임을 확인합니다.

**"그 날에 내가 다윗의 무너진 장막을 일으키고 그것들의 틈을 막으며 그 허물어진 것을 일으켜서 옛적과 같이 세우고 그들이 에돔의 남은 자와 내 이름으로 일컫는 만국을 기업으로 얻게 하리라 이 일을 행하시는 여호와의 말씀이니라"**(암 9:11-12).

곧 다윗의 자손으로 오신 예수님께서 하나님나라를 세우실 때 이방인들도 함께 하게 된다는 예언을 인용하여, 하나님이 이방인 중에 당신의 백성을 택하신 일이 갑자기 생긴 것이 아니라 예로부터 꾸준히 예언된 것이 성취된 사건임을 밝히고 있는 것입니다. 그러면서 유대 배경을 가진 율법적인 그리스도인들에게, 더 이상 이방 기독교인을 괴롭게 하지 말라고 명하고 있습니다. 여기서 볼 수 있듯이 성경은 모든 결정의 최종적인 권위가 됩니다.

## 이방 교인에게 보내는 총회의 결정사항

19 그러므로 내 의견에는 이방인 중에서 하나님께로 돌아오는 자들을 괴롭게 하지 말고
20 다만 우상의 더러운 것과 음행과 목매어 죽인 것과 피를 멀리하라고 편지하는 것이 옳으
니 21 이는 예로부터 각 성에서 모세를 전하는 자가 있어 안식일마다 회당에서 그 글을 읽음
이라 하더라

이어서 야고보는 이방 기독교인들을 향해서도 꼭 지켜야 할 몇 가지 도덕적인 규칙들을 명령합니다. 그것은 우상의 더러운 것 즉 제사음식을 피할 것과, 음행을 멀리할 것, 목매어 죽인 짐승의 고기를 먹지 말 것 등입니다.

우상에게 바쳐진 음식을 피하라는 것은 우상숭배 문화에 빠지기 쉬운 당 시대

에서 신앙의 정결을 지키게 하기 위함이었습니다. 음행을 피하라는 것은 문란한 성행위를 우상숭배 의식의 일부로 삼는 당시 사회 속에서 육체적인 정결을 지키게 하기 위함입니다. 목매어 죽인 짐승의 고기를 먹지 말라는 것은 그런 짐승의 시체에 피가 그대로 들어 있기 때문인데, 이것은 피는 생명이고 생명은 하나님께 속한 것이라는 율법의 생명존중사상을 몸에 배게 하기 위함입니다.

이러한 조항들은 구원받는데 필수적인 조건은 아니지만 당 시대에서는 구원받은 사람으로서 마땅히 지켜야 할 윤리적 표준들이었으며, 또한 유대 신자들에게 걸림돌이 되어서는 안 된다는 측면에서 명해진 것이었습니다. 이 같은 금령은 회당이 있는 곳마다 유대인들에게 가르쳐지고 있던 내용이었기 때문입니다. 이같이 함으로 유대 신자와 이방 신자가 실제생활에서 서로에게 걸림이 없이 화합하고 교제할 수 있는 장치를 마련하게 되었습니다.

# 예루살렘 총회 이후에 일어난 일들

22-41절

## 총회가 전령에게 맡긴 편지의 내용

22 이에 사도와 장로와 온 교회가 그 중에서 사람들을 택하여 바울과 바나바와 함께 안디옥
으로 보내기를 결정하니 곧 형제 중에 인도자인 바사바라 하는 유다와 실라더라 23 그 편에
편지를 부쳐 이르되 사도와 장로 된 형제들은 안디옥과 수리아와 길리기아에 있는 이방인
형제들에게 문안하노라 24 들은즉 우리 가운데서 어떤 사람들이 우리의 지시도 없이 나가
서 말로 너희를 괴롭게 하고 마음을 혼란하게 한다 하기로 25-26 사람을 택하여 우리 주 예
수 그리스도의 이름을 위하여 생명을 아끼지 아니하는 자인 우리가 사랑하는 바나바와 바
울과 함께 너희에게 보내기를 만장일치로 결정하였노라 27 그리하여 유다와 실라를 보내
니 그들도 이 일을 말로 전하리라 28 성령과 우리는 이 요긴한 것들 외에는 아무 짐도 너희
에게 지우지 아니하는 것이 옳은 줄 알았노니 29 우상의 제물과 피와 목매어 죽인 것과 음행
을 멀리할지니라 이에 스스로 삼가면 잘되리라 평안함을 원하노라 하였더라

예루살렘 총회는 훌륭한 결정을 내렸을 뿐 아니라 결정된 내용을 전달하기 위해서도 현명한 방법을 사용하고 있습니다. 그것은 예루살렘 교회에서 지도적인 위치에 있던 바사바라 하는 유다와 실라에게 편지를 맡겨 안디옥 교회로 파송한 것이었습니다. 만약 그렇지 않고 바울과 바나바가 편지만 들고 되돌아왔다면 반대파들은 그들이 가져온 결정에 대해 의심하게 되었을 것입니다. 예루살렘 총회에서 보낸 편지는 우선 바람직하지 않은 유대주의 운동에 대해

단호하게 선을 그었으며, 이방인의 사도인 바울과 바나바의 리더쉽에 대해 애정 어린 축복을 보내고 있습니다. 그리고 이어서 편지는 우상제물, 음행, 피를 금하는 세 가지를 제외하고 아무 짐도 이방성도들에게 지우지 않기로 한 총회의 결정사항을 전달합니다.

### 편지를 받고 크게 기뻐하는 이방 교회

30 그들이 작별하고 안디옥에 내려가 무리를 모은 후에 편지를 전하니 31 읽고 그 위로한 말을 기뻐하더라 32 유다와 실라도 선지자라 여러 말로 형제를 권면하여 굳게 하고 33 얼마 있다가 평안히 가라는 전송을 형제들에게 받고 자기를 보내던 사람들에게로 돌아가되 34 (없음) 35 바울과 바나바는 안디옥에서 유하며 수다한 다른 사람들과 함께 주의 말씀을 가르치며 전파하니라

이 같은 확실한 배려를 통해 이방 교회는 평안을 되찾았고, 큰 힘을 얻게 되었습니다. 한편 총회는 결정을 전달하는 부분에 '성령과 우리는'이란 표현을 사용하고 있습니다. 여기서 우리는 초대교회가 모든 결정에 성령을 앞세우는 공동체였음을 다시 한 번 확인할 수 있습니다.

### 마가 요한 문제로 갈라져 선교하게 된 바울과 바나바

36 며칠 후에 바울이 바나바더러 말하되 우리가 주의 말씀을 전한 각 성으로 다시 가서 형제들이 어떠한가 방문하자 하고 37 바나바는 마가라 하는 요한도 데리고 가고자 하나 38 바울은 밤빌리아에서 자기들을 떠나 함께 일하러 가지 아니한 자를 데리고 가는 것이 옳지 않다 하여 39 서로 심히 다투어 피차 갈라서니 바나바는 마가를 데리고 배 타고 구브로로 가고

40 바울은 실라를 택한 후에 형제들에게 주의 은혜에 부탁함을 받고 떠나 41 수리아와 길리
기아로 다니며 교회들을 견고하게 하니라

총회의 사절로 내려 온 유다와 실라가 예루살렘으로 되돌아간 후 2차 전도여행을 준비하고 있던 바울과 바나바는 마가 요한의 동행문제로 크게 다투게 되었습니다. 바울은 1차 전도여행 도중 되돌아 간 마가를 용납할 수 없다는 입장이었고, 바나바는 다시 한 번의 기회를 주자는 의견이었습니다.

결국 이 문제로 인해 두 사람은 크게 다투고 갈라지게 되었습니다. 이처럼 예루살렘 총회라는 큰 위기를 잘 넘겼지만 전도팀의 분열이라는 또 다른 위기가 찾아오게 된 것입니다. 하지만 이 같은 위기는 결국 두 개의 전도팀이 생겨 활동할 수 있게 했습니다. 특별히 바울에게는 1차 전도여행 때 세운 갈라디아의 교회들을 돌아보려던 계획에서 수리아와 길리기아를 거쳐 마게도냐와 아가야 지방까지 복음을 전하는 대장정으로 계획을 수정하는 전기가 되었습니다. 뿐만 아니라 마가에 대한 바나바의 용납과 격려는 위축되어 있던 마가에게 용기를 되찾게 해주었고, 결국 그가 복음서의 기자가 될 수 있도록 해주었습니다. 만약 바나바가 없었다면 우리는 마가가 기록한 아름다운 복음서를 가지지 못했을 것입니다. 이처럼 하나님은 우리의 연약함과 관계에서의 갈등에도 불구하고 선을 이루시며, 서로 서로를 성숙하게 하시는 분이십니다.

한편 바울도 훗날 바나바와의 다툼과 마가에 대한 냉대가 지나친 고집과 온전치 못한 성격 때문이었음을 깨닫고 자숙하게 되었을 것입니다. 이것은 그의 서신에 나타난 바나바에 대한 호의적인 표현과 마가에 대한 칭찬, 그리고 사랑에 대해 제일 먼저 "오래 참고 온유하며"라는 표현을 사용한 것을 통해 추측할 수 있습니다(고전 13:4).

# 16장
## 깊이파기

예기치 못한 지역으로
2차 전도여행을 인도받다

# 디모데와 함께 2차 전도여행을 시작함

1-5절

## 디모데의 가정과 평판

1 바울이 더베와 루스드라에도 이르매 거기 디모데라 하는 제자가 있으니 그 어머니는 믿는
유대 여자요 아버지는 헬라인이라 2 디모데는 루스드라와 이고니온에 있는 형제들에게 칭
찬 받는 자니

1차 전도여행 후 5년 만에 더베와 루스드라를 다시 방문한 바울에게 디모데라는 젊은이가 눈에 띄었습니다. 당시 채 20세가 안된 그가 제자라고 불려진 것은 그의 신앙이 어떠했는지를 짐작케 해줍니다. 디모데의 신앙은 모친의 감화를 많이 받은 것이었기에 본문에서도 모친의 신앙에 대해 언급하고 있습니다. 그의 어머니와 외조모는 진실과 눈물이라는 아름다운 신앙유산을 그에게 물려주었습니다.

"네 눈물을 생각하여 너 보기를 원함은 내 기쁨이 가득하게 하려 함이니 이는 네 속에 거짓이 없는 믿음이 있음을 생각함이라 이 믿음은 먼저 네 외조모 로이스와 네 어머니 유니게 속에 있더니 네 속에도 있는 줄을 확신하노라"(딤후 1:4-5).

또한 디모데는 그 지역에 있는 형제들에게 칭찬 받는 검증된 신앙인이었습니다. 그런데 디모데의 성장에는 5년 전 바울이 루스드라 사람들에 의해 돌에 맞아 죽게 되었음에도 불구하고 살려주신 하나님과 의식이 돌아오자마자 곧바로 다시 복음을 전했던 그 일이 심어준 강렬한 도전을 빼놓을 수 없습니다.

"나의 교훈과 행실과 의향과 믿음과 오래 참음과 사랑과 인내와 박해를 받음과 고난과 또한 안디옥과 이고니온과 루스드라에서 당한 일과 어떠한 박해를 받은 것을 네가 과연 보고 알았거니와 주께서 이 모든 것 가운데서 나를 건지셨느니라"(딤후 3:10-11).

이런 점에서 디모데는 순교에 가까운 바울의 희생이 낳은 영적 아들이라고 할 수 있습니다. 그리하여 바울은 자신의 1차 전도여행의 열매인 디모데를 복음 사역을 위한 동역자로 세우게 되었습니다.

## 디모데에게 할례를 행한 바울

3 바울이 그를 데리고 떠나고자 할새 그 지역에 있는 유대인으로 말미암아 그를 데려다가 할례를 행하니 이는 그 사람들이 그의 아버지는 헬라인인 줄 다 앎이러라

바울은 할례가 구원의 조건이 될 수 없다고 강력하게 주장해왔으며, 사도행전 15장에서 '이방인에게는 할례가 필요 없다'라는 예루살렘 총회의 결론을 쟁취한 상황에서 디모데에게는 할례를 행하고 있습니다. 이것은 일견 스스로 자기 주장을 번복하는 것처럼 보이는 일입니다.

하지만 바울은 디모데가 이미 유대교의 율법을 지키며 성장했으며, 어머니가 유대인인 경우 혼혈이라도 법적으로 유대인으로 인정되었고, 그의 무할례가 장차 복음을 받아들일 유대인들에게 걸림돌이 되지 않도록 하기 위해 할례를 받게 한 것입니다. 이런 모습을 통해서 우리는 바울의 결정과 행동이 자기의 고집이나 타인의 시선에 매어있지 않고, 어떻게든지 더 많은 사람들의 유익과 영혼을 구원하는데 있었음을 확인하게 됩니다.

## 총회의 결정을 지킬 때 동반된 부흥

4 여러 성으로 다녀 갈 때에 예루살렘에 있는 사도와 장로들이 작정한 규례를 그들에게 주어 지키게 하니 5 이에 여러 교회가 믿음이 더 굳건해지고 수가 날마다 늘어가니라

바울은 그가 지나가는 여러 교회들에서 예루살렘 교회의 결정, 곧 우상제물과 음행과 피가 든 고기를 금하는, 영적 정결과 육체적 정결과 생명존중 사상을 가르쳐 지키게 했습니다. 이 같은 규례를 준수함으로 유대출신 기독교인과 이방의 기독교인들 사이의 갈등은 사라졌고 온전한 교제가 회복되었으며, 성도들의 믿음이 더 굳어지는 질적인 성장과 날마다 수가 더하는 양적인 부흥이 동반되었습니다.

우리는 자유의 복음을 가지고 있습니다. 그럼에도 불구하고 교회에서 강조하는 여러 가지 규례들을 존중하고 준수하는 것은 자신의 신앙을 지키고, 다른 형제들에게 걸림돌이 되지 않고, 그리고 교회가 세상으로부터 분리되고 칭송받도록 하기 위해 중요한 일입니다. 신자는 모든 것이 가하나 모든 것이 유익하거나 덕을 세우는 것은 아님을 명심하고, 자기가 아니라 다른 사람의 유익을 먼저 구하는 사람이 되어야 합니다.

"모든 것이 가하나 모든 것이 유익한 것은 아니요 모든 것이 가하나 모든 것이 덕을 세우는 것은 아니니 누구든지 자기의 유익을 구하지 말고 남의 유익을 구하라"(고전 10:23 -24).

# 소아시아가 아니라 그리스로 인도하신 성령

6-12절

## 바울을 막으시는 성령

6 성령이 아시아에서 말씀을 전하지 못하게 하시거늘 그들이 브루기아와 갈라디아 땅으로
다녀가 7 무시아 앞에 이르러 비두니아로 가고자 애쓰되 예수의 영이 허락하지 아니하시는
지라 8 무시아를 지나 드로아로 내려갔는데

바울은 자신의 계획대로 전도여행을 진행하기 위해 무척 애를 썼습니다. 그는 1차 전도여행에서 방문했던 브루기아와 남갈라디아 땅을 지나서 터키반도 북서부인 무시아에서 남서부 곧 에베소를 비롯한 도시들이 있는 소아시아 지역에 복음 전하기를 원했습니다. 그러나 성령께서 막으시자 방향을 틀어 터키반도 북단의 비두니아로 가고자 애를 썼지만, 이때에도 예수의 영께서 허락지 않으셨습니다. 이에 그는 계속 서진하여 터키반도 서쪽 끝의 항구인 드로아에 이르게 되었습니다.

## 환상으로 인해 진로를 바꾸는 바울

9 밤에 환상이 바울에게 보이니 마게도냐 사람 하나가 서서 그에게 청하여 이르되 마게도냐
로 건너와서 우리를 도우라 하거늘 10 바울이 그 환상을 보았을 때 우리가 곧 마게도냐로 떠

나기를 힘쓰니 이는 하나님이 저 사람들에게 복음을 전하라고 우리를 부르신 줄로 인정함 이러라

그날 밤 바울은 환상을 통해 복음을 갈구하는 바다 서편 마게도냐인의 울부짖음을 듣게 되고 이 같은 인도가 하나님의 뜻임을 인정하게 됩니다. 10절에 나오는 '곧'이라는 단어는 다음 날 아침을 뜻합니다. 이것은 하나님 앞에서 바울의 순종하는 모습을 잘 보여주고 있습니다. 여기서 우리는 교회의 설립과 성장, 그리고 전 세계로의 확장에 있어 주도적인 역할을 감당하신 분이 사도가 아니라 성령이심을 확인하게 됩니다. 한편 마게도냐 사람의 이 호소는 온 인류의 부르짖음의 한 표본입니다. 모든 인류가 갈구하고 있는 것의 실체는 유일한 구원의 길인 예수 그리스도의 십자가 복음뿐입니다.

신자는 예수 그리스도의 십자가 복음을 갈구하고 있는 모든 인류의 외침을 들을 수 있어야 합니다.

## 마게도냐 첫 성까지의 순적한 여행

11 우리가 드로아에서 배로 떠나 사모드라게로 직행하여 이튿날 네압볼리로 가고 12 거기서 빌립보에 이르니 이는 마게도냐 지방의 첫 성이요 또 로마의 식민지라 이 성에서 수일을 유하다가

이렇게 성령의 음성에 순종하고 갈 때 순풍을 만나게 되어 드로아에서 사모드라게 섬을 지나 빌립보의 외항인 네압볼리를 거쳐 그리스도 반도의 첫 성 빌립보까지 단 이틀밖에 걸리지 않았습니다. 참고적으로 3차 전도여행 중 빌립보에서 드로아로 돌아올 때 5일이 소요되었습니다

"우리는 무교절 후에 빌립보에서 배로 떠나 닷새 만에 드로아에 있는 그들에게 가서 이레를 머무니라"(행 20:6).

# 빌립보에서 일어난 일들

13-40절

## 바울 일행을 영접하는 루디아

13 안식일에 우리가 기도할 곳이 있을까 하여 문 밖 강가에 나가 거기 앉아서 모인 여자들에
게 말하는데 14 두아디라 시에 있는 자색 옷감 장사로서 하나님을 섬기는 루디아라 하는 한
여자가 말을 듣고 있을 때 주께서 그 마음을 열어 바울의 말을 따르게 하신지라 15 그와 그
집이 다 세례를 받고 우리에게 청하여 이르되 만일 나를 주 믿는 자로 알거든 내 집에 들어
와 유하라 하고 강권하여 머물게 하니라

빌립보 성에 이른 바울 일행은 안식일이 이르자 기도처를 찾았습니다. 빌립보 성에는 유대인이 많지 않아 회당이 없고, 유대인과 유대교로 개종한 이방인들이 모이는 작은 기도처가 있을 뿐이기 때문이었습니다. 그런데 이곳에서 바울이 복음을 전할 때, 하나님은 당신을 경외하는 이방여인 루디아의 마음을 열어 복음을 받아들이게 해 주셨습니다. 그녀는 고급직물인 자색 옷감을 장사하는 귀부인이었습니다. 루디아는 자기만 믿을 뿐 아니라 그의 온 가족을 믿음에 이르도록 인도하였습니다. 또한 그녀는 주를 믿게 된 감격을 견딜 수 없어 바울 일행을 강권하여 자기 집에 유하게 했습니다.

하나님은 갈 바를 알지 못하고 순종한 바울의 길에 이렇게 아름다운 여호와 이레를 준비해 두신 것입니다. 이렇게 시작된 가정모임은 빌립보 교회의 출발이 됩니다. 그리고 처음부터 전도자를 대접하는 전통을 세운 빌립보 교회는

바울의 바로 다음 행선지인 데살로니가 전도 때에 재정적인 도움을 준 것을 비롯해서 여러 차례에 걸친 재정적인 도움을 주었을 뿐만 아니라, 훗날 바울이 로마에 감금되어 있을 때에도 끝까지 헌금을 보내었습니다.

**"빌립보 사람들아 너희도 알거니와 복음의 시초에 내가 마게도냐를 떠날 때에 주고 받는 내 일에 참여한 교회가 너희 외에 아무도 없었느니라 데살로니가에 있을 때에도 너희가 한 번뿐 아니라 두 번이나 나의 쓸 것을 보내었도다"**(빌 4:15-16).

## 전도를 방해하는 귀신 들린 여종을 고침

16 우리가 기도하는 곳에 가다가 점치는 귀신 들린 여종 하나를 만나니 점으로 그 주인들에
게 큰 이익을 주는 자라 17 그가 바울과 우리를 따라와 소리 질러 이르되 이 사람들은 지극
히 높은 하나님의 종으로서 구원의 길을 너희에게 전하는 자라 하며 18 이같이 여러 날을 하
는지라 바울이 심히 괴로워하여 돌이켜 그 귀신에게 이르되 예수 그리스도의 이름으로 내
가 네게 명하노니 그에게서 나오라 하니 귀신이 즉시 나오니라

바울과 전도팀의 일원들은 기도하는 곳을 가다가 점치는 귀신 들린 여종 하나를 만나게 되었습니다. 그녀는 뛰어난 신통력으로 주인에게 많은 돈을 벌어주는 여종이었습니다. 그런데 이 여자는 여러 날 동안 바울 일행을 좇아다니면서 그들에 대해 '지극히 높은 하나님의 종으로 구원의 길을 전하는 자'라고 소리를 지르고 다녔습니다. 이것은 복음을 드러내는 것이 아니라 혼미하게 하려는 사탄의 전략입니다. '지극히 높은 하나님'이란 단어는 헬라인들에게 제우스를 가리키는 단어로 익숙한 표현이었습니다. 또 '구원'이라는 단어 역시 헬라인들에게는 죄로부터의 해방이 아니라 인간관계와 물질문제의 액운으로부터 해방을 뜻하는 용어로 익숙히 사용되던 말이었습니다. 곧 사탄은 하나님의 구원 사역을 유일무이한 것에서 여러 가지 구원 중 하나로 전락시키려고 하는 것입

니다. 뿐만 아니라 복음 그 자체가 아니라 그것을 전하는 사람에게 집중하게 하는 것 역시 복음을 희석시키거나 변질시키려는 사탄의 작전입니다. 이 같은 사실이 분별되어 심히 괴로워하던 바울은 예수 그리스도의 이름으로 이렇게 외치는 귀신을 쫓아내고, 거기에 매여 고통당하던 여인을 고쳐주었습니다.

한편 이 기적은 바울 일행이 기도하는 곳을 가다가 일어난 일임에 주목해야 합니다. 사실 바울 일행이 자색 옷감 장사 루디아를 만나게 된 것도 안식일에 기도할 곳이 있을까하여 강가로 나간 것이 계기가 되었습니다. 하나님은 꼭 필요한 만남과 기적을 몸에 밴 경건의 습관을 통해 허락하실 때가 많습니다. 이 때문에 경건의 훈련은 너무나도 중요합니다.

"육체의 연단은 약간의 유익이 있으나 경건은 범사에 유익하니 금생과 내생에 약속이 있느니라"(딤전 4:8).

## 바울에 대한 여종 주인의 모함

19 여종의 주인들은 자기 수익의 소망이 끊어진 것을 보고 바울과 실라를 붙잡아 장터로 관리들에게 끌어 갔다가 20 상관들 앞에 데리고 가서 말하되 이 사람들이 유대인인데 우리 성을 심히 요란하게 하여 21 로마 사람인 우리가 받지도 못하고 행하지도 못할 풍속을 전한다 하거늘

바울이 귀신 들린 여종을 고쳐주자 그녀를 통해 수입을 올리던 주인은 격분하여 바울과 실라를 붙잡아 광장으로 끌고 가서 관원들 앞에 세웠습니다. 그리고 무리들의 반 유대감정을 이용하여 바울 일행을 매도하며, 이들이 성내에 소요를 일으키고 "로마사람인 우리가 받지도 못하고 해하지도 못할" 불법종교를 전했다고 고발했습니다. 그러나 사실 바울과 실라를 고발한 이들이야말로 한 여자의 불행으로 자기의 수입의 근원으로 삼고 있는 파렴치한 사람들이

며, 민족적인 편견을 이용해 자기의 저의를 이루려는 비열한 사람들입니다. 불쌍한 사람을 이용해 자신의 이익을 채우고 거짓으로 선인을 학대하는 이들의 행동과, 예수의 이름으로 사람을 온전케 하고 의를 행함으로 고난받는 바울의 모습은 참으로 대조적입니다. 그들의 행위야말로 정말 '우리가 받지 않아야 하고, 행해서도 안 될 풍속'인 것입니다.

## 부당한 매질과 찬송할 때 열린 옥문

22 무리가 일제히 일어나 고발하니 상관들이 옷을 찢어 벗기고 매로 치라 하여 23 많이 친
후에 옥에 가두고 간수에게 명하여 든든히 지키라 하니 24 그가 이러한 명령을 받아 그들을
깊은 옥에 가두고 그 발을 차꼬에 든든히 채웠더니 25 한밤중에 바울과 실라가 기도하고 하
나님을 찬송하매 죄수들이 듣더라 26 이에 갑자기 큰 지진이 나서 옥터가 움직이고 문이 곧
다 열리며 모든 사람의 매인 것이 다 벗어진지라

무리가 일제히 일어나 고발하고 나서자 상관들은 일의 전말을 자세히 살피지도 않고 옷을 찢어 벗기고 심한 매질을 가했습니다. 그들의 고소와 매질이 얼마나 신속하게 이루어졌던지 로마 시민권을 가진 바울과 실라는 자신을 변호할 틈도 없이 진행되었습니다. 그리고는 중죄인처럼 그 발을 차꼬에 채우고 옥에 가두어 든든히 지키게 했습니다. 이처럼 바울과 실라는 로마 시민임에도 불구하고 아무런 죄도 없이 매질을 당하고 차꼬에 채이는 부당한 대우를 받았습니다.

하지만 한밤중에 의식을 되찾은 그들의 입술에는 원통해하는 신음소리 대신에 기도와 찬양이 가득했습니다. 하나님 뜻에 순종해서 마게도냐로 들어온 그들에게는 순종으로 인해 당하는 고난도 큰 기쁨이 되고 있었던 것입니다. 사실 이것 자체가 기적입니다. 그러자 하나님은 이들의 아름다운 찬양에 땅을 요동

케 하시고 심지어 그 찬양을 듣고 있는 죄수들에게까지 모든 옥문과 차꼬가 열리는 위엄으로 화답하셨습니다. 하지만 바울과 실라는 옥문이 열렸지만 범죄한 것이 없었기 때문에 탈옥할 이유가 없었습니다. 또한 다른 죄수들도 하나님의 위엄에 압도되어 한 발자국도 움직일 수 없었습니다.

## 간수의 가정에 전파된 구원의 복음

27 간수가 자다가 깨어 옥문들이 열린 것을 보고 죄수들이 도망한 줄 생각하고 칼을 빼어 자
결하려 하거늘 28 바울이 크게 소리 질러 이르되 네 몸을 상하지 말라 우리가 다 여기 있노
라 하니 29 간수가 등불을 달라고 하며 뛰어 들어가 무서워 떨며 바울과 실라 앞에 엎드리
고 30 그들을 데리고 나가 이르되 선생들이여 내가 어떻게 하여야 구원을 받으리이까 하거
늘 31 이르되 주 예수를 믿으라 그리하면 너와 네 집이 구원을 받으리라 하고 32 주의 말씀
을 그 사람과 그 집에 있는 모든 사람에게 전하더라 33 그 밤 그 시각에 간수가 그들을 데려
다가 그 맞은 자리를 씻어 주고 자기와 그 온 가족이 다 세례를 받은 후 34 그들을 데리고 자
기 집에 올라가서 음식을 차려 주고 그와 온 집안이 하나님을 믿으므로 크게 기뻐하니라

그러나 간수는 자다가 깨어 옥문들이 열린 것을 보고 죄수가 도망한 줄로 알고 칼을 빼어 자결하려 했습니다. 그러자 바울은 큰 소리로 "네 몸을 상하지 말라 우리가 다 여기 있노라!"고 외침으로 그의 죽음을 막았습니다. 이후 간수는 뛰어 들어가 무서워 떨며 바울과 실라 앞에 엎드리고는 "선생님들이여 내가 어떻게 하여야 구원을 받으리이까?"하고 물었고, 바울은 그와 그의 가족에게 주 예수의 복음을 알려 주었습니다. 그러자 그들은 전도자를 영접하여 맞은 자리를 씻어주고, 온 가족이 세례를 받고, 음식을 정성스럽게 대접하고, 구원의 복음으로 인해 크게 기뻐하였습니다. 구원받은 간수의 가족은 즉시 행동으로 자신들의 구원을 증명하고 있는 것입니다. 이렇게 하여 빌립보 교회는 상

류층인 루디아의 가정과 중류층인 간수의 가정 그리고 최하층인 귀신 들렸던 여인으로 구성되었습니다.

## 정당한 항의 후에 형제들을 위로하고 떠나는 바울

35 날이 새매 상관들이 부하를 보내어 이 사람들을 놓으라 하니 36 간수가 그 말대로 바울에
게 말하되 상관들이 사람을 보내어 너희를 놓으라 하였으니 이제는 나가서 평안히 가라 하
거늘 37 바울이 이르되 로마 사람인 우리를 죄도 정하지 아니하고 공중 앞에서 때리고 옥에
가두었다가 이제는 가만히 내보내고자 하느냐 아니라 그들이 친히 와서 우리를 데리고 나
가야 하리라 한 대 38 부하들이 이 말을 상관들에게 보고하니 그들이 로마 사람이라 하는 말
을 듣고 두려워하여 39 와서 권하여 데리고 나가 그 성에서 떠나기를 청하니 40 두 사람이
옥에서 나와 루디아의 집에 들어가서 형제들을 만나 보고 위로하고 가니라

다음 날 아침, 상관들은 부하를 보내 바울과 실라를 풀어주라고 했습니다. 하지만 로마 시민권자인 바울과 실라는 빌립보 관리들의 잘못된 행동에 대해 엄중히 항의합니다. 사실 로마 시민을 재판 없이 매질하는 것은 사형에 해당하는 중죄였던 것입니다. 이처럼 바울이 로마 시민으로서의 권리를 내세웠던 이유는, 다시는 그들이 이 같은 오류를 행치 못하도록 경고하기 위함이었으며, 이대로 떠나면 자칫 기독교가 잘못된 것이라는 인상을 주게 되어, 남아 있는 성도들의 안전에 위협이 될 수 있기 때문입니다. 이에 관리들은 직접 바울을 찾아와 고개 숙여 자신들의 행위를 사죄하면서 분노한 대중들로부터 그들을 보호할 능력이 없음을 말하면서 빌립보를 떠나줄 것을 요청했습니다. 이에 옥에서 나온 바울과 실라는 루디아의 집에서 시작된 빌립보 교회를 방문하여 오히려 그들을 위로하고 그곳을 떠나고 있습니다.

# 17장
## 깊이파기

철학의 도시 아테네에서
복음을 변증하다

# 데살로니가와 베뢰아에서 일어난 일들

1-13절

## 데살로니가에서의 복음전파

1 그들이 암비볼리와 아볼로니아로 다녀가 데살로니가에 이르니 거기 유대인의 회당이 있
는지라 2 바울이 자기의 관례대로 그들에게로 들어가서 세 안식일에 성경을 가지고 강론하
며 3 뜻을 풀어 그리스도가 해를 받고 죽은 자 가운데서 다시 살아나야 할 것을 증언하고 이
르되 내가 너희에게 전하는 이 예수가 곧 그리스도라 하니

빌립보에서 암비볼리와 아볼로니아를 거쳐 데살로니가에 이르는 길은 비록 단 한 절에 기록되어 있지만 160km에 달하는 먼 거리입니다. 예수 그리스도의 복음을 발견한 바울은 로마 간선도로 상의 중요한 경유지들마다 복음을 전하기 위해 온 열정을 다하고 있는 것입니다. 데살로니가에서 유대인의 회당을 발견한 바울은 안식일에 성경을 가지고 그리스도가 고난 받으실 것과 죽음에서 부활하실 것이라고 예언되었음을 증언하였습니다.

바리새인들을 비롯해서 대부분의 유대인들은 그리스도가 오실 것을 믿었지만 그분이 고난 받을 것은 믿지 않았으며, 부활을 믿었지만 그분이 먼저 필연적으로 죽으셔야 한다는 것은 생각지도 않았습니다. 그리고 바울은 이처럼 고난 받으시고 부활하신 분이 바로 그가 전하고 있는 예수 그리스도임을 강변했습니다. 그리스도인은 유대인들처럼 오직 승리와 영광을 가져다주는 메시야가 아니라, 고난과 죽음을 통해 부활 승리를 이루신 메시야를 믿는 사람들입니다.

## 유대인들의 시기와 박해

4 그 중의 어떤 사람 곧 경건한 헬라인의 큰 무리와 적지 않은 귀부인도 권함을 받고 바울과
실라를 따르나 5 그러나 유대인들은 시기하여 저자의 어떤 불량한 사람들을 데리고 떼를
지어 성을 소동하게 하여 야손의 집에 침입하여 그들을 백성에게 끌어내려고 찾았으나 6 발
견하지 못하매 야손과 몇 형제들을 끌고 읍장들 앞에 가서 소리 질러 이르되 천하를 어지럽
게 하던 이 사람들이 여기도 이르매 7 야손이 그들을 맞아 들였도다 이 사람들이 다 가이사
의 명을 거역하여 말하되 다른 임금 곧 예수라 하는 이가 있다 하더이다 하니 8 무리와 읍장
들이 이 말을 듣고 소동하여 9 야손과 그 나머지 사람들에게 보석금을 받고 놓아 주니라

이 같은 전도의 결과, 유대교에 입교한 경건한 헬라인 중 큰 무리와 귀부인들이 회개하고 예수를 믿었습니다. 그러나 유대인들은 강퍅해져 거의 받아들이는 이가 없었습니다. 유대를 구원하여 세계를 통치하는 나라로 만들어줄 정치적인 메시야를 기대하고 있던 그들은 수난 받고 십자가에서 죽으신 예수를 메시야로 받아들이기가 싫었던 것입니다. 이것은 사도행전이 끝날 때까지 계속해서 반복되고 있는 현상입니다.

시기심에 가득 찬 유대인들은 바울을 잡기 위해 시장의 건달들을 사서 소란을 일으켰고, 바울을 잡지 못하자 그를 집에 받아들인 야손과 몇몇 형제들을 붙잡아 읍장들에게로 갑니다. 그리고 그들은 기독교인들이, 가이사 외에 예수라는 다른 임금이 있다고 주장한다고 고발했습니다. 임금이란 단어의 원어는 로마황제를 지칭할 때 사용되는 말과 동일한데, 그들은 바울의 전도를 고의적으로 정치적인 폭동에 연결시키려 하고 있는 것입니다. 이 말을 들은 읍장들은 동요하면서 이 같은 폭동사태를 미연에 방지하기 위해 야손 일행에게 보증금과 함께 약속을 받았습니다. 그것은 아마도 바울을 다시는 데살로니가로 들이지 않겠다는 확답이었을 것입니다. 사탄은 이 같은 방법으로 전도의 길을 막고 있는 것입니다.

"그러므로 나 바울은 한번 두번 너희에게 가고자 하였으나 사탄이 우리를 막았도다"(살전 2:18).

그러나 바울은 야손과 데살로니가 성도들을 보호하기 위해 이 약속을 지키면서도, 비록 몸은 들어올 수 없었지만, 서신을 통해, 다른 동역자들을 통해, 계속해서 데살로니가 성도들을 격려했습니다. 그리하여 데살로니가 교회는 비록 짧은 시간 동안 많은 핍박 속에서 복음의 씨앗이 뿌려졌지만 건강한 성장을 계속할 수 있었습니다. 또한 하나님은 얼굴로 저들을 보며 그들의 믿음이 부족함을 보충하고자 주야로 심히 간구하는 바울의 기도를 들으셨습니다.

"주야로 심히 간구함은 너희 얼굴을 보고 너희 믿음이 부족한 것을 보충하게 하려 함이라"(살전 3:10).

그리하여 하나님은 바울에게 3차 전도여행 중에 잠시 데살로니가를 방문하는 길을 열어주셨습니다. 사탄의 방해 앞에서도 지혜로우면서도 포기하지 않는 사랑으로 결국 열매를 맺는 바울의 모습은 우리에게 귀감이 됩니다.

### 베뢰아의 영접과 데살로니가 유대인들의 난동

10 밤에 형제들이 곧 바울과 실라를 베뢰아로 보내니 그들이 이르러 유대인의 회당에 들어
가니라 11 베뢰아에 있는 사람들은 데살로니가에 있는 사람들보다 더 너그러워서 간절한
마음으로 말씀을 받고 이것이 그러한가 하여 날마다 성경을 상고하므로 12 그 중에 믿는 사
람이 많고 또 헬라의 귀부인과 남자가 적지 아니하나 13 데살로니가에 있는 유대인들은 바
울이 하나님의 말씀을 베뢰아에서도 전하는 줄을 알고 거기도 가서 무리를 움직여 소동하
게 하거늘

데살로니가에서 몸을 숨기고 있던 바울일행은 밤에 형제들의 안내로 그곳을 떠나 인근 도시인 베뢰아에 도착하게 되었습니다. 그런데 베뢰아에서의 유대인

전도는 다른 도시의 유대인 전도와는 달리 많은 열매를 맺게 되었습니다. 그 이유에 대해 누가는 베뢰아 사람들의 너그러운 성품 때문이라고 설명합니다. 이들은 말씀을 들을 때 간절한 마음으로 받았습니다. 간절한 마음이란 '완전히 준비된 마음', 혹은 '모든 열정'으로 번역될 수 있는 단어로, 이는 그들이 준비된 마음으로 모든 열심을 다해 말씀을 받았음을 보여줍니다. 또한 그들은 바울의 설교를 듣는 데서 그치지 않고 성경을 통해서 그 말씀의 본뜻을 자세히 고찰하고 꼼꼼히 확인함으로 새겼습니다. 베뢰아 사람들은 참으로 좋은 밭과 같은 마음의 소유자들이었던 것입니다. 베뢰아인들의 모습은 성경이 무엇이라 가르치는 지는 덮어두고, 오직 선입견와 시기심만 가지고 박해할 뿐 아니라 다른 성에까지 찾아와서 복음을 방해하는 데살로니가 유대인들의 모습과는 극명한 대조를 이룹니다.

# 아덴에서 행한 바울의 기독교 변증

14-34절

## 아덴에서 실라와 디모데를 기다리던 바울

14 형제들이 곧 바울을 내보내어 바다까지 가게 하되 실라와 디모데는 아직 거기 머물더라
15 바울을 인도하는 사람들이 그를 데리고 아덴까지 이르러 그에게서 실라와 디모데를 자
기에게로 속히 오게 하라는 명령을 받고 떠나니라

데살로니가에서 온 유대인들의 소동으로 말미암아 베뢰아에서도 신변의 위협을 받은 바울은 그곳 신자들의 도움으로 홀로 먼저 피신하였고, 실라와 디모데는 아직 베뢰아에 남아 그곳 성도들을 보살피고 있었습니다. 형제들의 인도로 아덴에 이른 바울은 돌아가는 그들에게 실라와 디모데의 빠른 합류를 부탁했습니다. 고대철학의 중심지인 아테네는 전도의 주요 거점이었기 때문입니다.

## 가득한 우상에 격분하여 변론하게 된 바울

16 바울이 아덴에서 그들을 기다리다가 그 성에 우상이 가득한 것을 보고 마음에 격분하여
17 회당에서는 유대인과 경건한 사람들과 또 장터에서는 날마다 만나는 사람들과 변론하
니 18 어떤 에피쿠로스와 스토아 철학자들도 바울과 쟁론할새 어떤 사람은 이르되 이 말쟁
이가 무슨 말을 하고자 하느냐 하고 어떤 사람은 이르되 이방 신들을 전하는 사람인가보다

하니 이는 바울이 예수와 부활을 전하기 때문이러라

그런데 그곳에서 일행을 기다리고 있던 바울은 그 성에 가득한 우상들을 보고 충격을 받았습니다. 아덴은 '사람 한 명 만나기보다 신 하나를 만나기가 더 쉽다'고 말할 만큼 우상이 가득한 도시였습니다. 이에 격분한 바울은 홀로 동분서주하며 안식일에는 회당에서, 평일에는 시장(아고라)에서 만나는 사람들에게 오직 하나님만이 참 신임을 증거하였습니다.

이 과정에서 바울은 에피쿠로스 학파의 철학자들과 스토아 학파의 철학자들과도 신학논쟁을 벌이게 되었습니다. 에피쿠로스 학파는 자연신론, 즉 신이 창조는 했지만 그 후는 법칙대로 움직이도록 놓아두고 전혀 개입하지 않는다는 이신론을 가지고 있었고, 인생의 주된 목표는 개인의 정신적 쾌락과 내면의 평정심을 추구하는 것이라고 가르쳤습니다. 반면 스토아 학파는 모든 생명체 속에 신이 있다는 범신론을 주장하고 있었으며 인생의 주된 목표는 이성(로고스)에 순종하는 금욕적인 삶을 추구하고 것이라고 가르쳤습니다.

## 아레오바고에 설 기회를 얻게 된 바울

19 그를 붙들어 아레오바고로 가며 말하기를 네가 말하는 이 새로운 가르침이 무엇인지 우리가 알 수 있겠느냐 20 네가 어떤 이상한 것을 우리 귀에 들려 주니 그 무슨 뜻인지 알고자 하노라 하니 21 모든 아덴 사람과 거기서 나그네 된 외국인들이 가장 새로운 것을 말하고 듣는 것 이외에는 달리 시간을 쓰지 않음이더라

그러자 사람들은 '이 말쟁이가 무슨 말을 하고자 하느냐'라며 그를 붙들어 아레오바고(집회장)로 가서 강연을 듣고 싶어 했습니다. 바울이 전하는 부활은 그들에게 생소한 개념이었기 때문입니다. 그러나 이것은 진리에 대한 관심보다는 다양한 이방종교에 대한 경박한 호기심에 지나지 않는 것이었습니다. 그들

은 하루 종일 철학적인 궤변과 색다른 이야기 거리를 듣는 것으로 소일거리를 삼는 무리들이었던 것입니다. 이 같은 잘못된 청취는 결코 바른 열매를 맺을 수 없습니다. 그리하여 아덴에서는 전도의 열매가 거의 맺히지 않았습니다.

## 알지 못하고 위하는 신을 알게 하리라

22 바울이 아레오바고 가운데 서서 말하되 아덴 사람들아 너희를 보니 범사에 종교심이 많
도다 23 내가 두루 다니며 너희가 위하는 것들을 보다가 알지 못하는 신에게라고 새긴 단도
보았으니 그런즉 너희가 알지 못하고 위하는 그것을 내가 너희에게 알게 하리라

본 절의 내용은 아덴 인들을 향한 바울의 설교의 도입부입니다.

강연을 위해 집회장소인 아레오바고에 선 바울은 먼저 아덴 사람들의 종교심이 많음에 대해 언급하고 있습니다. 종교심은 인간의 마음속에 남아 있는, 하나님께로 돌아갈 수 있는 한 길이 그려져 있는 희미한 지도입니다. 그러나 동시에 많은 종교심은 죄악으로 말미암은 수많은 거짓 길이 덧 그려진 혼미한 지도이기도 합니다. 그러면서 바울은 그들이 위하는 많은 신들 중 '알지 못하는 신에게' 바치는 특이한 제단 이야기를 하면서 설교의 접촉점을 삼고 있습니다. 이것은 4세기 전 에피메니데스라는 현자가 아덴에 퍼진 전염병을 '이름을 알지 못하는 절대자'에게 제단을 쌓음으로 퇴치한 것을 기념하는 것이었습니다. 바울은 바로 이 점을 활용하여 그들이 알지 못하면서 위하는 그 막연한 절대자가 누구인지를 알게 하겠다고 하면서 설교를 시작하고 있습니다.

## 만물의 창조주시오 공급자이신 하나님

24 우주와 그 가운데 있는 만물을 지으신 하나님께서는 천지의 주재시니 손으로 지은 전에
계시지 아니하시고 25 또 무엇이 부족한 것처럼 사람의 손으로 섬김을 받으시는 것이 아니
니 이는 만민에게 생명과 호흡과 만물을 친히 주시는 이심이라

먼저 바울은 그분은 우주와 그 가운데 있는 만물을 지으신 분이라고 이야기하면서 이 신이 아덴에 있는 수만의 신들과는 달리 단수 곧 유일하신 하나님이라고 밝힙니다. 또한 그분은 천지 만물의 주인이시고 그렇기에 인간이 손으로 지은 신전이나 동상 안에 들어와 있을 수도 없다고 밝힙니다. 또 그분이 만물을 다 지으신 창조주이시기에 그분이 뭔가 결핍되어 있어서 인간의 도움을 필요로 하고 인간의 손으로 섬김을 받아서 부족을 채우는 그런 존재가 아니라, 그분이 만민에게 생명을 주시고 호흡을 주시고 살아가는데 필요한 만물을 주시는 분이시라고 선언하고 있습니다. 이것은 아덴 사람들이 가지고 있던 잘못된 신관에 대해 아주 예리하게 지적하는 바입니다.

당시 아테네 사회를 주장하는 철학은 에피쿠르스 학파와 스토아 학파였습니다. 에피쿠르스 학파는 이신론을 가르쳤습니다. 이것은 '천지를 신이 존재하지만 그 신은 창조만 해놓고는 멀리 이격되어 있고 이 세상일에는 개입하지 않는다'라는 주장입니다. 그런데 바울은 그 창조주는 언제나 가까이 계시며 지금도 만민에게 생명과 호흡과 만물을 친히 주시는 개입하시는 하나님이라고 밝히고 있습니다. 이에 비해 스토아 학파는 범신론을 가르쳤습니다. 이것은 '모든 생명체가 다 신인데 모든 신들은 다 무언가 결핍되어 있고 그래서 인간이 그들을 돕고 채워주는 의무를 감당해야 이 세상이 잘 돌아갈 수 있다'고 하는 사상입니다. 그러나 바울은 그 하나님은 "무엇이 부족한 것처럼 사람의 섬김을 받는" 분이 아니라고 스스로 충족되시는 자기충족적인 신이라고 밝히고 있습니다. 하나님은 우리에게서 무언가 부족한 부분을 채움 받고, 그 반대급부

로 우리에게 무언가를 주시는 거래의 파트너가 아니라, 값으로 따질 수 없는 모든 것을 은혜로 주시는 분이십니다. 사실 하나님께서 인간을 창조하신 이유도 무언가 당신이 결핍을 느껴서가 아니라 당신의 사랑이 넘쳐서 그 사랑을 나누어주시기 위함입니다.

### 만민에게 정하신 연대와 경계

26 인류의 모든 족속을 한 혈통으로 만드사 온 땅에 살게 하시고 그들의 연대를 정하시며 거주의 경계를 한정하셨으니 27 이는 사람으로 혹 하나님을 더듬어 찾아 발견하게 하려 하심이로되 그는 우리 각 사람에게서 멀리 계시지 아니하도다

하나님은 한 혈통으로 인류를 만드셨지만, 각 민족과 나라별로 온 땅에 흩어져 살게 하셨습니다. 인류는 한 혈통입니다. 그러므로 국수주의적인 민족주의는 안 됩니다. 그러나 하나님은 한 혈통에서 시작된 인류를 민족별로, 나라별로 온 땅에 흩어져 살게 하셨습니다. 여기서 알 수 있듯이 각 민족에게 이름을 주신 분은 하나님이시며, 각 나라의 주인도 하나님이십니다.

"이러므로 내가 하늘과 땅에 있는 각 족속에게 이름을 주신 아버지 앞에 무릎을 꿇고 비노니"(엡 3:14-15).

"나라는 여호와의 것이요 여호와는 모든 나라의 주재심이로다"(시 22:28).

그러므로 그리스도인은 "이제 그들의 죄를 사하시옵소서 그렇지 아니하시오면 원하건대 주께서 기록하신 책에서 내 이름을 지워 버려 주옵소서"라고 간구하던 모세나(출 32:32), "나의 형제 곧 골육의 친척을 위하여 내 자신이 저주를 받아 그리스도에게서 끊어질지라도 원하는 바로라"고 고백하는 바울처럼(롬 9:3) 누구나 자기 민족과 나라를 사랑하는 사람이 되어야 합니다. 또한 하나님은 모든 민족과 나라에게 그들의 흥망성쇠의 '연대'와 그들이 거주할 땅

과 미치는 영향력의 '경계'를 정해두셨습니다. 여기서 '연대'란 시계적인 의미의 시간(크로노스)을 가리키는 단어가 아니라 사건적인 의미의 시간(카이로스)을 가리키는 단어입니다. 곧 이 말은 이것은 각 족속들에게 일어나는 전쟁, 혁명, 경제적인 문제 등 커다란 사건을 통해 거주지역이나 영향력이 축소되거나 확장되는 것이 하나님의 계획하에 있다는 의미입니다. 그리고 하나님께서 이처럼 각 족속에게 '연대'와 '경계'를 정하시는 목적은 그들로 하여금 하나님을 만날 수 있게 하기 위함입니다. 사실 인류의 모든 역사는 하나님을 더듬어 발견해 가는 과정입니다.

한편 하나님은 오늘날 대한민국이 역사상 유례가 없는 연대를 맞이하게 하시고 경계를 가지게 하셨습니다. 이것은 영적 한류를 통하여 열방으로 하나님을 더듬어 발견하게 하시려는 계획입니다. 또한 하나님은 오늘날 유례를 찾아볼 수 없을 정도로 많은 족속들을 이동시키고 계십니다. 이것은 마지막 때에 모든 족속에게 구원의 복음을 접하게 하시려는 하나님의 특별한 섭리입니다. 그러므로 한국교회는 열방으로 나아가서 또한 이 땅에 들어온 미전도 족속들에게 복음을 전할 분명한 의무를 지고 있습니다.

## 만민에게 회개를 명하시는 하나님

28 우리가 그를 힘입어 살며 기동하며 존재하느니라 너희 시인 중 어떤 사람들의 말과 같이
우리가 그의 소생이라 하니 29 이와 같이 하나님의 소생이 되었은즉 하나님을 금이나 은이
나 돌에다 사람의 기술과 고안으로 새긴 것들과 같이 여길 것이 아니니라 30 알지 못하던 시
대에는 하나님이 간과하셨거니와 이제는 어디든지 사람에게 다 명하사 회개하라 하셨으니
31 이는 정하신 사람으로 하여금 천하를 공의로 심판할 날을 작정하시고 이에 그를 죽은 자
가운데서 다시 살리신 것으로 모든 사람에게 믿을 만한 증거를 주셨음이니라 하니라

바른 신관을 제시한 바울은 '우리가 그의 소생이라'는 아덴 시인의 시를 인용하면서 진정으로 신의 소생이라면 어떻게 살아야 할지를 도전하고 있습니다. 먼저 인간은 하나님에 대한 저급한 신관을 버려야 합니다.

하나님을 사람의 손으로 새긴 우상으로 생각하는 것은 하나님의 자녀로 창조 받은 인간에게 어울리지 않는 자세입니다. 바울은 모든 인류가 이 같은 행위에서 회개하고 돌이키라는 명령을 받고 있음을 선포합니다. 왜냐하면 하나님께서 '정하신 사람' 곧 예수를 통해서 당신의 계시를 온전히 드러내기 전 시대에는 심판을 보류하셨지만, 이제는 그리스도께서 오셔서 세상의 죄를 대속하시고, 죽으실 뿐 아니라 부활하셔서 모든 사람이 믿을 만한 증거를 주셨기 때문입니다. 예수님의 오심은 곧 말세요, 공의로 심판하실 날이 가까웠음을 보여주는 가장 확실한 사건입니다. 인생은 누구나 예수 그리스도께서 재판장으로 계신 하나님의 심판대 앞에 서야 할 존재입니다. 이 심판을 이길 수 있는 길은 회개를 통해 하나님의 소생다운 삶을 회복하는 것입니다. 우리는 매일 예수 그리스도께서 계시하신 완전한 진리의 거울 앞에서 자신을 살피고 철저한 회개로 돌이키는 삶을 살아야 합니다.

### 소수의 사람만이 복음을 받아들인 아덴 전도

32 그들이 죽은 자의 부활을 듣고 어떤 사람은 조롱도 하고 어떤 사람은 이 일에 대하여 네 말을 다시 듣겠다 하니 33 이에 바울이 그들 가운데서 떠나매 34 몇 사람이 그를 가까이하여 믿으니 그 중에는 아레오바고 관리 디오누시오와 다마리라 하는 여자와 또 다른 사람들도 있었더라

진리를 찾기보다는 정신적인 유희만을 원했던 아덴 사람들은 바울의 이 정연한 변증 앞에서도 회개하지 않았습니다. 대부분의 사람들은 메시야의 부활이

나 최후심판을 어리석은 이야기로 치부하며 조롱하였습니다. 어떤 이들은 "이 일에 대해서 네 말을 다시 듣겠다"라고 하며 다음으로 미루었습니다. 이것은 그들이 찔림은 받았지만 결단치 못하는 것으로 실상 복음을 거절하는 것과 다름이 없는 것입니다. 그리하여 바울의 강연을 들은 무리 중 아레오바고의 관리인 디오누시오와 다마리라하는 여인과 그 외 몇몇 사람 등 오직 소수의 사람들만이 복음을 따르게 되었습니다. 이들이야말로 깨끗한 마음을 가진 자들로 하나님나라를 차지할 하나님의 백성들이었습니다.

한편 바울의 아덴 연설은 기독교 변증에 있어 아주 중요한 위치를 점하고 있습니다. 그리고 구약의 배경을 가진 유대인들을 향한 설교와 전혀 배경이 없는 이방인들을 향한 설교가 어떻게 달라야 하는지도 잘 보여주고 있습니다. 이것은 다종교 사회에 사는 우리에게 기독교 복음이 어떻게 선포되어야 하는지 알려주고 있습니다. 그러나 바울은 다음 전도지인 고린도에서 '예수 그리스도와 그의 십자가의 못 박히신 것 외에는 아무 것도 알지 않기로 작정'하고 있습니다(고전 2:2). 이것은 결국 영혼을 구원하는 것은 보다 정연한 변론이 아니라, 보다 온전한 십자가의 능력임을 보여주고 있습니다.

# 18장
## 깊이파기

소명에 집중할 때

최초의 장기 사역이 열리다

# 최초의 장기사역이 이루어진 고린도

1-17절

## 고린도에서 아굴라 부부와 동역하게 된 바울

1 그 후에 바울이 아덴을 떠나 고린도에 이르러 2 아굴라라 하는 본도에서 난 유대인 한 사
람을 만나니 글라우디오가 모든 유대인을 명하여 로마에서 떠나라 한 고로 그가 그 아내 브
리스길라와 함께 이달리야로부터 새로 온지라 바울이 그들에게 가매 3 생업이 같으므로 함
께 살며 일을 하니 그 생업은 천막을 만드는 것이더라

바울의 다음 전도는 남 그리스(아가야)의 수도인 고린도였습니다. 고린도에 도착한 바울은 여느 곳에서와 마찬가지로 일자리를 얻기 위해 천막기술자를 찾았습니다. 바울은 아무에게도 누를 끼치지 않으려 자신의 피혁기술로 일을 했는데, 그는 여기에서 나는 수입으로 자기뿐 아니라 여러 사람들의 필요를 채울 만큼 숙련된 기술자였습니다.

이 과정을 통해 바울은 브리스길라와 아굴라 부부를 만나게 되었고, 이들 부부는 그 후 바울을 위해서라면 자신의 목숨을 내어놓을 정도로 진실한 친구와 동역자가 되었습니다. 여기서 알 수 있듯이 '여호와 이레'의 최고의 도우심은 만남의 축복입니다. 이로 인해 두 세 사람의 신자 공동체를 형성하게 된 바울은 평일에는 사역비를 벌기 위해 열심히 일했지만, 안식일에는 회당에 나아가 성경을 강론하고 유대인들과 유대교로 개종한 헬라인들에게 복음을 전하기 위해 힘썼습니다.

노동을 중시하는 바울의 모습은 그의 랍비 교육에서 유래된 것입니다. 랍비 학교에서는 생도들에게 율법과 함께 한 가지 노동기술을 가르쳤습니다. 그들은 “직업을 가지고 율법을 연구하는 것이 최상이다. 왜냐하면 이 두 가지를 다 이행하면 죄를 잊게 하나 노동 없는 율법은 결국 범죄케 한다”라고 가르쳤습니다. 이 같은 가르침은 우리에게 많은 도전이 됩니다.

한편 브리스길라와 아굴라가 로마에서 추방된 이유는 로마제국의 제 4대 황제인 글라우디오(클라우디우스)가 로마에서 유대인 추방령을 내렸기 때문입니다. 글라우디오가 제국의 질서와 안녕을 위해 유대인 추방령과 함께 내린 또 하나의 명령은 나사렛칙령인데 이것은 무덤 훼손이나 시체 손상을 엄격히 금하는 법령입니다. 아마도 이것은 제국에 퍼져나가고 있던 나사렛 예수의 부활에 대한 믿음이 실상은 예수의 시체를 훔쳐 간 제자들이 퍼뜨린 헛소문 때문에 야기된 것이라는 생각 때문에 내린 것입니다. 하지만 아직도 프랑스 메달레스 박물관에 보관되어 있는 나사렛칙령의 비문은 예수님의 부활을 간접적으로 증거하고 있는 돌들이 외치는 소리가 되고 있습니다.

## 실라와 디모데의 합류로 성령충만하게 된 바울

4 안식일마다 바울이 회당에서 강론하고 유대인과 헬라인을 권면하니라 5 실라와 디모데가 마게도냐로부터 내려오매 바울이 하나님의 말씀에 붙잡혀 유대인들에게 예수는 그리스도라 밝히 증언하니

바울은 아덴에 도착했을 때 아직 데살로니가에 머물고 있는 실라와 디모데에게 속히 자기에게로 오라는 전갈을 보냈고(행17:15) 아덴에서 그들과 재회하게 되었습니다. 하지만 바울은 교회의 형편을 살피기 위해 디모데를 다시 데살로니가로(살전 3:2), 선교비 모금을 위해 실라를 빌립보로(빌 4:15) 각각 파송

했었습니다. 그리고 이제 그들이 고린도에서 다시 재회하게 된 것입니다. 바울은 디모데가 가져온 데살로니가 교회의 소식에 큰 위로를 받게 되었습니다.

"지금은 디모데가 너희에게로부터 와서 너희 믿음과 사랑의 기쁜 소식을 우리에게 전하고 또 너희가 항상 우리를 잘 생각하여 우리가 너희를 간절히 보고자 함과 같이 너희도 우리를 간절히 보고자 한다 하니 이러므로 형제들아 우리가 모든 궁핍과 환난 가운데서 너희 믿음으로 말미암아 너희에게 위로를 받았노라 그러므로 너희가 주 안에 굳게 선즉 우리가 이제는 살리라"(살전 3:6-8).

뿐만 아니라 그는 실라의 손에 빌립보 교회가 보내준 헌금으로 말미암아 전도에만 매진할 수 있는 여건을 마련하게 되었습니다. 이 같은 아름다운 소식과 헌신된 물질로 말미암아 바울은 성령으로 충만하게 되었고, 하나님의 말씀에 붙잡혀 예수 그리스도의 기쁜 소식을 밝히 증언할 수 있었습니다. 그리고 아굴라 브리스길라 부부에 실라와 디모데까지 가세하자 바울의 고린도 선교가 본격적으로 시작되었습니다.

오늘도 본국의 모교회가 선교사들에게 아름다운 부흥의 소식과 함께 정성스런 선교비를 전해 주게 될 때 멀리 떨어져서 고군분투하고 있는 그들은 엄청난 힘을 얻게 될 것입니다.

## 이방인에 집중할 것을 선언한 바울

6 그들이 대적하여 비방하거늘 바울이 옷을 털면서 이르되 너희 피가 너희 머리로 돌아갈 것이요 나는 깨끗하니라 이 후에는 이방인에게로 가리라 하고 7 거기서 옮겨 하나님을 경외하는 디도 유스도라 하는 사람의 집에 들어가니 그 집은 회당 옆이라 8 또 회당장 그리스보가 온 집안과 더불어 주를 믿으며 수많은 고린도 사람도 듣고 믿어 세례를 받더라

말씀에 붙잡힌 바 된 성령 충만한 전도에도 불구하고 동족들이 끝내 복음을

대적하고 비방하자 바울은 심판에 대한 책임이 그들 스스로에게 있음을 밝힙니다.

**"인자야 내가 너를 이스라엘 족속의 파수꾼으로 삼음이 이와 같으니라 그런즉 너는 내 입의 말을 듣고 나를 대신하여 그들에게 경고할지어다 가령 내가 악인에게 이르기를 악인아 너는 반드시 죽으리라 하였다 하자 네가 그 악인에게 말로 경고하여 그의 길에서 떠나게 하지 아니하면 그 악인은 자기 죄악으로 말미암아 죽으려니와 내가 그의 피를 네 손에서 찾으리라"**(겔 33:7-8).

그러면서 자신은 이제 이방인에게로 가겠다고 선언합니다. 이 결정을 통해 바울은 이방인의 사도라는 자신의 소명에 본격적으로 순종하는 길을 걷게 됩니다. 여기서 알 수 있듯이 성령 충만이 반드시 자기가 필요로 하는 능력을 주거나 기대하는 열매를 맺게 하는 것은 아닙니다. 하지만 성령 충만은 하나님으로 말미암는 담력과 그분의 뜻에 대한 순종을 이끌어 내는 것입니다.

하나님은 이 결정에 복을 주셨고, 수많은 고린도인들 뿐 아니라 회당장 그리스보의 온 집도 주를 믿는 역사를 일으켜 주셨습니다.

## 하나님께서 주신 약속과 최초의 장기사역

9 밤에 주께서 환상 가운데 바울에게 말씀하시되 두려워하지 말며 침묵하지 말고 말하라
10 내가 너와 함께 있으매 어떤 사람도 너를 대적하여 해롭게 할 자가 없을 것이니 이는 이
성중에 내 백성이 많음이라 하시더라 11 일 년 육 개월을 머물며 그들 가운데서 하나님의 말
씀을 가르치니라

하지만 사실 그때 바울은 약하고 두려워하며 심히 떨리는 상태에 있었습니다

**"내가 너희 가운데 거할 때에 약하고 두려워하고 심히 떨었노라"**(고전 2:3).

바울은 이전까지 유대인들에게 복음을 전해도 각처에서 훼방으로 말미암아

쫓겨 다녀야 했는데, 하물며 그들을 거스르고 구원의 복음을 이방인에게 전한다면 그들이 가만있을 리가 만무하리라는 사실을 너무나도 잘 알았기 때문입니다. 또 그리스보 같은 지도급 인사의 개종은 유대인들로 하여금 바울에 대한 보복을 계획하게 했을지도 모르고, 게다가 육체적으로도 질병을 앓았던 것으로 보입니다. 주님은 이 같은 바울에게 환상 중에 친히 찾아오셔서 두려워하지 말고 잠잠하지 말라고 격려해주셨습니다. 또한 주님은 바울에게 "내가 너희에게 분부한 모든 것을 가르쳐 지키게 하라 볼지어다 내가 세상 끝 날까지 너희와 항상 함께 있으리라"는 말씀을 상기시켜 주셨습니다(마 28:20). 그리고 그에게 너를 대적하여 해롭게 할 자가 없을 것이라고 말씀하셨습니다. 이것은 앞으로 전혀 박해가 없으리라는 약속이 아니라 그 어떤 어려운 상황에서도 넉넉히 이기게 된다는 약속인 것입니다. 그것은 이 성중에 구원 받을 주의 백성이 많았기 때문입니다. 이 약속대로 바울은 이방선교를 천명했던 고린도에서 최초로 장기사역을 하게 됩니다.

## 갈리오의 도움으로 무산된 바울에 대한 고소

12 갈리오가 아가야 총독 되었을 때에 유대인이 일제히 일어나 바울을 대적하여 법정으로
데리고 가서 13 말하되 이 사람이 율법을 어기면서 하나님을 경외하라고 사람들을 권한다
하거늘 14 바울이 입을 열고자 할 때에 갈리오가 유대인들에게 이르되 너희 유대인들아 만
일 이것이 무슨 부정한 일이나 불량한 행동이었으면 내가 너희 말을 들어 주는 것이 옳거니
와 15 만일 문제가 언어와 명칭과 너희 법에 관한 것이면 너희가 스스로 처리하라 나는 이러
한 일에 재판장 되기를 원하지 아니하노라 하고 16 그들을 법정에서 쫓아내니 17 모든 사람
이 회당장 소스데네를 잡아 법정 앞에서 때리되 갈리오가 이 일을 상관하지 아니하니라

아가야 지역에 신임 총독이 부임하자 고린도에 있는 유대인들은 총독을 압박

하여 기독교를 박해할 기회로 삼고자 소동을 일으켰습니다. 하지만 도리어 신임총독을 통하여 하나님께서 바울에게 주신 약속이 구체적으로 실현될 뿐이었습니다.

갈리오는 위대한 철학자 세네카의 형제로 역사책에는 아주 공정한 인물로 기록되고 있습니다. 고린도의 유대인들을 일제히 봉기하여 바울을 끌고 법정으로 가서는 "이 사람이 율법을 어기면서 하나님을 경외하라고 사람들을 권한다"고 고소했습니다. 하지만 갈리오는 바울의 항변을 듣기도 전에 그에 대한 유대인들의 고소가 순전히 성경의 용어와 메시야 명칭과 유대 율법에 대한 해석상의 문제 때문에 발생한 종교적인 것으로 판단하고 법정에서 쫓아내었습니다.

한편 바울에 대한 유대인들의 고소가 기각되자 반 유대 감정을 품고 있던 헬라인들은 도리어 이 일의 책임자인 회당장 소스데네를 무고죄로 구타했습니다. 하지만 갈리오는 여기에 대해 아무런 상관도 하지 않았습니다. 이 때문에 바울을 핍박하던 고린도의 유대인들은 힘을 잃고 감히 기독교를 대적할 수 없게 되었습니다.

믿음과 순종으로 나아갈 때, 오늘도 우리는 하나님의 약속이 그대로 실현되어 가는 것을 경험하게 될 것입니다.

# 2차 전도여행의 마무리와 3차 전도여행의 시작

18-23절

## 겐그리아에서 행한 바울의 서원

18 바울은 더 여러 날 머물다가 형제들과 작별하고 배 타고 수리아로 떠나갈새 브리스길라와 아굴라도 함께 하더라 바울이 일찍이 서원이 있었으므로 겐그레아에서 머리를 깎았더라

고린도에서 1년 6개월을 머물렀던 바울은 모교회인 수리아 안디옥으로 돌아가기 위해 고린도의 외항인 겐그리아에 들르게 되었습니다. 겐그리아는 고린도에서 거둔 전도의 열매인 여집사 뵈뵈가 일꾼으로 봉사하는 교회가 있는 곳이기도 했습니다(롬 16:1). 이곳에서 바울은 서원을 갚기 위해 머리를 깎았습니다. 여기서 말하는 서원은 특별한 은혜나 구원에 대해 하나님께 감사하는 '나실인 서원'으로 보입니다(민 6:1-21). 나실인 서원을 실행하게 되면 30일간 고기와 포도주를 먹지 않아야 하며, 30일이 지나면 예루살렘 성전으로 올라가 예물과 함께 깎은 머리털을 하나님의 제단 앞에 드립니다.

바울이 이와 같은 나실인 서원을 실행한 것은 아마도 그의 기도를 들으시고 고린도에서 1년 6개월 동안 복음을 전할 수 있도록 보호해주신 하나님의 역사에 대한 감사였던 것 같습니다. 곧 바울은 성공적인 사역 후에 서원을 갚음으로 다시 한 번 자신의 믿음과 헌신을 새롭게 하고 있는 것입니다. 또한 이 행동 속에는 예루살렘으로 올라가기 전에 유대인을 얻기 위해 유대인처럼 되고자 하

는 마음도 들어 있었을 것입니다.

"유대인들에게 내가 유대인과 같이 된 것은 유대인들을 얻고자 함이요 율법 아래에 있는 자들에게는 내가 율법 아래에 있지 아니하나 율법 아래에 있는 자 같이 된 것은 율법 아래에 있는 자들을 얻고자 함이요"(고전 9:20).

## 에베소 지역의 요청에 대한 사양

19 에베소에 와서 그들을 거기 머물게 하고 자기는 회당에 들어가서 유대인들과 변론하니
20 여러 사람이 더 오래 있기를 청하되 허락하지 아니하고 21 작별하여 이르되 만일 하나님
의 뜻이면 너희에게 돌아오리라 하고 배를 타고 에베소를 떠나

겐그리아에서 배를 탄 바울은 예루살렘으로 올라가는 길에 에베소를 방문하게 되었습니다. 그런데 이곳의 회당 사람들은 바울이 그들과 함께 더 오래 있기를 간청하고 나섰습니다. 그러나 바울은 이러한 청에도 불구하고 "만일 하나님의 뜻이면 너희에게 돌아오리라"는 약속만 남긴 채, 그곳을 떠났습니다. 사실 바울은 2차 전도여행을 시작할 때만 해도 바로 이곳 에베소가 있는 소아시아 지역으로 오기 위해 무척 애를 썼지만 계속해서 길이 막히는 경험을 한 바 있습니다. 그러다가 하나님의 뜻이 소아시아가 아니라 그리스임을 깨닫고 마게도냐로 전도여행의 행선지를 바꾸게 된 것입니다. 이 같은 경험으로 인해 바울은 이제 자신의 걸음에 대해 자신의 뜻이 아니라 철저히 하나님의 뜻을 앞세우는 사람이 된 것입니다.

바울은 그의 동역자인 브리스길라와 아굴라 부부를 이곳에 머무르게 했습니다. 그리하여 이들 부부는 바울이 3차 전도여행의 거점으로 에베소를 택하고 그곳에서 사역을 마칠 때까지 4-5년 동안을 그곳에 머물면서 평신도 선교사의 역할을 훌륭히 감당해내게 됩니다.

## 2차 전도여행의 마무리와 3차 전도여행의 시작

22 가이사랴에 상륙하여 올라가 교회의 안부를 물은 후에 안디옥으로 내려가서 23 얼마 있
다가 떠나 갈라디아와 브루기아 땅을 차례로 다니며 모든 제자를 굳건하게 하니라

3년에 걸친 바울의 2차 전도여행은 가이사랴항을 통해 예루살렘으로 올라가 서원을 해제하고 선교보고를 한 후 안디옥으로 되돌아오는 것으로 마치게 됩니다. 그리고 23절부터는 곧바로 3차 전도여행이 시작되고 있습니다. 바울은 1년에 채 안되는 재충전의 시간을 가진 후 다시 1차 2차 전도여행 때 방문했던 갈라디아와 브루기아를 방문하여 제자들을 굳건하게 하는 것으로부터 새로운 전도여행을 시작하고 있는 것입니다.

# 3차 전도여행의 거점이 될 에베소 교회의 현황

24-28절

## 에베소에 이른 아볼로의 말씀사역

24 알렉산드리아에서 난 아볼로라 하는 유대인이 에베소에 이르니 이 사람은 언변이 좋고
성경에 능통한 자라 25 그가 일찍이 주의 도를 배워 열심으로 예수에 관한 것을 자세히 말하
며 가르치나 요한의 세례만 알 따름이라

바울이 에베소에 이르기 전에 이미 아볼로라는 전도자가 에베소에 이르러 예수를 증거했습니다. 이집트 출신의 디아스포라 유대인인 그는 천부적인 언변을 가지고 있었으며, 성경까지 능통한 자였습니다.

하지만 그의 전도에는 많은 한계가 있었습니다. 예수에 대한 그의 가르침은 직접적인 경험으로 말미암은 것이 아니라 단지 자신이 배운 주의 도를 뜨거운 마음과 정교한 논리로 전하는 것이었습니다. 특별히 아볼로는 예수께서 약속하셨고, 오순절에 이미 임하신 성령의 세례는 알지 못하고 오직 요한의 세례만 알 뿐이었습니다. 그는 예수께서 행하라고 주신 가르침에 대해서는 알고 있었지만, 그것을 가능케 하는 성령의 능력에 대해서는 모르고 있었던 것입니다. 이 때문에 그의 열심은 온전한 열매를 맺을 수 없는 것이었습니다.

오늘날 교회 안에도 열정은 있지만, 그의 신앙이 지식적인 단계에 머물러 있는 사람들이 적지 않습니다. 예수 그리스도를 향한 나의 믿음은 혹시 아볼로처럼 열정과 논리에 머무르는 단계는 아닌지, 나는 예수의 가르침 뿐 아니라 그것을

이룰 수 있는 성령의 능력을 경험하고 있는지 점검해 보아야 합니다.

### 아볼로를 온전하게 하고 추천서를 써준 아굴라 부부

26 그가 회당에서 담대히 말하기 시작하거늘 브리스길라와 아굴라가 듣고 데려다가 하나님의 도를 더 정확하게 풀어 이르더라 27 아볼로가 아가야로 건너가고자 함으로 형제들이 그를 격려하며 제자들에게 편지를 써 영접하라 하였더니…

바울이 2차 전도여행을 마치고 돌아가는 길에 함께 동행하여 에베소에 왔다가 그곳에 머무르게 된 평신도 선교사인 브리스길라와 아굴라 부부는 아볼로가 회당에서 말씀 전하는 것을 듣고 그에게 복음의 진수가 결핍되어 있음을 알게 되었습니다. 그리하여 이 부부는 아볼로를 데려다가 예수의 죽음과 부활, 오순절 성령 강림을 통해서 이루어진 새 시대에 대해 자세히 풀어 가르쳤습니다. 그리고 아볼로 역시 두 분의 가르침을 겸손히 받아들였습니다. 또한 브리스길라 부부는 아볼로가 아가야의 수도 고린도로 건너가서 전도사역을 하려 하자 그에게 추천장까지 써 주었습니다.

### 성장한 아볼로의 말씀사역

27…그가 가매 은혜로 말미암아 믿은 자들에게 많은 유익을 주니 28 이는 성경으로써 예수는 그리스도라고 증언하여 공중 앞에서 힘있게 유대인의 말을 이김이러라

그러자 하나님의 도를 더욱 정확하게 알게 된 아볼로에게는 지식을 뛰어넘는 은혜가 나타나게 되었습니다. 그리하여 많은 사람에게 예수 그리스도의 복음을 전하고 많은 유익을 끼치는 귀한 주의 증인이 되었습니다. 또한 성경에 기

반을 둔 그의 명쾌한 변론은 공중 앞에서 벌어진 유대주의자들과의 논쟁에서도 압도적인 승리를 거두었습니다.

그런데 훗날 고린도에 있는 미숙한 성도들은 아볼로를 바울과 비교하면서 파당을 만들어 서로 분쟁하는 일이 생겼습니다. 이것은 바울의 최고의 애호자요 동역자였던 브리스길라 부부가 아무런 시기심 없이 아볼로에게 가르침을 주었고, 아무런 경계심 없이 그를 고린도교회에 추천한 성숙한 모습과는 극명한 대조를 이룹니다. 나에게는 브리스길라 아굴라 부부와 같은 성숙한 섬김이 있는지 살펴보아야 합니다.

# 19장
## 깊이파기

두란노 서원을

3차 전도여행의 거점으로 삼다

# 3차 전도여행의 거점이 된 에베소의 두란노 서원

1-10절

## 요한의 세례만 아는 에베소 교회

1 아볼로가 고린도에 있을 때에 바울이 윗지방으로 다녀 에베소에 와서 어떤 제자들을 만나
2 이르되 너희가 믿을 때에 성령을 받았느냐 이르되 아니라 우리는 성령이 계심도 듣지 못
하였노라 3 바울이 이르되 그러면 너희가 무슨 세례를 받았느냐 대답하되 요한의 세례니라

아볼로가 고린도로 건너갔을 때 바울은 윗 지방 곧 갈라디아와 브루기아 땅을 거쳐, 3차 전도여행 중 가장 큰 열매가 될 에베소 지역으로 들어가게 되었습니다. 에베소 사역에 대해 하나님의 뜻을 묻는 그에게(행 18:21) 하나님은 기꺼운 승낙을 주신 것입니다.

에베소는 소아시아의 상업 중심지이자 우상숭배의 중심지였습니다. 에베소에 있는 아데미의 전각은 세계 7대 불가사의 중 하나일 정도로 엄청난 규모입니다. 에베소에 도착한 바울은 먼저 열 두 명 정도의 제자들을 만나 그들의 신앙 수준을 점검했습니다. 그런데 "너희가 믿을 때에 성령을 받았느냐?"라는 바울의 질문에 그들은 성령이 있음을 들은 적도 없으며, 오직 요한의 세례를 받았을 뿐이라고 대답했습니다. 이 같은 대답으로 미루어 보아 그들의 신앙은 아볼로의 초기사역으로 말미암은 것으로 보입니다.

그들은 회개의 세례는 알았고, 자신이 죄인됨과 더 온전해져야 하는 의무는 알았지만, 그리스도의 은혜와 성령의 능력에 대해서는 전혀 몰랐던 것입니다. 그

들은 아직 신약시대가 아니라 구약시대를 사는 신자였던 것입니다.

## 예수의 이름으로 세례를 베풀 때 임하신 성령

4 바울이 이르되 요한이 회개의 세례를 베풀며 백성에게 말하되 내 뒤에 오시는 이를 믿으
라 하였으니 이는 곧 예수라 하거늘 5 그들이 듣고 주 예수의 이름으로 세례를 받으니 6 바
울이 그들에게 안수하매 성령이 그들에게 임하시므로 방언도 하고 예언도 하니 7 모두 열두
사람쯤 되니라

이처럼 초보적인 신자들은 바울을 통해 주 예수의 이름으로 세례를 받게 되었고, 안수를 통하여 성령도 받게 되었습니다. 그들은 비로소 온전한 신앙을 가지게 되었고 성령의 시대에 속한 제자가 될 수 있었던 것입니다.

한편 성령이 이들 제자들에게 임하자 방언과 예언이 나타나게 되었습니다. 그런데 방언과 예언이 성령이 임한 유일한 은사는 아닙니다. 성령의 은사에는 다양한 것이 있으며, 이것을 각자에게 나누어주시는 것은 하나님의 예지 가운데서 진행되는 주권이며 그것의 목적은 몸 된 교회를 유익하게 하려는 것입니다. 단지 방언과 예언은 다른 은사들에게 비해 겉으로 드러나는 은사여서 식별하기가 쉽기 때문에 자주 언급되고 있을 뿐입니다.

## 회당을 떠나 두란노 서원에서 사역한 바울

8 바울이 회당에 들어가 석 달 동안 담대히 하나님 나라에 관하여 강론하며 권면하되 9 어떤
사람들은 마음이 굳어 순종하지 않고 무리 앞에서 이 도를 비방하거늘 바울이 그들을 떠나
제자들을 따로 세우고 두란노 서원에서 날마다 강론하니라

바울은 회당에서 3개월간 가르치면서 에베소에 있는 유대인들을 전도하기 위해 애썼습니다. 하지만 결국 유대인들은 마음이 굳어 말씀을 받지 않았습니다. 그리하여 바울은 고린도에서처럼 이방인에게로 사역의 초점을 맞추기로 결정합니다.

바울의 에베소 사역의 거점이 된 곳은 두란노 서원입니다. 바울은 모든 사람들이 더위로 인해 강의실을 비운 오전 11시부터 오후 4시까지 이곳을 빌려서 강의를 했다고 합니다. 두란노 서원의 사역은 그의 가르치고자 하는 열정과 성도들의 배우고자 하는 열심이 하나 되어 이루어낸 열매였습니다.

### 에베소에서의 장기사역과 열매

10 두 해 동안 이같이 하니 아시아에 사는 자는 유대인이나 헬라인이나 다 주의 말씀을 듣더라

그런데 이처럼 바울이 이방인의 사도라는 자신의 소명에 순종하자 하나님은 또다시 그에게 장기사역의 길을 열어주셨고, 두해 이상을 여기에 머물면서 복음을 전할 수 있었습니다. 그리고 이렇게 두란노 서원에서 복음을 들은 사람들은 아시아 전역을 다니면서 복음을 증거하게 되었고, 그 결과 소아시아에서는 유대인, 헬라인 할 것 없이 모두 주의 말씀을 듣게 되었습니다.

두란노 사역을 통해 세워진 교회는 골로새, 라오디게아, 히에라볼리, 서머나, 버가모, 두아디라, 사데, 빌라델비아 교회 등입니다.

자신의 소명에 집중할 때 새 길을 열어주시는 하나님을 경험하게 된 바울의 모습은 우리에게 귀한 도전이 됩니다. 내가 떠나야 할 나의 회당과 내가 나아가야 할 나의 서원은 각각 무엇인지 생각해 보아야 합니다.

# 에베소에서 일어난 강력한 기적과 회개의 역사

11-20절

## 능력의 도구가 된 바울의 손수건과 앞치마

11 하나님이 바울의 손으로 놀라운 능력을 행하게 하시니 12 심지어 사람들이 바울의 몸에
서 손수건이나 앞치마를 가져다가 병든 사람에게 얹으면 그 병이 떠나고 악귀도 나가더라

두란노 사역을 통해 말씀이 충만해지자 에베소 선교에는 이전에 보이지 않던 강력한 능력이 동반되었습니다. 이것은 능력의 근원이 말씀에 있음을 잘 보여줍니다. 특별한 능력이 나타난 또 하나의 이유는 우상숭배의 중심지인 에베소에서 오직 하나님만이 참 신이심을 드러내기 위한 것으로 생각됩니다. 하나님은 영적전쟁에서 승리하시는 분이십니다.

한편 이 놀라운 기적에 도구로 사용된 소품은 바울의 손수건과 앞치마였습니다. 손수건은 바울이 무더운 낮 시간에 두란노에서 말씀을 가르치면서 땀을 닦을 때 사용한 것으로써 이것은 바울의 말씀에 대한 열정을 상징합니다. 앞치마는 바울이 천막을 만드는 일을 할 때 착용했던 것입니다. 그는 에베소에서 지내는 동안 아무에게도 짐이 되지 않기 위해, 또 주는 삶이 받는 삶보다 복되다는 본을 보여주기 위해 열심히 일했습니다. 그러므로 이 앞치마는 바울의 일에 대한 전문성과 신행일치를 위한 삶의 상징입니다. 말씀에 대한 열정과 직업에서의 전문성을 신행일치로 이룬 삶은 능력의 방편입니다.

## 바울이 전파하는 예수 이름의 신드롬과 해프닝

13 이에 돌아다니며 마술하는 어떤 유대인들이 시험삼아 악귀 들린 자들에게 주 예수의 이
름을 불러 말하되 내가 바울이 전파하는 예수를 의지하여 너희에게 명하노라 하더라 14 유
대의 한 제사장 스게와의 일곱 아들도 이 일을 행하더니 15 악귀가 대답하여 이르되 내가 예
수도 알고 바울도 알거니와 너희는 누구냐 하며 16 악귀 들린 사람이 그들에게 뛰어올라 눌
러 이기니 그들이 상하여 벗은 몸으로 그 집에서 도망하는지라

바울을 통하여 강력한 치유와 구마의 역사가 일어나자 유랑하는 유대인 마술사들 사이에는 '바울이 전파하는 예수를 의지하여' 악귀를 쫓으려는 시도가 생겨났습니다. 한 유대 제사장의 일곱 아들도 이와 같은 부류였습니다.

하지만 그들은 악귀를 쫓으려다가 도리어 악귀에게 제압을 당하게 되었습니다. 악귀는 그들을 향해 "내가 예수도 알고 바울도 알거니와 너희는 누구냐?" 라고 물었던 것입니다. 사탄은 예수님을 알고 두려워합니다. 또 사탄은 바울도 알고 두려워했습니다. 하지만 스게와의 일곱아들은 사탄으로부터 조롱과 수치를 당할 뿐이었습니다.

신자 중에는 사탄이 알고 두려워하는 자가 있는가하면 사탄으로부터 조롱 받고 이용만 당하는 사람도 있습니다. 사탄은 우리가 입술로 주의 이름을 부른다고 해서 두려워하지 않습니다. 우리가 지식적으로 하나님을 안다고 긴장하지도 않습니다. 지식적으로는 사탄이 우리보다 하나님을 더 잘 압니다.

**"네가 하나님은 한 분이신 줄을 믿느냐 잘하는도다 귀신들도 믿고 떠느니라"**(약 2:19).

그러나 예수님에 대한 참된 믿음이 있을 때 사탄은 그를 알아봅니다. 하나님 나라를 향한 참된 헌신이 있을 때 사탄은 그를 두려워합니다. 개는 사자의 뼈도 무서워합니다. 마찬가지로 사탄은 진실로 예수님이 계신 곳에는 근접도 하지 못하는 것입니다. 우리는 마땅히 사탄이 알아주는 자, 악귀들에게 두려움

의 대상이 되어야 합니다.

## 에베소에서 일어난 회개의 역사

17 에베소에 사는 유대인과 헬라인들이 다 이 일을 알고 두려워하며 주 예수의 이름을 높이
고 18 믿은 사람들이 많이 와서 자복하여 행한 일을 알리며 19 또 마술을 행하던 많은 사람
이 그 책을 모아 가지고 와서 모든 사람 앞에서 불사르니 그 책 값을 계산한즉 은 오만이나
되더라

바울의 놀라운 사역과 스게아의 아들들에게 일어난 일들은 헬라인이건 유대인이건 에베소에 사는 모든 사람들에게 커다란 충격을 주었습니다.

이에 그들은 함부로 예수의 이름을 사용하는 것을 두려워하게 되었고, 그 높으신 이름 앞에 영광을 돌렸습니다. 또한 신자들도 자신이 은밀하게 범했던 잘못들을 공개적으로 자복하고 나섰습니다. 그들은 예수는 믿었지만 과거의 습관을 청산하지 못하고 미신과 주술을 쫓아 다녔던 것입니다. 하지만 그들은 이 사건을 계기로 같은 교회를 다니고 같은 주를 부르고 있다 해도 다 똑같은 신자가 아님을 깨닫게 된 것입니다. 자신들 역시 마귀로부터 "내가 예수도 알고 바울도 알거니와 너희는 누구냐?"라는 조롱을 받을 수밖에 없는 신자임을 각성하게 된 것입니다.

그 결과 신자와 불신자를 막론하고 주술에 의존해서 살던 많은 에베소 사람들은 은 오만 데나리온에 해당하는 양의 마술책을 모아 공개적으로 불사르면서 그 같은 행위에서 결별하고 참된 신앙을 가질 것을 선언하게 되었습니다. 한 데나리온이 노동자의 하루 품삯임을 생각할 때 이것은 실로 엄청난 액수입니다.

## 흥왕하여 세력을 얻게 된 주의 말씀

20 이와 같이 주의 말씀이 힘이 있어 흥왕하여 세력을 얻으니라

그런데 에베소에서 일어난 이 같은 대각성 운동의 원인은 두란노 서원 사역을 통해 말씀이 편만하게 전해진 사실과 말씀에 대한 열정의 손수건과 말씀대로 사는 삶의 앞치마를 가진 전도자로 말미암은 역사이지, 결코 이적과 기사를 좇는 은사주의 운동 때문에 일어난 역사가 아니었습니다. 그리고 이와 같은 영적 각성운동의 결과 역시 주의 말씀이 더욱 힘을 얻고 흥왕해지는 것이었습니다. 사실 사도행전에서 사도보다 더 많이 나오는 단어는 성령이고 성령보다 더 많이 나오는 단어는 말씀입니다. 사도들이 성령 받아 행한 일의 핵심은 말씀이 흥왕해지고 왕성해지게 하는 것이었습니다.

"하나님의 말씀이 점점 왕성하여 예루살렘에 있는 제자의 수가 더 심히 많아지고 허다한 제사장의 무리도 이 도에 복종하니라"(행 6:7).

"하나님의 말씀은 흥왕하여 더하더라"(행 12:24).

우리의 삶에서도 하나님의 말씀은 점점 흥왕하고 왕성하여 실제적인 세력을 얻어가야만 합니다.

# 새로운 인도하심의 사인이 된 데메드리오 사건

21-41절

## 유럽과 로마 선교에 대해 신중하게 인도를 구하는 바울

21 이 일이 있은 후에 바울이 마게도냐와 아가야를 거쳐 예루살렘에 가기로 작정하여 이르
되 내가 거기 갔다가 후에 로마도 보아야 하리라 하고 22 자기를 돕는 사람 중에서 디모데와
에라스도 두 사람을 마게도냐로 보내고 자기는 아시아에 얼마 동안 더 있으니라

바울은 에베소 사역이 정점에 이르렀을 때 다음 사역에 대한 계획을 설계하고 있습니다. 우선 그는 다시 마게도냐와 아가야를 향하려고 합니다. 그가 2차 전도여행 때 방문한 마게도냐와 아가야 교회들을 다시 찾는 가장 중요한 이유는 가난한 예루살렘 교회를 돕기 위한 구제헌금을 모으기 위함이었습니다. 바울은 그의 사역 초기부터 유대 교회와 이방 교회가 주 안에서 한 몸임을 실제적으로 증명해 주는 이 같은 교제를 위해 많은 정성을 기울이고 있었습니다. 하지만 바울이 유럽 쪽으로 사역의 방향을 전환하는 데는 또 다른 이유가 있습니다. 그것은 아시아에는 두란노 사역의 결과로 많은 교회들이 세워졌고, 어디서든지 쉽게 복음을 접할 수 있게 되었기 때문에 복음이 더욱 필요한 곳으로 가고자 함이었습니다. 이것은 다른 전도자가 복음을 전파한 곳에서는 전도하지 않겠다는 그의 선교관과도 일치합니다.

"또 내가 그리스도의 이름을 부르는 곳에는 복음을 전하지 않기를 힘썼노니 이는 남의 터 위에 건축하지 아니하려 함이라"(롬 15:20).

그리하여 바울은 궁극적으로는 세계의 중심인 로마와 당시의 땅 끝인 서바나까지 복음을 증거하고자 했던 것이었습니다. 바울은 예수님께서 주신 지상명령 성취에 그의 온 마음이 가 있는 사람이었습니다. 지상명령의 성취와 복음이 더 필요한 곳으로 마음을 쏟는 바울의 모습은 우리에게 귀한 도전이 됩니다. 하지만 바울은 서두르지 않고 먼저 동역자인 디모데와 에라스도를 마게도냐로 보내었고, 자신은 에베소에 좀 더 머물면서 주의 인도하심을 구하고 있습니다. 이제 그는 그의 모든 걸음에 대해 이전보다 훨씬 더 철저하게 주의 손에 맡기고 있는 것입니다.

## 데메드리오가 소동을 일으킨 주된 이유

23 그 때쯤 되어 이 도로 말미암아 적지 않은 소동이 있었으니 24 즉 데메드리오라 하는 어
떤 은장색이 은으로 아데미의 신상 모형을 만들어 직공들에게 적지 않은 벌이를 하게 하더
니 25 그가 그 직공들과 그러한 영업하는 자들을 모아 이르되 여러분도 알거니와 우리의 풍
족한 생활이 이 생업에 있는데 26 이 바울이 에베소뿐 아니라 거의 전 아시아를 통하여 수
많은 사람을 권유하여 말하되 사람의 손으로 만든 것들은 신이 아니라 하니 이는 그대들도
보고 들은 것이라

에베소에서 바울의 복음사역이 확장되고 있을 때 적지 않은 소동이 일어나게 되었습니다. 그런데 이 소동은 뒤집어 생각하면 복음이 가진 운동력을 단적으로 보여주는 예라고 할 수 있습니다. 복음은 마치 새 포도주가 가만히 있지 않고 부풀어 오르듯이, 죄의 관성에 사로잡혀 있는 세상을 소동케 하고 뒤집어 놓는 것이 마땅합니다. 이런 점에서 바울이 대적들로부터 항상 들어야 했던 '이 사람은 전염병 같은 자라 천하에 흩어진 유대인을 다 소요하게 하는 자요'(행 24:5)라는 고소는 우리들이 잃어버린 복음의 야성이 무엇인지를 생각하

게 해줍니다. 나의 내면에는 복음으로 말미암는 소동이 일어나야 하고, 더 나아가 나를 둘러싼 환경 가운데 복음으로 말미암는 소동을 일으키는 존재가 되어야만 합니다.

한편 이 소요는 데메드리오라는 사람이 자기 직공들과 동업자를 규합하여 일으킨 것이었습니다. 그들의 직업은 기념품과 호신용으로 들고 다닐 수 있는 우상의 작은 모형을 만드는 은장색이었습니다. 그런데 바울의 전도로 말미암아 일어난 대규모 영적 각성 운동의 여파로 사람들이 은 오만 데나리온 어치의 마술책을 불사른 일에서 볼 수 있듯이 이들에게 상당한 경제적 타격이 예상되었기 때문입니다.

## 우상숭배의 명분과 실체

27 우리의 이 영업이 천하여질 위험이 있을 뿐 아니라 큰 여신 아데미의 신전도 무시 당하게
되고 온 아시아와 천하가 위하는 그의 위엄도 떨어질까 하노라 하더라
28 그들이 이 말을 듣고 분노가 가득하여 외쳐 이르되 크다 에베소 사람의 아데미여 하니
29 온 시내가 요란하여 바울과 같이 다니는 마게도냐 사람 가이오와 아리스다고를 붙들어 일제히 연극장으로 달려 들어가는지라

데메드리오가 소동을 일으킨 실제 이유는 돈 때문이었지만, 명분은 그럴듯한 다른 것으로 포장했습니다. 즉 그들은 바울의 전도로 말미암아 아데미의 신전이 무시당하게 되고, 온 아시아와 천하가 위하는 아데미 신의 위엄까지도 동반추락하는 것을 방지하기 위함이라는 명분을 내세우고 있는 것입니다.

에베소는 다산의 여신 아데미 숭배의 중심지로 고대세계 7대 불가사의 중 하나인 아데미 신전이 있는 도시였습니다. 이에 데메드리오의 선동에 동업자들은 분에 가득하여 '크다 에베소 사람의 아데미여'를 외쳐댔습니다. 하지만 사실

그들이 크다고 말하는 것은 아데미가 아니라 돈이었습니다. 이것은 우상숭배의 본질을 잘 보여주고 있습니다.
우상을 숭배하는 것은 곧 그것에 투영된 자기의 탐욕을 숭배하는 것입니다. 이처럼 탐욕을 숭배하는 무리들은 바울과 같이 다니는 마게도냐 사람 가이오와 아리스다고를 잡아 연극장으로 끌고 들어갔습니다. 무죄한 자를 향한 우상숭배자의 이 같은 분노는 거짓과 더불어 사탄의 특성을 잘 보여주고 있습니다.

## 만류를 받아들인 바울

30 바울이 백성 가운데로 들어가고자 하나 제자들이 말리고 31 또 아시아 관리 중에 바울의 친구된 어떤 이들이 그에게 통지하여 연극장에 들어가지 말라 권하더라 32 사람들이 외쳐 어떤 이는 이런 말을, 어떤 이는 저런 말을 하니 모인 무리가 분란하여 태반이나 어찌하여 모였는지 알지 못하더라

바울은 동역자인 가이오와 아리스다고를 변호하여 건져내기 위해 연극장으로 들어가고자 했습니다. 이들은 2차 전도여행의 열매로서 바울의 일행이 된 자들이며, 이중 아리스다고는 훗날 바울이 로마감옥에 갇혔을 때 그를 수종들기 위해 함께 갇히기까지 한 인물입니다.
"나와 함께 갇힌 아리스다고와 바나바의 생질 마가와 (이 마가에 대하여 너희가 명을 받았으매 그가 이르거든 영접하라)"(골 4:10).
하지만 제자들은 이 같은 바울의 행동을 만류하였고, 아시아 관리 중에 바울의 친구인 사람들도 들어가지 말라는 통지문을 보내왔습니다(31). 이 같은 만류는 적절한 것이었습니다. 이것은 연극장에 들어간 유대주의자들의 경우를 보면 잘 알 수 있습니다. 참된 지혜란 나서야 할 때와 물러서야 할 때를 분별

할 수 있어야 합니다. 그리고 이를 위해서는 자신의 판단과 인간적인 정보다도 권면을 들을 수 있는 겸손과 하나님의 뜻을 발견할 수 있는 분별력이 필요합 필요합니다. 나는 적절한 조언을 받아들이는 겸손을 가지고 있는지, 나에게는 나서야 할 때와 물러서야 할 때를 분별할 수 있는 지혜가 있는지 살펴보아야 겠습니다.

## 허사가 된 유대인들의 시도

33 유대인들이 무리 가운데서 알렉산더를 권하여 앞으로 밀어내니 알렉산더가 손짓하며
백성에게 변명하려 하나 34 그들은 그가 유대인인 줄 알고 다 한 소리로 외쳐 이르되 크다
에베소 사람의 아데미여 하기를 두 시간이나 하더니

유대주의자들은 에베소 사람들의 분노에 편성하여 기독교인들을 비방하고, 그들이 유대교와는 아무런 상관도 없다는 말을 함으로 자기들에게 손해가 생기지 않도록 하기 위해 알렉산더라는 사람을 내세웠습니다. 하지만 이것은 무리들에게 반 유대 감정을 부추겨 소요를 더 크게 만들 뿐이었습니다. 그리하여 무리들은 두 시간 동안이나 '크다 에베소 사람의 아데미여'를 광적으로 연호하였고, 알렉산더는 단 한 마디도 할 수가 없었습니다. 하지만 사실 그곳에 모인 무리들의 절반 이상은 자신들이 왜 모였는지도 모르고 군중심리로 행동하고 있었습니다.

## 소요를 진정시키고 무리를 해산시키는 서기장

35 서기장이 무리를 진정시키고 이르되 에베소 사람들아 에베소 시가 큰 아데미와 제우스

에게서 내려온 우상의 신전지기가 된 줄을 누가 알지 못하겠느냐 36 이 일이 그렇지 않다 할
수 없으니 너희가 가만히 있어서 무엇이든지 경솔히 아니하여야 하리라 37 신전의 물건을
도둑질하지도 아니하였고 우리 여신을 비방하지도 아니한 이 사람들을 너희가 붙잡아 왔
으니 38 만일 데메드리오와 그와 함께 있는 직공들이 누구에게 고발할 것이 있으면 재판 날
도 있고 총독들도 있으니 피차 고소할 것이요 39 만일 그 외에 무엇을 원하면 정식으로 민회
에서 결정할지라 40 오늘 아무 까닭도 없는 이 일에 우리가 소요 사건으로 책망 받을 위험이
있고 우리는 이 불법 집회에 관하여 보고할 자료가 없다 하고 41 이에 그 모임을 흩어지게
하니라

에베소의 서기장은 우선 소요를 벌이고 있는 무리들에게 "에베소 사람들아 에베소 시가 큰 아데미와 제우스에게서 내려온 우상의 신전지기가 된 줄을 누가 알지 못하겠느냐?"고 하는 말로 그들을 진정시켰습니다. 하지만 서기장의 말의 요지는 경솔하게 행동하지 말라는 것이었습니다. 왜냐하면 기독교인들이 신전의 물건을 도둑질하거나 신상을 폭력으로 파괴함으로 에베소 여신을 비방한 일도 없기 때문입니다. 그러면서 서기장은 송사할 일이 있으면 적법한 절차에 따라 총독에게 재판을 받고, 아니면 민회에 소송을 제기하라고 충고합니다. 그러면서 서기장은 이와 같은 까닭도 없는 불법집회는 로마 정부로부터 민족독립운동으로 오해받을 위험이 크고, 관리인 자신들도 상부에 보고할 명분도 없다고 하면서, 가이오와 아리스다고를 풀어주고 무리를 해산시키고 있습니다. 그러자 그 모임은 맥없이 흩어지게 되었습니다. 이것은 비 진리의 외침이 얼마나 공허한 것인지를 잘 보여주고 있습니다.

한편 바울은 에베소에서의 이 경험을 '맹수와 싸웠노라'고 표현합니다(고전 15:32). 참으로 에베소의 군중들은 성난 맹수처럼 울부짖었습니다. 하지만 그들은 이빨 빠진 사자에 불과했습니다.

우리는 결코 이빨 빠진 사자의 울부짖음 앞에서 위축되어 진리를 위한 싸움에 나서지 못하는 사람이 되어서는 안됩니다.

# 20장
## 깊이파기

에베소 장로들을 불러
간증하고 경고하고 부탁하다

# 3차 전도여행의 마지막 여정들

1-15절

## 헬라 지역 교회들을 순회한 바울

1 소요가 그치매 바울은 제자들을 불러 권한 후에 작별하고 떠나 마게도냐로 가니라 2 그
지방으로 다녀가며 여러 말로 제자들에게 권하고 헬라에 이르러 3 거기 석 달 동안 있다가
배 타고 수리아로 가고자 할 그 때에 유대인들이 자기를 해하려고 공모하므로 마게도냐를
거쳐 돌아가기로 작정하니

소요가 그치자 바울은 2차 전도여행지를 돌아보기 위해 계획대로 마게도냐로 향했습니다. 그곳에서 바울은 고린도전서를 전달하고 돌아온 디도를 만나고 다시 고린도후서를 작성하여 보냅니다. 그 후 바울은 직접 헬라의 중심지인 고린도로 들어가 3개월 동안 복음을 증거했습니다. 바울은 이 기간 동안 로마 전도를 위해, 체계적으로 복음의 내용을 설명해주는 로마서를 집필합니다. 바울이 마게도냐와 헬라 지역에서 특별히 관심을 가지고 했던 사역은 예루살렘의 곤궁한 신자들을 돕기 위한 연보를 거두는 일이었습니다. 복음전도와 문서사역 그리고 구제를 위한 모금운동은 교회들이 실천해야 할 중요한 사역입니다. 한편 유월절에 예루살렘으로 가려던 바울의 계획은 고린도에서 수리아까지 바로 가는 배를 타지 못하고 다시 마게도냐로 올라가서 바다를 건너게 됨으로 오순절로 미뤄지게 됩니다. 이는 배 위에서 유대인들이 바울을 없앨 음모를 꾸미고 있었기 때문입니다.

### 예루살렘 행에 함께한 이방 교회의 지도자들

4 아시아까지 함께 가는 자는 베뢰아 사람 부로의 아들 소바더와 데살로니가 사람 아리스다
고와 세군도와 더베 사람 가이오와 및 디모데와 아시아 사람 두기고와 드로비모라

한편 바울은 헌금에 동참한 각 교회의 지도자들을 예루살렘 방문에 대동하고 있습니다. 4절에 나오는 명단은 각각 베뢰아, 데살로니가 등의 마게도냐 지역 교회와 갈라디아, 골로새, 에베소 등의 소아시아 지역 교회의 지도자들입니다. 이것은 재정의 투명성을 지키기 위한 방법으로, 분담과 동역이라는 초대교회의 좋은 전통에 따르는 지혜로운 처신입니다.

### 무교절과 주일을 대하는 모습

5 그들은 먼저 가서 드로아에서 우리를 기다리더라 6 우리는 무교절 후에 빌립보에서 배로
떠나 닷새 만에 드로아에 있는 그들에게 가서 이레를 머무니라 7 그 주간의 첫날에 우리가
떡을 떼려 하여 모였더니...

유대인의 관습대로 무교절 기간을 홀로 조용히 보낸 바울은 드로아로 돌아와 일행과 합류하게 되었습니다. 드로아에는 바울이 직접 복음을 전하지는 않았지만 이미 교회가 세워져 있었습니다. 그리하여 바울 일행은 안식 후 첫날, 즉 주일에 드로아의 신자들과 함께 기쁨으로 떡을 떼며 성도의 교제를 나누었습니다. 초대교회에서는 그리스도의 부활을 기념하여 일요일을 예배의 날로 구별하였는데(고전16:2) 본 절은 그러한 행사에 대한 최초의 증거입니다.

## 드로아에서 일어난 유두고 부활 사건

7… 바울이 이튿날 떠나고자 하여 그들에게 강론할새 말을 밤중까지 계속하매 8우리가 모
인 윗다락에 등불을 많이 켰는데 9유두고라 하는 청년이 창에 걸터 앉아 있다가 깊이 졸더
니 바울이 강론하기를 더 오래 하매 졸음을 이기지 못하여 삼 층에서 떨어지거늘 일으켜보
니 죽었는지라 10바울이 내려가서 그 위에 엎드려 그 몸을 안고 말하되 떠들지 말라 생명이
그에게 있다 하고 11올라가 떡을 떼어 먹고 오랫동안 곧 날이 새기까지 이야기하고 떠나니
라 12사람들이 살아난 청년을 데리고 가서 적지 않게 위로를 받았더라

다음날 떠나기로 되어 있었던 바울은 드로아 신자들의 신앙이 더 성숙되기를 바라는 염원으로 한밤중까지 말씀을 강론했습니다. 이때 유두고라는 청년이 창에 걸터 앉아 졸다가 3층에서 떨어져 죽는 사건이 발생했습니다. 하지만 바울은 동요하는 회중들에게 "떠들지 말라 생명이 그에게 있다"라고 하며 안심시키고는 그 위에 엎드려 그 몸을 안고는 부활의 기적을 베풀었습니다. 여기서 바울의 더 큰 관심사는 부활의 기적이 아니라 생명의 말씀이었습니다. 이 때문에 바울은 설교를 계속 진행하여 날이 샐 때까지 말씀과 간증을 나누었습니다. 드로아 신자들은 이 일을 통해 말씀의 능력에 대한 잊을 수 없는 체험을 얻게 되었고 적지 않은 위로를 받게 되었습니다.

한편 온 열정을 다해 증거하는 말씀 앞에서 졸음을 참지 못하고 떨어져 죽은 유두고의 모습은 말씀 앞에서 자신의 모습이 어떠한지를 되돌아보게 해줍니다. 육신이 피로하면 영혼도 영향을 받게 됩니다. 그러므로 말씀 앞에 설 때에는 육신이 피곤하지 않은 상태에 있도록 미리 준비해야 합니다. 그런데 영혼이 건강하지 못하면 육신과 상관없이 말씀을 견디지 못하고 졸음에 떨어지게 됩니다. 말씀 앞에서의 태도는 영혼의 상태에 대한 가장 정확한 잣대가 됩니다.

## 드로아에서 밀레도까지의 행로

13 우리는 앞서 배를 타고 앗소에서 바울을 태우려고 그리로 가니 이는 바울이 걸어서 가고
자 하여 그렇게 정하여 준 것이라 14 바울이 앗소에서 우리를 만나니 우리가 배에 태우고 미
둘레네로 가서 15 거기서 떠나 이튿날 기오 앞에 오고 그 이튿날 사모에 들르고 또 그 다음
날 밀레도에 이르니라

바울일행은 터키 반도 서북단에 있는 드로아에서 배를 타고 남하하여 앗소와 미둘레네와 기오와 사모를 거쳐 밀레도에 도착하게 되었습니다. 그런데 바울은 첫 기착지인 앗소까지는 홀로 도보로 이동하기를 원했습니다. 아마도 이것은 전날 밤에 있었던 유두고의 부활사건에 대해 묵상하고 감사하기 위해 혼자만의 조용한 시간을 가지고자 함이었을 것입니다.

# 에베소 교회 장로들에게 전한 유언적인 말씀

16-38절

### 밀레도에 에베소 장로들을 청한 바울

16 바울이 아시아에서 지체하지 않기 위하여 에베소를 지나 배 타고 가기로 작정하였으니
이는 될 수 있는 대로 오순절 안에 예루살렘에 이르려고 급히 감이러라 17 바울이 밀레도에
서 사람을 에베소로 보내어 교회 장로들을 청하니 18 오매 그들에게 말하되 아시아에 들어
온 첫날부터 지금까지 내가 항상 여러분 가운데서 어떻게 행하였는지를 여러분도 아는 바
니 19 곧 모든 겸손과 눈물이며 유대인의 간계로 말미암아 당한 시험을 참고 주를 섬긴 것과
20 유익한 것은 무엇이든지 공중 앞에서나 각 집에서나 거리낌이 없이 여러분에게 전하여
가르치고 21 유대인과 헬라인들에게 하나님께 대한 회개와 우리 주 예수 그리스도께 대한
믿음을 증언한 것이라

밀레도에 도착한 바울은 오순절까지 예루살렘 교회에 도착하기 위해 인근에 있는 에베소 교회를 찾아가는 대신 장로들을 그리로 청하여 만나고 있습니다. 먼저 바울은 그들에게 자신이 에베소에서 어떻게 주를 섬겼는지를 상기시키고 있습니다. 그는 겸손과 눈물 그리고 시험을 참는 것으로 주를 섬겼습니다.

겸손은 주의 종된 자의 가장 기본적인 자세입니다. 종이 어찌 한 순간이라도 주인 앞에서 자기를 높일 수 있습니까? 눈물은 마음이 좁고 자기중심적인 사람에게는 있을 수 없습니다. 바울은 사랑 때문에 한없이 눈물을 흘려야 했습니다.

인내는 분노보다 더 큰 힘입니다. 바울은 끊임없는 유대인들의 시험에 대해 변함없는 인내와 기도로 대항했습니다. 이어서 그는 성도들에게 유익한 것은 무엇이든지 공사석을 구분하지 않고 가르쳤고, 또 믿지 않는 에베소의 모든 사람들에게도 하나님에 대한 회개와 그리스도에 대한 믿음을 전파했다고 회고하고 있습니다. 이처럼 바울은 증인의 사명에 충실했기에 '모든 사람의 피에 대해 깨끗하다'는 고백을 담대히 할 수 있었습니다.

이 고백 앞에서 나에게는 겸손과 눈물과 인내로 주를 섬기는 삶이 있는지, 나는 믿는 자와 믿지 않는 자를 향한 증인의 사명을 충실히 감당하고 있는지 점검해 보아야 합니다.

## 예루살렘행에 대한 바울의 각오

22 보라 이제 나는 성령에 매여 예루살렘으로 가는데 거기서 무슨 일을 당할는지 알지 못하
노라 23 오직 성령이 각 성에서 내게 증언하여 결박과 환난이 나를 기다린다 하시나 24 내가
달려갈 길과 주 예수께 받은 사명 곧 하나님의 은혜의 복음을 증언하는 일을 마치려 함에는
나의 생명조차 조금도 귀한 것으로 여기지 아니하노라

이제 바울은 자신의 예루살렘 방문 계획에 대해 말하기 시작합니다. 그는 자신이 이렇게 위험한 결정을 하게 된 것이 성령에 매임을 받았기 때문이라고 설명합니다. 바울은 민족에 대한 사랑으로, 그들에게 복음을 전해주고자 하는 성령의 열정에 온통 사로잡혀 있어서 견딜 수가 없었던 것입니다. 그는 자신의 생명을 보존하는 일에는 조금도 관심이 없었습니다. 그의 최대의 관심은 '복음 증거하는 일을 마치려 함', 곧 자신의 사명인 지상명령의 성취뿐이었습니다. 한편 바울은 그가 전파하는 복음을 '은혜의 복음'이라고 표현합니다. 이것은 값없이 예수의 보혈을 의지할 때, 인간의 공로로는 결코 이르지 못하는 구원에 이

르게 됨을 나타내는 말입니다.

## 모두의 피에 대해 깨끗하다는 바울의 간증

25 보라 내가 여러분 중에 왕래하며 하나님의 나라를 전파하였으나 이제는 여러분이 다 내
얼굴을 다시 보지 못할 줄 아노라 26 그러므로 오늘 여러분에게 증언하거니와 모든 사람의
피에 대하여 내가 깨끗하니 27 이는 내가 꺼리지 않고 하나님의 뜻을 다 여러분에게 전하였
음이라

이와 같이 후회 없는 고백은 바울이 하나님나라에 집중한 삶과 사역을 감당하였기에 가능한 것이었습니다.

"나는 선한 싸움을 싸우고 나의 달려갈 길을 마치고 믿음을 지켰으니 이제 후로는 나를 위하여 의의 면류관이 예비되었으므로 주 곧 의로우신 재판장이 그 날에 내게 주실 것이며 내게만 아니라 주의 나타나심을 사모하는 모든 자에게도니라"(딤후 4:7-8).

사실 복음의 핵심은 개인의 죄사함과 구원에 국한되는 것이 아니라 궁극적으로는 온 땅 가운데 임할 의와 평화와 기쁨의 하나님나라입니다.

지금 온 세상은 자연재해와 전염병, 개인과 개인, 민족과 민족, 계층과 계층, 종교와 종교 간의 갈등으로 모두 절규하며 신음하고 있습니다. 이 비참한 세상을 구원할 길은 하나님나라의 복음밖에 없습니다.

민족구원과 지상명령 성취에 매임을 받아 은혜의 복음과 하나님나라를 전파하는 일에 목숨을 거는 바울의 모습은 우리에게 귀한 도전이 됩니다.

## 에베소 교회 장로들에 대한 경고

28 여러분은 자기를 위하여 또는 온 양 떼를 위하여 삼가라 성령이 그들 가운데 여러분을 감
독자로 삼고 하나님이 자기 피로 사신 교회를 보살피게 하셨느니라 29 내가 떠난 후에 사나
운 이리가 여러분에게 들어와서 그 양 떼를 아끼지 아니하며 30 또한 여러분 중에서도 제자
들을 끌어 자기를 따르게 하려고 어그러진 말을 하는 사람들이 일어날 줄을 내가 아노라

바울은 하나님께서 피로 사신 교회를 보살피게 하기 위해 교회의 감독자로 세워주신 장로들을 향해 '자기를 위하여 또는 온 양 떼를 위하여 삼가라'고 권면합니다. 그 이유는 바울이 떠난 후 에베소 교회가 외적으로는 사나운 이리 같은 대적자들과 양의 탈을 쓴 이리 같은 거짓 선지자들에 의한 박해에 시달릴 것이고, 내적으로는 장로들 중에서도 제자들을 끌어 자기를 따르게 하려고 어그러진 말로 억압하고 조종하고 착취하는 자들이 일어나게 될 것을 분명히 알았기 때문입니다. 이 때문에 목자가 깨어 근신하고 있지 않는다면 양 떼를 지켜 줄 수 없는 것은 물론이고 자기 자신도 시험에 넘어져 배교자가 될 수밖에 없을 것입니다.

## 은혜의 말씀에 교회를 부탁하는 바울

31 그러므로 여러분이 일깨어 내가 삼 년이나 밤낮 쉬지 않고 눈물로 각 사람을 훈계하던 것
을 기억하라 32 지금 내가 여러분을 주와 및 그 은혜의 말씀에 부탁하노니 그 말씀이 여러분
을 능히 든든히 세우사 거룩하게 하심을 입은 모든 자 가운데 기업이 있게 하시리라

이어서 바울은 장로들에게 자신이 에베소에 있을 때 어떻게 삼갔는지를 기억하고 본받으라고 권면합니다. 그것은 일깨어 양 떼를 보살피는 영적 분별력과, 밤낮 쉬지 않는 근면함, 그리고 눈물로 각 사람을 훈계하는 사랑이었습

니다. 그러면서도 바울은 장차 올 박해와 배교의 세력으로부터 에베소 교회를 지킬 수 있는 가장 큰 힘이 무엇인지를 분명히 알고 있었고 그것에게 교회를 맡겨드리고 있습니다. 그것은 교회의 머리가 되시는 주와 그분의 말씀입니다. 주의 말씀은 그것을 끝까지 붙드는 자를 능히 든든히 세우사 거룩하여진 모든 성도들 가운데서 기업이 있게 해주실 것입니다. 목자 된 사람은 자기를 위하여 또는 온 양 떼를 위하여 삼가야 합니다. 영적 지도자에게는 영적 분별력과 근면함과 눈물의 훈계가 있어야 합니다. 이를 위해 우리 모두는 주와 그 말씀에 견고히 붙어 있어야만 합니다.

## 주는 자가 받는 자보다 복되다는 권면

33 내가 아무의 은이나 금이나 의복을 탐하지 아니하였고 34 여러분이 아는 바와 같이 이 손으로 나와 내 동행들이 쓰는 것을 충당하여 35 범사에 여러분에게 모본을 보여준 바와 같이 수고하여 약한 사람들을 돕고 또 주 예수께서 친히 말씀하신 바 주는 것이 받는 것보다 복이 있다 하심을 기억하여야 할지니라

바울은 마지막으로 교회의 지도자들이 가져야 할 한 가지 자세에 대해 권면하고 있습니다. 그것은 재물에 대한 탐심과 물질적인 보답을 바라서는 안 된다는 것입니다. 바울은 자신이 에베소에서 일을 손에서 놓지 않았고, 그것에서 생긴 물질로 자신뿐 아니라 동료들의 쓸 것을 벌고 또 약한 자들까지 도왔던 것을 상기시키고 있습니다. 그러면서 예수님께서 친히 말씀하신 "주는 것이 받는 것보다 복이 있다"라는 교훈을 기억하라고 명령합니다.

그런데 오늘날 많은 신자들의 실생활을 보면 바울의 모본이나 주님의 교훈과는 정반대로 받는 것이 주는 것보다 복이 있는 것처럼 살고 있습니다. 우리의 원죄는 자기중심이라는 이기심을 향해 끊임없이 치닫기 때문입니다. 그러므로

우리는 진리의 가르침대로 받는 것보다 주는 것이 더 익숙한 사람이 되기 위해서는 치열한 의식적 노력이 필요합니다. 예수님은 지금도 우리를 향해 "주라!"고 도전하고 계십니다.

"주라 그리하면 너희에게 줄 것이니 곧 후히 되 누르고 흔들어 넘치도록 하여 너희에게 안겨 주리라 너희가 헤아리는 그 헤아림으로 너희도 헤아림을 도로 받을 것이니라"(눅 6:38).

우리는 "주는 것이 받는 것보다 복이 있다"라는 진리를 삶으로 실천함으로 말미암아 실천한 사람만이 알 수 있는 비밀을 체험해야 합니다.

## 눈물의 작별과 전송

36 이 말을 한 후 무릎을 꿇고 그 모든 사람들과 함께 기도하니 37 다 크게 울며 바울의 목을 안고 입을 맞추고 38 다시 그 얼굴을 보지 못하리라 한 말로 말미암아 더욱 근심하고 배에까지 그를 전송하니라

마지막으로 바울은 무릎을 꿇고 함께 기도함으로 에베소 교회의 지도자들과 이별하고 밀레도를 떠나 예루살렘으로 향하게 됩니다. 그에게는 눈물과 근심도 막을 수 없는 사명이 있었던 것입니다.

# 21장
## 깊이파기

죽음을 각오하고

예루살렘행을 고집하다

# 무엇도 막을 수 없는 바울의 결심

1-14절

## 작별의 아픔도 막을 수 없는 사명

1 우리가 그들을 작별하고 배를 타고 바로 고스로 가서 이튿날 로도에 이르러 거기서부터
바다라로 가서 2 베니게로 건너가는 배를 만나서 타고 가다가 3 구브로를 바라보고 이를 왼
편에 두고 수리아로 항해하여 두로에서 상륙하니 거기서 배의 짐을 풀려 함이러라 4 제자들
을 찾아 거기서 이레를 머물더니 그 제자들이 성령의 감동으로 바울더러 예루살렘에 들어
가지 말라 하더라 5 이 여러 날을 지낸 후 우리가 떠나갈 새 그들이 다 그 처자와 함께 성문
밖까지 전송하거늘 우리가 바닷가에서 무릎을 꿇어 기도하고 6 서로 작별한 후 우리는 배에
오르고 그들은 집으로 돌아가니라

1절에서 에베소 장로들과의 헤어짐을 가리키는 말로 사용된 '작별'이라는 단어는 원어로 '찢어 갈라 놓는다'라는 의미입니다. 이 단어는 정말로 헤어지기 싫지만, 하나님께서 주신 사명을 위해 격한 이별의 감정을 참아내는 모습을 잘 묘사해줍니다. 사명자에게는 작별의 아픔도 막을 수 없는 걸음이 있는 것입니다. 밀레도를 떠난 바울은 베니게 지역으로 향하는 배에 올라 고스-로도-바다라를 거쳐 지중해를 가로질러 수리아의 두로에 잠시 정박하게 되었습니다. 그런데 밀레도에서 있었던 가슴 아픈 작별은 두로에서도 한 번 더 나타납니다. 짐의 하역관계로 두로에서 한 주간을 머물게 된 바울은 그곳에 있는 신자들을 수소문하여 찾아가서 교제하게 되었습니다. 그러자 그들 가운데 교통하

시는 성령님은 그들이 불과 일주일을 함께 지냈을 뿐이었지만 피를 나눈 형제보다 더 가깝게 만들어주셨습니다. 그리하여 바울 일행이 떠나는 날이 되자 두로의 성도들은 그 찢어 갈라놓은 것 같은 작별을 아쉬워하며, 아내들과 아이들까지 데리고 나와 무릎 꿇어 기도하면서 바울을 전송하고 있습니다. 사명을 위해서는 때로 인간적인 아쉬움도 감수해야만 합니다.

### 돌레마이와 가이사랴에서의 여정

7 두로를 떠나 항해를 다 마치고 돌레마이에 이르러 형제들에게 안부를 묻고 그들과 함께
하루를 있다가 8 이튿날 떠나 가이사랴에 이르러 일곱 집사 중 하나인 전도자 빌립의 집에
들어가서 머무르니라

두로를 떠나 배의 종착지인 돌레마이에 이른 바울은 그곳에서도 형제들을 찾아가 안부를 묻고 하루를 그들과 함께 있었습니다. 이처럼 바울은 가는 곳마다 믿음의 지체들을 찾아 교제했습니다. 그에게 있어서 성도의 교제는 너무나도 소중한 기쁨과 능력의 파워 뱅크였던 것입니다.

"한 사람이면 패하겠거니와 두 사람이면 맞설 수 있나니 세 겹 줄은 쉽게 끊어지지 아니하느니라"(전 4:12 ).

우리도 성도의 교제를 소중히 여기며 참여하는 사람이 되어야 합니다.

### 예언의 은사를 가진 빌립의 네 딸

9 그에게 딸 넷이 있으니 처녀로 예언하는 자라

생각보다 일찍 가이사랴에 도착한 바울 일행은 오순절까지는 시간적인 여유

가 있었기 때문에 일곱 집사 중 하나였던 전도자 빌립의 집에서 머물며 휴식을 취하게 되었습니다. 빌립에게는 네 명의 처녀 딸이 있었는데 모두 예언하는 자였습니다. 초대교회에서 예언은 방언과 더불어 대단히 부각되는 은사였으며, 특별히 바울은 이 둘 중에서도 예언을 더 사모하라고 가르쳤습니다.

"사랑을 추구하며 신령한 것들을 사모하되 특별히 예언을 하려고 하라 방언을 말하는 자는 사람에게 하지 아니하고 하나님께 하나니 이는 알아 듣는 자가 없고 영으로 비밀을 말함이라 그러나 예언하는 자는 사람에게 말하여 덕을 세우며 권면하며 위로하는 것이요 방언을 말하는 자는 자기의 덕을 세우고 예언하는 자는 교회의 덕을 세우나니"(고전 14:1-4).

이 구절을 통해 보면 방언은 하나님에게 영으로 비밀을 말함으로 자신에게 덕을 끼치는 것이라면 예언은 사람에게 영으로 비밀(깊은 진리)를 말함으로 공동체에 덕을 세우며 권면하고 위로하는 것임을 알 수 있습니다.

그런데 초대교회에서 이와 같은 예언의 대표적이고 지배적인 형태는 말씀선포를 통해 교통하시는 성령님께서 공동체에 속한 각 사람들이 모두 자기에게 말씀하시는 것으로 받게 하시는 사역을 의미했습니다. 신자는 바른 예언의 은사에 대해 이해하고 있고, 말씀 앞에 설 때마다 예언의 역사를 기대하는 사람이 되어야 합니다.

### 아가보의 예언과 바울의 결심을 듣고 수용하는 동료들

10 여러 날 머물러 있더니 아가보라 하는 한 선지자가 유대로부터 내려와 11 우리에게 와서
바울의 띠를 가져다가 자기 수족을 잡아매고 말하기를 성령이 말씀하시되 예루살렘에서
유대인들이 이같이 이 띠 임자를 결박하여 이방인의 손에 넘겨 주리라 하거늘 12 우리가 그
말을 듣고 그 곳 사람들과 더불어 바울에게 예루살렘으로 올라가지 말라 권하니 13 바울이

대답하되 여러분이 어찌하여 울어 내 마음을 상하게 하느냐 나는 주 예수의 이름을 위하여 결박 당할 뿐 아니라 예루살렘에서 죽을 것도 각오하였노라 하니 14 그가 권함을 받지 아니하므로 우리가 주의 뜻대로 이루어지이다 하고 그쳤노라

바울이 가이사랴에서 머물고 있을 때 예루살렘 교회의 예언자인 선지자 아가보(행 11:28)가 유대로부터 내려와 바울의 띠를 가져다가 자기 수족을 잡아매고는 '이 띠의 임자가 예루살렘에서 결박될 것'이라고 예언했습니다. 사실 이와 같은 성령의 동일한 감동은 두로에서도 있었습니다. 계속되는 예언의 일치를 보면서 바울의 일행들은 바울에게 닥칠 위험을 분명히 인식하게 되었습니다. 그래서 이번에는 가이사랴 성도들뿐 아니라 바울을 수행하던 사도행전의 기록자 누가를 비롯한 동역자들도 합세하여 그의 예루살렘행을 눈물로 만류하고 나섰습니다. 하지만 이들은 "나는 주 예수의 이름을 위하여 결박 당할 뿐 아니라 예루살렘에서 죽을 것도 각오하였노라"고 하는 바울의 굳은 결심을 확인하게 되었고, 계속 권유하는 것은 그의 마음만 더 상하게 할 뿐임을 깨닫고는, "주의 뜻대로 이루어지이다"를 고백함으로 그치고 있습니다.

사실 이후에 일어난 결과들을 생각해 볼 때 선지자의 예언과 동역자들의 만류는 적절한 것이었습니다. 하지만 그렇다고 바울의 결정이 틀린 것도 아닙니다. 왜냐하면 주의 뜻은 우리의 생각보다 훨씬 크며, 하나님은 정직한 마음으로 행한 결정은 합력하여 유익하게 해주시는 좋은 분이시기 때문입니다.

그러므로 때로 우리는 누가처럼 올바른 염려와 조언마저도 더 크신 주님의 뜻에 맡기고 그칠 수 있어야 합니다. 내가 맞았다고 다른 사람은 무조건 틀린 것이라고 주장해서는 안됩니다. 이것이 진정으로 자기를 부인하고 하나님을 신뢰하는 신자의 바른 모습입니다. 우리는 초월하시는 주의 뜻 앞에서 인간적인 애정과 염려도 맡길 수 있어야 합니다.

# 예루살렘에 도착한 바울의 행적

15-26절

## 예루살렘에서의 거처를 준비하는 바울

15 이 여러 날 후에 여장을 꾸려 예루살렘으로 올라갈새 16 가이사랴의 몇 제자가 함께 가
며 한 오랜 제자 구브로 사람 나손을 데리고 가니 이는 우리가 그의 집에 머물려 함이라 17
예루살렘에 이르니 형제들이 우리를 기꺼이 영접하거늘 18 그 이튿날 바울이 우리와 함께
야고보에게로 들어가니 장로들도 다 있더라 19 바울이 문안하고 하나님이 자기의 사역으
로 말미암아 이방 가운데서 하신 일을 낱낱이 말하니 20 그들이 듣고 하나님께 영광을 돌리
고...

드디어 바울은 예루살렘으로 올라왔습니다. 하지만 그는 예루살렘에서 민폐를 끼치지 않도록 기거할 장소까지 예비하고 움직이고 있습니다. 여기서 우리는 그의 몸에 밴 자비량정신을 확인하게 됩니다. 예루살렘 교회에 도착한 바울은 야고보와 장로들에게 문안하고 하나님께서 그의 봉사로 말미암아 이방 가운데 하신 일을 낱낱이 보고했습니다. 그러자 형제들은 바울 일행을 기꺼이 영접했고, 그들의 사역으로 말미암아 하나님께 영광을 돌렸습니다. 유대인 전도에 집중하는 예루살렘 교회는 이방인 선교에 집중하는 바울 일행과는 분명 다른 성격을 가지고 있었습니다. 그러나 이 같은 따뜻한 영접을 통해 그들은 정말 머리되신 예수님 안에서 한 몸임을 증명해 보이고 있습니다.

## 예루살렘 장로들의 조언

20…바울더러 이르되 형제여 그대도 보는 바에 유대인 중에 믿는 자 수만 명이 있으니 다 율
법에 열성을 가진 자라 21 네가 이방에 있는 모든 유대인을 가르치되 모세를 배반하고 아들
들에게 할례를 행하지 말고 또 관습을 지키지 말라 한다 함을 그들이 들었도다 22 그러면 어
찌할꼬 그들이 필연 그대가 온 것을 들으리니 23 우리가 말하는 이대로 하라 서원한 네 사람
이 우리에게 있으니 24 그들을 데리고 함께 결례를 행하고 그들을 위하여 비용을 내어 머리
를 깎게 하라 그러면 모든 사람이 그대에 대하여 들은 것이 사실이 아니고 그대도 율법을 지
켜 행하는 줄로 알 것이라 25 주를 믿는 이방인에게는 우리가 우상의 제물과 피와 목매어
죽인 것과 음행을 피할 것을 결의하고 편지하였느니라 하니

예루살렘 교회의 장로들은 바울에게 예루살렘에 있는 수만 명의 유대인 기독 신자들에게 바울이 '모세를 배반하고 할례를 하지 말고 관습을 지키지 말라고 가르친다'는 소문이 떠돌고 있음을 알려주었습니다. 그리고 이 같은 오해를 불식시킬 수 있는 방법으로 바울에게 서원한 네 사람과 함께 결례를 행하고 이들의 결례비용을 댈 것을 제안했습니다. 당시 결례를 행하는데 드는 제물은 결코 적지 않았기 때문에 그 비용을 대신 부담하는 사람은 율법에 대해 경건한 자로 인정받을 수 있었기 때문입니다.

## 결례에 대한 장로들의 조언을 받아들이는 바울

26 바울이 이 사람들을 데리고 이튿날 그들과 함께 결례를 행하고 성전에 들어가서 각 사람
을 위하여 제사 드릴 때까지의 결례 기간이 만기된 것을 신고하니라

사실 바울은 한 번도 모세율법이나 유대인의 할례나 관습을 반대하지 않았습니다. 그가 반대한 것은 의미를 간과하고 형식에만 집중하는 율법주의와 이방

인에 대해서는 배타적인 선민사상이었습니다. 또한 예루살렘 총회에서도 이방의 신자에게는 우상의 제물과 피와 목매어 죽인 것과 음행을 피하는 것 외에는 어떠한 율법의 짐도 지우지 않기로 결정했기 때문에 바울에게는 장로들의 제안을 받아들여야 할 아무런 의무도 없었습니다. 하지만 바울은 예루살렘 교회 지도자들의 말을 받아들였습니다. 이것은 바울이 자신의 안전을 위해 율법주의와 타협한 것이 아니라, 율법에 열성적인 유대 기독교인들에게 걸림돌을 놓지 않기 위해 스스로를 낮춘 것입니다.

바울은 자신의 말대로 율법 없는 자에게는 율법 없는 자같이 되고, 율법 아래 있는 자에게는 율법 아래 있는 자 같이 되어 아무쪼록 많은 영혼을 얻고자 힘쓰는 사람입니다.

"유대인들에게 내가 유대인과 같이 된 것은 유대인들을 얻고자 함이요 율법 아래에 있는 자들에게는 내가 율법 아래에 있지 아니하나 율법 아래에 있는 자 같이 된 것은 율법 아래에 있는 자들을 얻고자 함이요 율법 없는 자에게는 내가 하나님께는 율법 없는 자가 아니요 도리어 그리스도의 율법 아래에 있는 자이나 율법 없는 자와 같이 된 것은 율법 없는 자들을 얻고자 함이라"(고전 9:20-21).

# 꼭 죽이려는 유대인과 꼭 전도하려는 바울

27-40절

## 선입견으로 격동되어 바울을 사로잡은 무리들

27 그 이레가 거의 차매 아시아로부터 온 유대인들이 성전에서 바울을 보고 모든 무리를 충
동하여 그를 붙들고 28 외치되 이스라엘 사람들아 도우라 이 사람은 각처에서 우리 백성과
율법과 이 곳을 비방하여 모든 사람을 가르치는 그 자인데 또 헬라인을 데리고 성전에 들어
가서 이 거룩한 곳을 더럽혔다 하니 29 이는 그들이 전에 에베소 사람 드로비모가 바울과 함
께 시내에 있음을 보고 바울이 그를 성전에 데리고 들어간 줄로 생각함이러라 30 온 성이 소
동하여 백성이 달려와 모여 바울을 잡아 성전 밖으로 끌고 나가니 문들이 곧 닫히더라

바울은 율법의 가르침대로 7일간의 결례를 행하고, 제사장에게 서원기간이 끝났음을 고하기 위해 성전으로 들어갔습니다. 그런데 아시아로부터 온 유대인들이 성전에서 바울을 발견하고는 '이 자가 유대 백성과 율법과 성전을 훼방하던 자인데, 지금은 헬라인까지 성전으로 데리고 들어와 거룩한 곳을 더럽게 한다'라고 하면서 그를 잡으라고 소리쳤습니다.

당시 성전은 이방인의 뜰과 이스라엘의 뜰로 나누어져 있었고, 만약 이스라엘의 뜰로 이방인이 들어갈 경우에는 비록 그가 로마인이라도 예외 없이 처형을 당하게 되어있습니다. 하지만 이것은 사실에 근거한 말이 아니라 선입견으로 말미암은 오해이거나 악의적인 거짓말일 뿐이었습니다. 그들은 얼마 전에 바울이 에베소 사람인 드로비모와 예루살렘 시내에서 함께 있는 것을 목격했는

데 지레 짐작으로 이방인인 그를 데리고 성전에까지 들어온 것이라고 단정한 것이었습니다. 이 때문에 온 성은 소동하게 되었고, 격분한 백성들은 우선 불순한 자의 피로 성전을 더럽히지 않기 위해 바울을 이스라엘 뜰에서 끌어내고, 이스라엘 뜰과 이방인의 뜰을 나누는 문을 닫았습니다. 그리고는 사실 확인도 하지 않고 최소한의 재판 절차도 없이 바울을 죽이기 위해 함께 달려들어 폭력을 휘두르기 시작했습니다. 여기서 우리는 누가 참으로 율법을 비방하며 성전을 더럽히는 자가 누구인지 확인하게 됩니다. 이 말씀 앞에서 혹시 나에게는 율법을 핑계 삼아 그동안 좋지 않은 선입견을 갖고 있던 사람을 비판하는 모습은 없었는지 살펴보아야 합니다.

## 바울을 보호하는 로마 군대

31 그들이 그를 죽이려 할 때에 온 예루살렘이 요란하다는 소문이 군대의 천부장에게 들리
매 32 그가 급히 군인들과 백부장들을 거느리고 달려 내려가니 그들이 천부장과 군인들을
보고 바울 치기를 그치는지라 33 이에 천부장이 가까이 가서 바울을 잡아 두 쇠사슬로 결박
하라 명하고 그가 누구이며 그가 무슨 일을 하였느냐 물으니 34 무리 가운데서 어떤 이는
이런 말로, 어떤 이는 저런 말로 소리 치거늘 천부장이 소동으로 말미암아 진상을 알 수 없
어 그를 영내로 데려가라 명하니라 35 바울이 층대에 이를 때에 무리의 폭행으로 말미암아
군사들에게 들려가니 36 이는 백성의 무리가 그를 없이하자고 외치며 따라 감이러라

이와 같은 소요사태는 급하게 천부장에게 보고되었고 급히 군대가 출동하게 되었습니다. 예루살렘 성전에는 만약 일어날지 모르는 소요사태를 막기 위해 안토니오 부대라는 로마군이 주둔하고 있었습니다. 게다가 그때는 오순절 절기여서 유대인들의 폭동에 대한 감시와 대비가 철저하게 진행되고 있었던 것입니다. 이들이 아니었으면 바울은 그 자리에서 목숨을 잃었을 것입니다.

참으로 하나님은 '우리의 피난처시요 환난 중에 만날 큰 도움'이 되십니다(시 46:1).

한편 현장에 출동한 천부장은 우선 바울을 체포하여 결박하고는 무리들에게 그가 누구이며 무슨 일을 했는지 물었습니다. 하지만 어떤 이는 이런 말로, 어떤 이는 저런 말로 소리칠 뿐 진상이 파악되지 않았습니다. 그들의 외침은 진실에 기반을 둔 것이 아니기 때문입니다. 이 때문에 천부장은 바울을 안토니오 부대의 군영 안으로 옮겨서 심문을 하려고 했습니다. 그러나 무리들의 난폭함은 극에 달해 뒤따르면서 계속 바울을 죽이라고 외쳤고, 군영으로 향하는 층계에 이르러서는 폭행 때문에 병사들이 바울을 손으로 높이 들어 올리고 가야 할 지경이 되었습니다.

## 천부장에게 청하여 연설을 시작하는 바울

37 바울을 데리고 영내로 들어가려 할 그 때에 바울이 천부장에게 이르되 내가 당신에게 말할 수 있느냐 이르되 네가 헬라 말을 아느냐 38 그러면 네가 이전에 소요를 일으켜 자객 사천 명을 거느리고 광야로 가던 애굽인이 아니냐 39 바울이 이르되 나는 유대인이라 소읍이 아닌 길리기아 다소 시의 시민이니 청컨대 백성에게 말하기를 허락하라 하니 40 천부장이 허락하거늘 바울이 층대 위에 서서 백성에게 손짓하여 매우 조용히 한 후에 히브리 말로 말하니라

바울은 이 같은 살해위험에서 벗어나자마자 천부장에게 자신이 로마 시민임을 밝히면서 무리들에게 말할 수 있는 기회를 달라고 요구했습니다.

천부장은 바울의 유창한 헬라어에 한편으로는 깜짝 놀랐고, 다른 편으로는 그가 자객 사천 명을 거느리고 로마에 대한 반란을 기획하고 있던 애굽인이 아닌가하고 추측했습니다. 그러나 바울이 애굽인이 아니라 유대인이며, 큰 성인

다소의 시민이라고 밝힘으로 천부장의 의혹을 해소시켜주자 그에게 말할 기회를 주었습니다.
사실 바울은 이 일을 위해 예루살렘에 올라왔으며, 진리의 편에 서 있었기 때문에 조금도 두렵지 않았던 것입니다. 이에 바울은 무리들을 매우 조용히 시키고 히브리 방언인 아람어로 연설을 했습니다. 진리를 가지고 조용하게 반응하는 바울 한 사람의 목소리는 오해와 무지 가운데 외치는 모든 무리의 소리보다 더 분명한 것이었습니다.

# 22장
## 깊이파기

안토니오 진영 앞에서
자신의 신앙여정을 간증하다

# 진영 앞에서 행한 바울의 간증과 동족들의 반응

1-23절

## 자신의 과거에 대한 바울의 진술

1 부형들아 내가 지금 여러분 앞에서 변명하는 말을 들으라 2 그들이 그가 히브리 말로 말함
을 듣고 더욱 조용한지라 이어 이르되 3 나는 유대인으로 길리기아 다소에서 났고 이 성에
서 자라 가말리엘의 문하에서 우리 조상들의 율법의 엄한 교훈을 받았고 오늘 너희 모든 사
람처럼 하나님께 대하여 열심이 있는 자라 4 내가 이 도를 박해하여 사람을 죽이기까지 하
고 남녀를 결박하여 옥에 넘겼노니 5 이에 대제사장과 모든 장로들이 내 증인이라 또 내가
그들에게서 다메섹 형제들에게 가는 공문을 받아 가지고 거기 있는 자들도 결박하여 예루
살렘으로 끌어다가 형벌 받게 하려고 가더니

바울을 민족의 배반자로 생각하여 분노하고 있던 군중들은 바울의 아람어 연설에 잠시 감정이 누그러뜨려졌습니다. 당시 디아스포라 유대인 중에는 히브리 방언인 아람어를 전혀 할 줄 모르는 사람이 많았기 때문입니다. '부형들아'라는 공손한 말로 연설을 시작한 바울은 자기의 태생, 성장, 교육에 대해 말하면서 자신의 삶이 얼마나 철저히 유대적인 것이었는지를 말합니다. 그리고 그 증거로 기독교를 핍박하기까지 했던 자신의 열심에 대해서도 밝혔습니다.

## 예수님을 만난 사연을 간증하는 바울

6 가는 중 다메섹에 가까이 갔을 때에 오정쯤 되어 홀연히 하늘로부터 큰 빛이 나를 둘러 비
치매 7 내가 땅에 엎드러져 들으니 소리 있어 이르되 사울아 사울아 네가 왜 나를 박해하느
냐 하시거늘 8 내가 대답하되 주님 누구시니이까 하니 이르시되 나는 네가 박해하는 나사렛
예수라 하시더라 9 나와 함께 있는 사람들이 빛은 보면서도 나에게 말씀하시는 이의 소리는
듣지 못하더라

이어서 바울은 그 자리에 모인 무리들과 똑같았던 자신의 삶이 이렇게 변화된 것은 자신이 본 큰 빛과 하늘의 음성 때문이었다고 설명합니다. 그런데 이 체험은 그 장소에 같이 있다고 해서 동일하게 경험한 일은 아닙니다. 일행들은 소리를 들어도 그 뜻을 알지 못했으며(행 9:17), 빛을 보아도 그것이 예수님의 영광의 계시는 아니었습니다. 예수님은 지식 없는 열심과 하나님을 위한다는 마음으로 하나님을 핍박하고 있던 그 사울 하나를 위해 친히 찾아오신 것입니다.

한편 사도행전에는 바울이 자신의 회심과정에 관해 소개하는 장면이 세 번 나오고 있는데, 그 때마다 자기가 본 빛에 대한 묘사는 '빛'(9장)에서 '큰 빛'(22장)에서 '해보다 더 밝은 빛'(26장)으로 점점 더 강조되고 있습니다. 이것은 시간이 지날수록 자신이 다메섹에서 본 빛이 얼마나 놀라운 것이었는지에 대한 감격의 표현이라고 할 수 있습니다. 우리는 우리의 눈을 뜨게 해준 그 빛을 점점 더 소중히 여기는 사람이 되어야 합니다. 이것이 배도하지 않고 끝까지 복음의 빛을 간직할 수 있는 가장 중요한 자세입니다

"한 번 빛을 받고 하늘의 은사를 맛보고 성령에 참여한 바 되고 하나님의 선한 말씀과 내세의 능력을 맛보고도 타락한 자들은 다시 새롭게 하여 회개하게 할 수 없나니 이는 그들이 하나님의 아들을 다시 십자가에 못 박아 드러내 놓고 욕되게 함이라"(히 6:4-6).

## 아나니아를 통해 눈을 뜨게 된 과정

10 내가 이르되 주님 무엇을 하리이까 주께서 이르시되 일어나 다메섹으로 들어가라 네가
해야 할 모든 것을 거기서 누가 이르리라 하시거늘 11 나는 그 빛의 광채로 말미암아 볼 수
없게 되었으므로 나와 함께 있는 사람들의 손에 끌려 다메섹에 들어갔노라 12 율법에 따라
경건한 사람으로 거기 사는 모든 유대인들에게 칭찬을 듣는 아나니아라 하는 이가 13 내게
와 곁에 서서 말하되 형제 사울아 다시 보라 하거늘 즉시 그를 쳐다보았노라

다메섹 체험을 통해서 바울은 자신이 영적으로 소경이요 귀머거리였음을 깨닫게 되었고, 하나님이 누구시며 그분을 위해 무엇을 해야 할지 가장 잘 알고 있다고 자신했던 과거와는 달리, '주님 누구십니까? 주님 무엇을 하리이까?'를 묻는 겸손한 사람으로 바뀌게 되었습니다.

바울은 영적 눈뜸을 향한 자신의 여정에 율법적으로 경건한 유대인 아나니아가 개입되어 있었음을 소개합니다. 하나님께서 바울에게 직접 치유의 기적과 증인의 소명을 주시지 않고 아나니아를 통해서 주신 것은 하나님께서 일하시는 전형적인 방식이십니다.

하나님은 베드로와 고넬료에게 각각 부분적으로 말씀을 주셨지만, 둘이 만남으로 당신의 말씀이 온전해지게 하셨습니다. 하나님은 이것은 하나님께서 한 사람이 아니라 당신의 이름으로 모인 두세 사람의 공동체인 교회를 통해서 일하심을 보여주는 것입니다. 교회가 함께 말씀을 받는 것은 마치 퍼즐조각이 맞추어지는 것처럼 훨씬 더 온전하고 보완되는 것입니다. 이 때문에 우리는 반드시 공동체에 대해 열려 있고 성도의 교제에 힘을 써야 합니다.

## 증인의 사명에 대한 간증

14그가 또 이르되 우리 조상들의 하나님이 너를 택하여 너로 하여금 자기 뜻을 알게 하시며
그 의인을 보게 하시고 그 입에서 나오는 음성을 듣게 하셨으니 15 네가 그를 위하여 모든
사람 앞에서 네가 보고 들은 것에 증인이 되리라 16 이제는 왜 주저하느냐 일어나 주의 이름
을 불러 세례를 받고 너의 죄를 씻으라 하더라

아나니아는 하나님의 치유의 통로로서 바울의 눈을 뜨게 해주었을 뿐 아니라 말씀의 통로로서 그에게 새로운 삶의 길을 제시해주었습니다. 그것은 모든 이에게 자기가 보고 들은 것에 대해 증인되는 삶이었습니다. 다메섹 도상에서의 체험을 통해 바울은 하나님의 뜻을 분별하게 되었고, 부활하신 '그 의인' 예수를 보았으며, 그분의 음성을 들었기 때문입니다.
사실 바울은 진리를 모질게 박해한 자신의 무지와 악독이 부끄러워서 이 소명 앞에서 주저하였습니다. 하지만 그때 주님은 주저하지 말고 이 은혜의 소명에 참여하라는 초대를 주셨습니다. 그가 범한 그렇게 큰 죄들도 주의 보혈의 은혜 앞에서는 아무 문젯거리도 되지 않았던 것입니다. 그리하여 바울은 예수님을 주로 고백함으로 세례와 죄씻음을 받고 증인의 소명을 영접하게 되었습니다. 우리는 하나님의 뜻을 알게 된 사람이고, 예수를 보게 된 사람이며, 그 입의 음성을 듣고 있는 사람입니다.

## 과거 예루살렘에서 들었던 음성에 대한 증거

17 후에 내가 예루살렘으로 돌아와서 성전에서 기도할 때에 황홀한 중에 18 보매 주께서 내
게 말씀하시되 속히 예루살렘에서 나가라 그들은 네가 내게 대하여 증언하는 말을 듣지 아
니하리라 하시거늘 19 내가 말하기를 주님 내가 주를 믿는 사람들을 가두고 또 각 회당에서

때리고 20 또 주의 증인 스데반이 피를 흘릴 때에 내가 곁에 서서 찬성하고 그 죽이는 사람들의 옷을 지킨 줄 그들도 아나이다 21 나더러 또 이르시되 떠나가라 내가 너를 멀리 이방인에게로 보내리라 하셨느니라

바울은 이제 자신이 이방인 선교에 뛰어들게 된 경위에 대해 말하기 시작합니다. 먼저 그는 자신이 얼마나 유대인들에게 이 복음을 전하고 싶었는지를 말합니다. 다메섹에서 회심하고 예루살렘에 올라온 바울은 성전에서 기도할 때 황홀경 중에 "속히 예루살렘에서 나가라 그들은 네가 내게 대하여 증언하는 말을 듣지 아니하리라"는 하나님의 음성을 들었습니다.

하지만 그는 이 도를 박해했던 자신이야말로 유대인 전도의 적임자라고 하나님께 항변하기까지 했습니다. 그러나 하나님은 다시 한 번 그에게 "떠나가라 내가 너를 멀리 이방인에게로 보내리라!"고 명령하셨다고 진술했습니다. 사실 그 후에 예루살렘에서 일어난 일을 보면서 우리는 바울의 주장이 아니라 하나님의 말씀이 옳았음을 분명히 알 수 있습니다. 하나님의 말씀은 항상 옳습니다.

"사울이 제자들과 함께 있어 예루살렘에 출입하며 또 주 예수의 이름으로 담대히 말하고 헬라파 유대인들과 함께 말하며 변론하니 그 사람들이 죽이려고 힘쓰거늘 형제들이 알고 가이사랴로 데리고 내려가서 다소로 보내니라"(행 9:28-30).

## 바울을 죽이려고 하는 유대인들

22 이 말하는 것까지 그들이 듣다가 소리 질러 이르되 이러한 자는 세상에서 없애 버리자 살려 둘 자가 아니라 하여 23 떠들며 옷을 벗어 던지고 티끌을 공중에 날리니

바울의 연설을 잠잠히 듣고 있던 유대인들은 이 순간 마치 휴화산이 갑자기 폭발하는 것처럼 "이러한 자는 세상에서 없애 버리자 살려 둘 자가 아니라!"고 하며 아우성치기 시작했습니다.

배타적인 선민의식을 가지고 있던 유대인들은 하나님께서 자신들의 귀가 막혀 말씀을 듣지 않을 것이라고 했다는 사실에 더하여 이방인들에게 말씀을 전하라고 하셨다는 진술에 더 이상 참을 수가 없었습니다. 23절의 '떠들며, 던지고, 날리니'라는 연속되는 세 개의 동사들은 격렬한 분노와 흥분으로 인해 날뛰는 무리들의 살벌한 모습을 잘 보여주고 있습니다. 그들의 교만한 선민의식은 진술을 다 들어 보기도 전에 그들의 귀를 진리로부터 막아버리게 한 것입니다.

# 천부장에게 로마 시민권자임을 밝히는 바울

24-30절

## 천부장을 향한 바울의 정당한 항변

24 천부장이 바울을 영내로 데려가라 명하고 그들이 무슨 일로 그에 대하여 떠드는지 알고
자 하여 채찍질하며 심문하라 한대 25 가죽 줄로 바울을 매니 바울이 곁에 서 있는 백부장더
러 이르되 너희가 로마 시민 된 자를 죄도 정하지 아니하고 채찍질할 수 있느냐 하니 26 백
부장이 듣고 가서 천부장에게 전하여 이르되 어찌하려 하느냐 이는 로마 시민이라 하니

천부장은 바울이 아람어로 연설했기에 그 내용은 알 수 없었지만 군중들의 격렬한 반응을 보고 분명 그에게 큰 죄가 있을 것으로 생각하고, 영내로 옮겨 채찍질하기 위해 기둥에 묶게 했습니다. 그러자 바울은 곁에 서 있던 백부장에게 자신이 로마 시민이며, 판결도 나지 않은 상황에서 로마 시민을 채찍질하는 것은 중죄임을 지적했습니다.

그는 기꺼이 그리스도를 위하여 죽을 준비가 되어 있었지만, 불필요하거나 무모하게 자기 생명을 내버리는 사람은 아니었습니다. 예수님께서 전도자들에게 뱀 같이 지혜로우라고 하신 말씀은 바로 이처럼 불필요하고 무모한 위험에 자기를 노출시키지 말라는 의미입니다(마 10:16).

## 로마 시민권자임을 알고 두려워하는 천부장

27 천부장이 와서 바울에게 말하되 네가 로마 시민이냐 내게 말하라 이르되 그러하다 28 천
부장이 대답하되 나는 돈을 많이 들여 이 시민권을 얻었노라 바울이 이르되 나는 나면서부
터라 하니 29 심문하려던 사람들이 곧 그에게서 물러가고 천부장도 그가 로마 시민인 줄 알
고 또 그 결박한 것 때문에 두려워하니라 30 이튿날 천부장은 유대인들이 무슨 일로 그를 고
발하는지 진상을 알고자 하여 그 결박을 풀고 명하여 제사장들과 온 공회를 모으고 바울을
데리고 내려가서 그들 앞에 세우니라

이어지는 천부장과의 대화를 통해 우리는 바울이 돈을 주고 시민권을 산 사람이 아니라 날 때부터 시민권자였던 대단한 상류가문의 사람임을 확인하게 됩니다). 이 같은 사회적인 배경에도 불구하고 복음을 위해 자신의 전부를 내어던진 바울의 모습은, 많은 소유 때문에 그리스도를 따르지 못했던 젊은 부자 청년과 큰 대조를 이룹니다.

"그 사람이 큰 부자이므로 이 말씀을 듣고 심히 근심하더라"(눅 18:23).

한편 천부장이 바울의 로마사람됨을 듣고 정당한 절차 없이 결박한 것에 대해 두려워하면서도, 그의 결박을 이튿날에 소집된 산헤드린 공의회 시간까지 풀지 않았던 것은 당시 군중들의 살기등등한 분위기가 어느 정도였는지를 짐작케 해줍니다.

# 23장

## 깊이파기

천부장의 신속한 조치로
암살음모에서 벗어나다

# 무산된 산헤드린과 예수님의 격려

1-11절

## 대제사장 아나니아의 난폭함

1 바울이 공회를 주목하여 이르되 여러분 형제들아 오늘까지 나는 범사에 양심을 따라 하나
님을 섬겼노라 하거늘 2 대제사장 아나니아가 바울 곁에 서 있는 사람들에게 그 입을 치라
명하니

천부장의 소집으로 이튿날 열린 산헤드린 공회의에서 바울은 자기가 범사에 양심을 따라 하나님을 섬겼다고 진술했습니다. 이것은 율법을 범했다는 저들의 고발에 대해 자신의 무죄함을 밝히는 것입니다. 그러자 난폭한 성격의 대제사장 아나니아는 흥분하여 곁에 서 있는 사람들에게 "그 입을 치라!"고 명령했습니다. 진술을 듣거나 판결을 하기도 전에 구타부터 명령하는 것은 율법을 범하는 폭도의 행위입니다.

나에게는 율법으로 다른 사람을 심판하면서 정작 자신은 율법을 어기는 아나니아의 모습이 없는지 두려운 마음으로 살펴보아야 합니다.

## 아나니아를 향한 바울의 책망과 사과

3 바울이 이르되 회칠한 담이여 하나님이 너를 치시리로다 네가 나를 율법대로 심판한다고

앉아서 율법을 어기고 나를 치라 하느냐 하니 4 곁에 선 사람들이 말하되 하나님의 대제사
장을 네가 욕하느냐 5 바울이 이르되 형제들아 나는 그가 대제사장인 줄 알지 못하였노라
기록하였으되 너의 백성의 관리를 비방하지 말라 하였느니라 하더라

이에 바울은 "회칠한 담이여, 하나님이 너를 치시리로다"라고 하며 그의 행위에 대해 책망했습니다. 회칠한 담은 겉으로는 멀쩡하지만 속은 썩고 부식되어 곧 무너질 담을 말하는 것으로, 잔인함과 탐욕으로 유명했던 아나니아는 바울의 예언대로 동족들에 의해 AD 66년에 살해당하고 맙니다.

한편 바울이 이렇게 책망한 것은 그가 대제사장임을 알지 못했기 때문입니다. 아마도 이날 의회가 천부장에 의해 급하게 소집된 비공식적인 모임이었기에 대제사장이 복장을 제대로 갖추지 않았던 것으로 보입니다. 하지만 그가 대제사장임을 알고는 즉시 자신의 행동이 권위자를 존중하라는 성경에 반하는 것임을 인정하고 사과합니다. 권위자는 하나님이 세운 사람입니다. 권위자가 성경에 위배된 부당한 명령을 내릴 때는 따를 이유가 없지만, 그렇다하더라도 그를 향한 존중하는 태도는 놓치지 않아야 합니다.

## 바리새인과 사두개인의 다툼으로 무산된 산헤드린

6 바울이 그 중 일부는 사두개인이요 다른 일부는 바리새인인 줄 알고 공회에서 외쳐 이르
되 여러분 형제들아 나는 바리새인이요 또 바리새인의 아들이라 죽은 자의 소망 곧 부활로
말미암아 내가 심문을 받노라 7 그 말을 한즉 바리새인과 사두개인 사이에 다툼이 생겨 무
리가 나누어지니 8 이는 사두개인은 부활도 없고 천사도 없고 영도 없다 하고 바리새인은
다 있다 함이라 9 크게 떠들새 바리새인 편에서 몇 서기관이 일어나 다투어 이르되 우리가
이 사람을 보니 악한 것이 없도다 혹 영이나 혹 천사가 그에게 말하였으면 어찌 하겠느냐 하
여 10 큰 분쟁이 생기니 천부장은 바울이 그들에게 찢겨질까 하여 군인을 명하여 내려가 무

리 가운데서 빼앗아 가지고 영내로 들어가라 하니라

산헤드린 공의회가 사두개인과 바리새인으로 구성되어 있음을 잘 아는 바울은, 자신이 바리새파 출신이요 지금 심문을 받는 주된 이유도 자기가 가진 '죽은 자의 부활에 대한 소망' 때문이라고 밝혔습니다. 그가 전하는 복음의 핵심은 예수 그리스도의 부활과 그로 말미암은 우리의 소망이기 때문입니다.

그러자 바리새인과 사두개인 사이에는 자신들의 신념과 이해관계 때문에 의견이 나누어져 격하게 다투기 시작했습니다. 현세 지향적이고 정치권력을 잡은 계층인 사두개인들은 부활이나 천사, 내세에 대해 부정하고 있는데 반해, 헬라화 정책에 반대하고 율법의 순수성을 지키기 위해 시작된 바리새파는 부활을 철저히 신봉했기 때문입니다. 이 때문에 바울을 죽이기로 합의했던 그들이지만 일부 바리새인들은 도리어 바울을 변호하고 나섰고, 그 살인적인 논쟁으로 인해 바울은 거의 찢어질 뻔했습니다. 불의를 위해 뭉친 집단은 반드시 이렇게 갈라지고 맙니다. 교회 공동체는 이(利)를 위해 뭉친 집단이 아니라 의(義)를 위해 뭉친 모임이 되어야만 합니다.

## 예수님께 받은 "안심하라!"는 격려

11 그 날 밤에 주께서 바울 곁에 서서 이르시되 담대하라 네가 예루살렘에서 나의 일을 증언한 것 같이 로마에서도 증언하여야 하리라 하시니라

바울은 언제 목숨을 잃을지 모르는 절박한 상황과 진리에 대해서는 전혀 무관심하고, 오직 당리당략만을 생각하는 지도자들의 모습에 대한 실망과 자신의 무리한 예루살렘행이 아무런 결과도 얻지 못했다는 좌절감 속에서 다시 하룻밤을 안토니오 군영에서 보내게 되었습니다.

하지만 그 고통스러운 순간 예수님은 친히 바울을 찾아오셨고, "담대하라 네

가 예루살렘에서 나의 일을 증언한 것 같이"라고 하시면서 예루살렘에 올라온 그의 중심을 이미 받아주셨다고 격려해 주셨습니다. 하나님은 일의 결과가 아니라 그 일을 할 때의 중심을 보십니다. 그러면서 "로마에서도 증언하여야 하리라!"는 말씀으로 이방인의 사도로서의 소명에 대한 확신을 새롭게 해주셨습니다.

한편 바울에게 주신 "담대하라"라는 말씀은 예수님께서 세상에 계실 때 네 친구가 침상채 줄에 달아 내린 중풍병자에게나(마 9:2), 당신의 옷자락을 만진 혈루병 앓는 여인이게나(마 9:22), 괴로이 노 젓는 제자들에게 주셨던 "안심하라"라는 말과 원어로는 같은 단어입니다(막 6:50). 이 때문에 바울은 2년 후 조난 당한 배 위에서 "안심하라"는 말로 절망에 빠진 모든 사람들을 붙들어주게 됩니다. 예수님의 말씀을 통해 안심한 사람은 다른 사람들을 안심시킬 수 있습니다.

# 유대인의 암살음모와 천부장의 신속한 구출

12-35절

## 바울을 죽이기로 동맹한 유대인들의 음모

12 날이 새매 유대인들이 당을 지어 맹세하되 바울을 죽이기 전에는 먹지도 아니하고 마시
지도 아니하겠다 하고 13 이같이 동맹한 자가 사십여 명이더라 14 대제사장들과 장로들에
게 가서 말하되 우리가 바울을 죽이기 전에는 아무 것도 먹지 않기로 굳게 맹세하였으니
15 이제 너희는 그의 사실을 더 자세히 물어보려는 척하면서 공회와 함께 천부장에게 청하
여 바울을 너희에게로 데리고 내려오게 하라 우리는 그가 가까이 오기 전에 죽이기로 준비
하였노라 하더니

다음날이 되자 사십여 명의 유대인들은 바울을 암살하기 전에는 먹지도 마시지도 않겠다는 맹세를 했습니다. 그리고 대제사장과 장로들에게 가서 이 사실을 밝히고는, 공회에서 더 자세히 물어볼 것이 있다는 말로 천부장을 속여 바울을 안토니오 진영 밖으로 유인해달라고 부탁하고 있습니다. 그들은 바울이 전하는 말이 진리인지 아닌지 진지하게 들어보려고도 하지 않았고, 자신들이 행하려는 방법이 성경적인지 아닌지 고민하지도 않았습니다. 이 같은 살의와 거짓은 그들을 바른 길로 이끌어야 했던 종교지도자들 역시 마찬가지였습니다. 곧 그들은 하나님을 위한다고 하면서 하나님을 대적하는 일에 열심을 내고 있고, 율법을 수호한다고 하면서 율법을 정면으로 부정하는 거짓을 행하고 있는 것입니다. 그런데 이처럼 지식 없는 열심은 가장 위험한 것입니다.

"내가 증언하노니 그들이 하나님께 열심이 있으나 올바른 지식을 따른 것이 아니니라"(롬 10:2).

"내 백성이 지식이 없으므로 망하는도다 네가 지식을 버렸으니 나도 너를 버려 내 제사장이 되지 못하게 할 것이요 네가 네 하나님의 율법을 잊었으니 나도 네 자녀들을 잊어버리리라"(호 4:6).

그런데 우리가 생각하고 싶지 않아 하고 깊이 생각하는 것을 기피하는 이유는 우리 육신 안에 뿌리 깊이 있는 죄성과 관련이 있습니다. 우리 안에 있는 자만심은 별로 생각하지 않아도 딱 보면 안다고 착각하게 만들고, 우리 안에 있는 게으름은 머리 아프게 깊이 생각하는 것을 싫어하게 하고, 우리 안에 있는 두려움은 자기 생각이 틀렸다고 인정하는 것은 자기의 전 존재를 부정하는 것이라는 공포를 심어주기 때문에 생각하지 않는 것입니다.

## 바울의 생질을 통해 음모를 알게 된 천부장

16 바울의 생질이 그들이 매복하여 있다 함을 듣고 와서 영내에 들어가 바울에게 알린지라
17 바울이 한 백부장을 청하여 이르되 이 청년을 천부장에게로 인도하라 그에게 무슨 할 말
이 있다 하니 18 천부장에게로 데리고 가서 이르되 죄수 바울이 나를 불러 이 청년이 당신께
할 말이 있다 하여 데리고 가기를 청하더이다 하매 19 천부장이 그의 손을 잡고 물러가서 조
용히 묻되 내게 할 말이 무엇이냐 20 대답하되 유대인들이 공모하기를 그들이 바울에 대하
여 더 자세한 것을 묻기 위함이라 하고 내일 그를 데리고 공회로 내려오기를 당신께 청하자
하였으니 21 당신은 그들의 청함을 따르지 마옵소서 그들 중에서 바울을 죽이기 전에는 먹
지도 않고 마시지도 않기로 맹세한 자 사십여 명이 그를 죽이려고 숨어서 지금 다 준비하고
당신의 허락만 기다리나이다 하니

이 같은 암살계획은 다행히 바울의 조카 귀에 들어가게 되었습니다. 날 때부터

로마 시민권을 가질 정도였던 바울의 집안은 유대사회에서 상당한 영향력을 가진 가문이었고, 이 때문에 그 조카 역시 젊은 나이에도 불구하고 산헤드린 공의회에서 인정받을 정도의 위치에 있었던 것으로 보입니다. 사실 바울은 기독교 전도자가 됨으로 그에게 유익이 되던 모든 기득권과 친족관계까지 다 잃어버리게 되었을 것입니다.

**"그러나 무엇이든지 내게 유익하던 것을 내가 그리스도를 위하여 다 해로 여길뿐더러 또한 모든 것을 해로 여김은 내 주 그리스도 예수를 아는 지식이 가장 고상하기 때문이라 내가 그를 위하여 모든 것을 잃어버리고 배설물로 여김은…"** (빌 3:7-8)

하지만 그의 친족은 이 위급한 상황에서 바울에게 극적인 도움을 주는 여호와 이레의 손길로 사용되고 있습니다. 하나님은 말씀에 순종하는 사명자를 보호하시기 위해 절대 그럴 것 같지 않던 사람까지 동원하십니다.

그리고 어쩌면 그 조카는 자기 삼촌을 불법하게 죽이려는 무리들의 음모를 보면서, 삼촌이 증거하는 예수의 죽음에 대해서 새로운 시각을 가지게 되었을지도 모릅니다. 이것은 예수님과 그의 복음을 위해 가족을 버린 자에게 주어질 미래의 약속의 한 희미한 보증이기도 합니다.

**"예수께서 이르시되 내가 진실로 너희에게 이르노니 나와 복음을 위하여 집이나 형제나 자매나 어머니나 아버지나 자식이나 전토를 버린 자는 현세에 있어 집과 형제와 자매와 어머니와 자식과 전토를 백 배나 받되 박해를 겸하여 받고 내세에 영생을 받지 못할 자가 없느니라"**(막 10:29-30).

이것은 기드온이 가정에 있는 가문의 우상을 찍어 없애라는 주의 명령에 순종했을 때 바알제단의 제사장 역할을 하던 그의 아버지가 적극적인 변호로 그를 보호했던 것과도 비슷한 상황입니다.

**"성읍 사람들이 요아스에게 이르되 네 아들을 끌어내라 그는 당연히 죽을지니 이는 바알의 제단을 파괴하고 그 곁의 아세라를 찍었음이니라 하니 요아스가 자기를 둘러선 모든 자에게 이르되 너희가 바알을 위하여 다투느냐 너희가 바알을 구원하겠느냐**

그를 위하여 다투는 자는 아침까지 죽임을 당하리라 바알이 과연 신일진대 그의 제단을 파괴하였은즉 그가 자신을 위해 다툴 것이니라 하니라 그 날에 기드온을 여룹바알이라 불렀으니 이는 그가 바알의 제단을 파괴하였으므로 바알이 그와 더불어 다툴 것이라 함이었더라"(삿 6:30-32).

그리고 이렇게 해서 붙은 "바알이 그와 더불어 다툴 것이라"는 뜻의 여룹바알이라는 별명은 얼마 지나지 않아 아무것도 할 수 없는 죽은 바알을 조롱하는 이름이 되었습니다.

## 천부장의 신속한 조치

22 이에 천부장이 청년을 보내며 경계하되 이 일을 내게 알렸다고 아무에게도 이르지 말라
하고 23 백부장 둘을 불러 이르되 밤 제 삼 시에 가이사랴까지 갈 보병 이백 명과 기병 칠십
명과 창병 이백 명을 준비하라 하고 24 또 바울을 태워 총독 벨릭스에게로 무사히 보내기 위
하여 짐승을 준비하라 명하며 25 또 이 아래와 같이 편지하니 일렀으되 26 글라우디오 루시
아는 총독 벨릭스 각하께 문안하나이다 27 이 사람이 유대인들에게 잡혀 죽게 된 것을 내가
로마 사람인 줄 들어 알고 군대를 거느리고 가서 구원하여다가 28 유대인들이 무슨 일로 그
를 고발하는지 알고자 하여 그들의 공회로 데리고 내려갔더니 29 고발하는 것이 그들의 율
법 문제에 관한 것뿐이요 한 가지도 죽이거나 결박할 사유가 없음을 발견하였나이다 30 그
러나 이 사람을 해하려는 간계가 있다고 누가 내게 알려 주기로 곧 당신께로 보내며 또 고발
하는 사람들도 당신 앞에서 그에 대하여 말하라 하였나이다 하였더라

바울의 조카를 통하여 이 같은 암살음모를 알게 된 천부장은 입단속을 시킵니다. 그리고는 백부장 둘을 불러 저녁 9시임에도 불구하고 즉각 바울을 가이사라로 출발시키게 했으며 안전한 호송을 위해 보병 이백과 기병 칠십과 창병 이백 명을 준비시켰습니다.

이것은 천부장인 그의 지휘 아래 있는 병사 중 무려 반수에 해당하는 숫자입니다. 뿐만 아니라 바울을 위해서는 나귀나 말 같은 짐승까지 준비했습니다. 또한 천부장은 총독 벨릭스에게 그간의 사정을 기록한 서신을 동봉하였습니다, 여기서 그는 바울이 로마 시민이라는 사실과 유대인들의 고발이 율법에 관한 것일 뿐 실제 바울에게는 죽이거나 결박할 사유가 한 가지도 보이지 않음도 밝히고 있습니다.

이 천부장의 이름은 글라우디오 루시아입니다. 그의 이름이 기록되어 있다는 점은 그가 벨릭스에게 보낸 서신이 사도행전의 기록자인 누가의 손에 들어왔다는 증거이며, 이것은 하나님께서 그의 선한 행실에 대해 기억하신다는 표현이기도 합니다. 이에 반해 선민이라고 자부하는 유대인의 광적인 증오심과 거짓말은 이어서 등장하는 이방인 천부장의 신중하고 친절한 태도와 대조되어 참된 신자의 모습이 어떠해야 하는 지에 대해 깊은 고민을 던져줍니다.

### 가이사랴에서 총독 앞에 서게 된 바울

31 보병이 명을 받은 대로 밤에 바울을 데리고 안디바드리에 이르러 32 이튿날 기병으로 바울을 호송하게 하고 영내로 돌아가니라 33 그들이 가이사랴에 들어가서 편지를 총독에게 드리고 바울을 그 앞에 세우니 34 총독이 읽고 바울더러 어느 영지 사람이냐 물어 길리기아 사람인 줄 알고 35 이르되 너를 고발하는 사람들이 오거든 네 말을 들으리라 하고 헤롯 궁에 그를 지키라 명하니라

한편 그날 밤에 안전한 안디바드리까지 바울을 호송한 천부장의 보병들은 영내로 되돌아갔고, 기병들은 신속히 바울을 호송하여 이튿날에 가이사랴에 있는 총독 앞에 서게 했습니다. 그리고 천부장의 서신과 함께 바울을 인계 받은 총독 벨릭스는 바울의 출신영지인 길리기아가 자신의 통치 지역임을

확인하고는 가이사랴에 있는 헤롯대왕의 궁에 딸린 감방에 구금시켰습니다. 벨릭스는 유대총독일 뿐 아니라 수리아와 길리기아의 통치도 대행하고 있었기 때문입니다.

# 24장
## 깊이파기

벨릭스 총독에게

재판을 받다

# 더둘로의 고소와
# 바울의 항변과 벨릭스의 마음

1-27절

## 가이사랴에 내려온 대제사장과 변호사 더둘로의 고소

1 닷새 후에 대제사장 아나니아가 어떤 장로들과 한 변호사 더둘로와 함께 내려와서 총독
앞에서 바울을 고발하니라 2 바울을 부르매 더둘로가 고발하여 이르되 3 벨릭스 각하여 우
리가 당신을 힘입어 태평을 누리고 또 이 민족이 당신의 선견으로 말미암아 여러 가지로 개
선된 것을 우리가 어느 모양으로나 어느 곳에서나 크게 감사하나이다 4 당신을 더 괴롭게
아니하려 하여 우리가 대강 여짜옵나니 관용하여 들으시기를 원하나이다 5 우리가 보니 이
사람은 전염병 같은 자라 천하에 흩어진 유대인을 다 소요하게 하는 자요 나사렛 이단의 우
두머리라 6 그가 또 성전을 더럽게 하려 하므로 우리가 잡았사오니 (6하반-8상반 없음) 8 당
신이 친히 그를 심문하시면 우리가 고발하는 이 모든 일을 아실 수 있나이다 하니 9 유대인
들도 이에 참가하여 이 말이 옳다 주장하니라

대제사장 아나니아는 바울에게 모욕을 당한 개인적인 증오심 때문에 상례를 깨고 집요하게 가이사랴까지 찾아왔고, 재판에서 이기기 위해 로마법을 잘 알고 있는 변사까지 동원하고 있습니다. 바울은 아나니아의 악한 행동에도 불구하고 그가 권위자임을 알자 즉각 자신의 잘못을 인정했지만, 아나니아는 먼저 폭력을 휘두르는 악행을 저질렀을 뿐 아니라 원한을 풀지 않고 증오심에 사로잡혀 있는 것입니다.

더둘로의 고소는 먼저 구역질이 나는 아첨의 말로 시작되었습니다. 그는 벨릭

스의 통치로 말미암아 백성들이 태평성대를 누리고 있으며, 또한 총독의 선견지명으로 말미암아 사회의 전반적인 부분에서 많은 개선이 이루어짐으로 인해 백성들은 어느 모양으로나 어느 곳에서나 크게 감사하고 있다고 칭송했습니다. 그러나 사실 벨릭스는 로마에서 파송한 역대 13명의 유대 총독들 중 가장 사악한 자였으며, 당시 유대인들의 민심은 그의 폭정으로 인해 매우 흉흉한 상태였습니다. 심지어 로마의 역사가 타키투스도 벨릭스에 대해 '노예의 마음을 가지고 왕의 권세를 휘둘렀던 인물'이었다고 악평할 정도였습니다.

이 같은 아첨에 이어지는 바울에 대한 더둘로의 고소는 독설로 가득 차 있습니다. 그는 바울을 전염병과 같은 존재라고 규정하면서 천하에 퍼진 유대인을 다 소요케 하는 자라고 말합니다. 또 바울은 나사렛 이단이라는 메시야 운동의 두목으로서 언제 어떤 봉기를 일으킬지 모른다고 주장합니다. 그는 무엇이 로마총독으로 하여금 피고를 사형에 처할 수밖에 없게 만드는지 너무도 잘 알고 있었던 것입니다.

마지막으로 더둘로는 바울이 성전을 더럽혔다고 고발했습니다. 당시 유대인의 성전을 더럽힌 자를 죽이는 것은 로마정부도 인정한 금기였기 때문에, 그의 말은 피고를 사형에 처하는 길 외에는 어떠한 적절한 처벌도 있을 수 없음을 강조하는 것입니다.

### 더둘로의 고소에 대한 바울의 논박

10 총독이 바울에게 머리로 표시하여 말하라 하니 그가 대답하되 당신이 여러 해 전부터 이
민족의 재판장 된 것을 내가 알고 내 사건에 대하여 기꺼이 변명하나이다 11 당신이 아실 수
있는 바와 같이 내가 예루살렘에 예배하러 올라간 지 열이틀밖에 안 되었고 12 그들은 내가
성전에서 누구와 변론하는 것이나 회당 또는 시중에서 무리를 소동하게 하는 것을 보지 못

하였으니 13이제 나를 고발하는 모든 일에 대하여 그들이 능히 당신 앞에 내세울 것이 없나이다

변론을 허락받은 바울은 벨릭스에 대한 인사말로서 그가 총독으로 부임한지 6년이나 되었고 유대 민족의 종교적인 문제에 대해 잘 알고 있음에 대해서만 언급합니다. 이것은 더둘로의 아첨과는 대조를 이룹니다. 이어서 바울은 먼저 정치적인 반란을 꾀했다는 고발에 대해 자신의 예루살렘 방문 목적은 예배하기 위한 것이었고, 예루살렘에 온 지도 열이틀밖에 되지 않았으며, 백성들을 충동하여 소요를 일으키는 것을 목격한 자도 없었음을 말함으로 저들의 고발을 뒷받침할만한 어떠한 증거도 없다고 반박합니다. 열이틀 중 칠일은 종교적인 결례를 행하는 기간이었고, 나흘은 붙잡혀서 안토니오 진영과 가이샤라에 있었던 자신이 정치적 반란을 꾀했다는 것은 정말 터무니없는 억지에 지나지 않는 것입니다.

### 예수와 성경과 부활에 대한 신앙고백

14그러나 이것을 당신께 고백하리이다 나는 그들이 이단이라 하는 도를 따라 조상의 하나님을 섬기고 율법과 선지자들의 글에 기록된 것을 다 믿으며 15그들이 기다리는 바 하나님께 향한 소망을 나도 가졌으니 곧 의인과 악인의 부활이 있으리라 함이니이다

하지만 바울은 나사렛 이단을 좇는다는 고발에 대해서는 이 가르침이 이단이 아니라 바른 진리의 도라고 정정하고는 자신이 바로 그 도를 좇는 자임을 담대히 고백합니다. 그는 자신이 믿는 복음을 부끄러워하는 자가 아니었습니다. 왜냐하면 이것은 유대인이나 이방인을 막론하고 구원에 이르는 유일한 길이었기 때문입니다.

**"내가 복음을 부끄러워하지 아니하노니 이 복음은 모든 믿는 자에게 구원을 주시는**

하나님의 능력이 됨이라 먼저는 유대인에게요 그리고 헬라인에게로다"(롬 1:16).

그러나 바울은 이 도가 당시 로마정부에서 공인받고 있던 유대교와 마찬가지로 여호와 하나님을 섬기고, 율법과 선지자의 글을 믿으며, 의인과 악인의 부활을 믿는 종교로서, 더둘로가 고소하는 정치적 메시야 운동과는 전혀 상관이 없는 것임을 밝히고 있습니다.

## 양심에 거리낌이 없는 바울의 신앙생활

16 이것으로 말미암아 나도 하나님과 사람에 대하여 항상 양심에 거리낌이 없기를 힘쓰나이다

바울은 자신이 가진 신앙이 정치적 메시야 운동과 관련이 없음을 밝히는 데서 그치지 않고, 이 신앙을 일반화하여 이방인인 벨릭스가 이해할 수 있도록 설명하고 있습니다. 바른 신앙은 하나님과 사람에 대하여 항상 양심에 거리낌이 없기를 힘쓰는 것입니다. 이것은 부활과 심판을 믿는 우리의 신앙이 일상적인 삶에서 어떻게 표출되어야 하는지를 잘 보여주는 것입니다. 바른 믿음은 착한 양심과 함께 성장합니다. 양심을 버린 자는 믿음에서도 파선하게 됩니다.

"믿음과 착한 양심을 가지라 어떤 이들은 이 양심을 버렸고 그 믿음에 관하여는 파선하였느니라"(딤전 1:19).

## 유대인들의 소동의 부당함에 대한 항변

17 여러 해 만에 내가 내 민족을 구제할 것과 제물을 가지고 와서 18 드리는 중에 내가 결례
를 행하였고 모임도 없고 소동도 없이 성전에 있는 것을 그들이 보았나이다 그러나 아시아

로부터 온 어떤 유대인들이 있었으니 19 그들이 만일 나를 반대할 사건이 있으면 마땅히 당
신 앞에 와서 고발하였을 것이요 20 그렇지 않으면 이 사람들이 내가 공회 앞에 섰을 때에
무슨 옳지 않은 것을 보았는가 말하라 하소서 21 오직 내가 그들 가운데 서서 외치기를 내가
죽은 자의 부활에 대하여 오늘 너희 앞에 심문을 받는다고 한 이 한 소리만 있을 따름이니이
다 하니

이어서 바울은 성전을 더럽혔다는 더둘로의 고소에 대해서 구체적인 반론을 제기합니다. 바울은 자신이 민족을 구제할 제물을 가지고 왔고, 성전에서 종교적인 결례를 행하면서 충실히 율법을 준수하고 있었을 뿐이라고 말합니다. 그리고 만약 자신이 성전을 더럽힌 것이 사실이었다면 당연히 백성들을 충동하여 자기를 붙잡았던 소아시아의 디아스포라 유대인들이 이 재판장에 증인으로 나섰어야 한다고 주장합니다. 그들은 아무런 증거 없이 폭동을 일으킨 책임을 피하기 위해 아무도 그 자리에 나올 수 없었습니다. 이어서 그는 산헤드린 공의회에서도 구체적인 혐의점을 찾지 못했으며 단지 논란이 된 것은 성전 모독의 문제가 아니라 죽은 자의 부활에 대한 교리 문제뿐이었음을 밝힙니다.

## 벨릭스에게 있었던 두 가지 마음

22 벨릭스가 이 도에 관한 것을 더 자세히 아는 고로 연기하여 이르되 천부장 루시아가 내려
오거든 너희 일을 처결하리라 하고 23 백부장에게 명하여 바울을 지키되 자유를 주고 그의
친구들이 그를 돌보아 주는 것을 금하지 말라 하니라 24 수일 후에 벨릭스가 그 아내 유대
여자 드루실라와 함께 와서 바울을 불러 그리스도 예수 믿는 도를 듣거늘 25 바울이 의와 절
제와 장차 오는 심판을 강론하니 벨릭스가 두려워하여 대답하되 지금은 가라 내가 틈이 있
으면 너를 부르리라 하고 26 동시에 또 바울에게서 돈을 받을까 바라는 고로 더 자주 불러
같이 이야기하더라 27 이태가 지난 후 보르기오 베스도가 벨릭스의 소임을 이어받으니 벨

릭스가 유대인의 마음을 얻고자 하여 바울을 구류하여 두니라

벨릭스는 바울이 비록 정치적인 소요죄로 고소당했지만, 그 본질이 그것과 전혀 관계없는 종교적인 것임을 알았습니다. 그리하여 벨릭스는 천부장 루시아가 도착하면 그의 증언을 듣고 결론을 내리겠노라고 얼버무려 아나니아를 돌려보내고, 바울은 비교적 자유로운 상태에서 구금시키도록 조처했습니다. 또 그는 얼마 후 아내인 드루실라와 함께 바울을 불러 예수 그리스도를 믿는 도에 관하여 듣기를 청했습니다. 드루실라는 헤롯 아그립바 1세의 막내딸이었습니다. 헤롯 아그립바 1세는 분봉 왕이 아니라 유대 전역을 다스린 왕으로서, 야고보를 살해하고 영광을 스스로 취하다가 충이 먹어 급사한 인물입니다.

"헤롯이 영광을 하나님께로 돌리지 아니하므로 주의 사자가 곧 치니 벌레에게 먹혀 죽으니라"(행 12:23).

아마도 이 사건은 드루실라에게 하나님을 향한 커다란 두려움을 심어주었던 것입니다. 그런데 바울은 예수 그리스도를 믿는 도에 관해 부탁받은 자리에서 먼저 의와 절제와 장차 오는 심판에 대해 강론했습니다. 왜냐하면 벨릭스는 목적을 달성하기 위해 수단을 가리지 않았던 인물이었고, 드루실라와의 결혼 역시 유부녀를 유혹해서 이룬 부도덕한 것이었기 때문입니다. 불의와 무절제에 대한 회개 없이 예수님을 영접하는 것은 결코 바른 신앙에 이를 수 없습니다.

이 같은 바울의 강론은 벨릭스의 굳어진 양심을 자극했고, 그는 자신이 당할 심판에 대해 두려움을 느끼게 되었습니다. 하지만 그는 추악한 마음으로 인해 더 이상 그 말씀을 견디지 못해서 바울을 돌려보냈습니다.

그러나 이런 양심의 가책도 얼마 가지 못했고 바울에게서 물질적으로 얻을 것이 있을까하여 자주 그를 불러내게 되었습니다. 그리고 벨릭스는 유대인들의 탄원으로 총독자리를 박탈당하여 후임 총독에게 직위를 넘겨줄 때까지 바울의 무죄를 알면서도, 자신에 대한 유대인들의 반감을 조금이라도 누그러뜨리려는 의도에서 이 년 동안이나 억류해 두었습니다. 그는 두 해 동안이나 바울

을 곁에 두고도 회개를 통하여 믿음에 이르는 길 대신 핑계할 수 없는 심판의 길을 확정한 것입니다.

벨릭스의 모습을 보면서 혹시 나에게는 말씀을 들으면서도 회개하지 않고, 영적성장보다 세속적인 이익을 바라는 두 마음은 없는지 살펴보아야 합니다.

# 25장

## 깊이파기

신임총독 앞에서

가이사에게 상소하다

# 베스도의 재판과 바울의 상소

1-12절

## 새로 부임한 총독을 향한 유대인들의 요구

1 베스도가 부임한 지 삼 일 후에 가이사랴에서 예루살렘으로 올라가니 2 대제사장들과 유
대인 중 높은 사람들이 바울을 고소할새 3 베스도의 호의로 바울을 예루살렘으로 옮기기를
청하니 이는 길에 매복하였다가 그를 죽이고자 함이더라 4 베스도가 대답하여 바울이 가이
사랴에 구류된 것과 자기도 멀지 않아 떠나갈 것을 말하고 5 또 이르되 너희 중 유력한 자들
은 나와 함께 내려가서 그 사람에게 만일 옳지 아니한 일이 있거든 고발하라 하니라

유대 지도자들은 2년이 지나 신임총독 베스도가 부임한지 3일 만에 예루살렘을 예방하자 그의 호의를 기대하며 가이사랴에 구류되어 있는 바울을 예루살렘으로 옮겨와 재판하기를 요청했습니다. 하지만 이 같은 요청은 구실일 뿐 그들은 또 다시 바울 암살음모를 꾸미고 있는 것입니다. 사탄은 진리를 압살하려는데 이처럼 집요합니다. 하지만 다행히도 베스도가 열흘 안에 총독관저가 있는 가이사랴로 내려갈 계획이었기 때문에, 그들 중의 유력한 자들이 같이 내려가서 그곳에서 재판하자고 역제안을 함으로 그들의 청원은 거절되었습니다. 이 같은 제안에는 처음부터 유대인들에게 만만하게 보이지 않겠다는 기싸움도 한몫했을 것입니다. 그러나 유대인들의 협조를 얻어내야 하고, 또 유대종교에 대해 잘 알지 못하는 신임총독에게 재판이 넘어갔다는 것은 바울이 매우 불리한 조건에 처하게 되는 것이었습니다.

## 가이사랴에서 접점 없이 끝난 재판

6 베스도가 그들 가운데서 팔 일 혹은 십 일을 지낸 후 가이사랴로 내려가서 이튿날 재판 자리에 앉고 바울을 데려오라 명하니 7 그가 나오매 예루살렘에서 내려온 유대인들이 둘러서서 여러 가지 중대한 사건으로 고발하되 능히 증거를 대지 못한지라

가이사랴에서 열린 재판에서 유대인들은 이전처럼 여러 가지 중대한 죄목으로 바울을 고소했지만 역시 아무런 결정적인 증거도 대지 못했습니다. 거짓은 시끄럽게 할 수는 있지만 힘은 없습니다. 이에 자기 차례가 된 바울은 자신이 율법을 어긴 적도, 성전을 더럽힌 적도, 가이사에게 반란을 꾀한 적도 없음을 말하면서 결백을 밝혔습니다.

원고측과 피고측의 진술을 다 들은 베스도는 바울의 무죄함을 알았지만 도리어 그에게 예루살렘에 올라가 자기의 배석 하에 산헤드린 법정에 설지 여부를 물었습니다. 베스도는 재임 초부터 유대 지도자들의 뜻을 거스른다면 통치에 상당한 어려움이 초래될 것을 꺼려했던 것입니다. 유대 지도자들은 바로 이것을 노렸던 것입니다. 그들은 끈질기게 악을 행하고 있는 것입니다. 우리는 진리를 압살하는 일을 향한 사탄의 집요함을 분명히 인식하고 있어야 합니다.

## 베스도의 제안과 가이사에게 상소하는 바울

8 바울이 변명하여 이르되 유대인의 율법이나 성전이나 가이사에게나 내가 도무지 죄를 범하지 아니하였노라 하니 9 베스도가 유대인의 마음을 얻고자 하여 바울더러 묻되 네가 예루살렘에 올라가서 이 사건에 대하여 내 앞에서 심문을 받으려느냐 10 바울이 이르되 내가 가이사의 재판 자리 앞에 섰으니 마땅히 거기서 심문을 받을 것이라 당신도 잘 아시는 바와 같이 내가 유대인들에게 불의를 행한 일이 없나이다 11 만일 내가 불의를 행하여 무슨 죽을 죄

를 지었으면 죽기를 사양하지 아니할 것이나 만일 이 사람들이 나를 고발하는 것이 다 사실
이 아니면 아무도 나를 그들에게 내줄 수 없나이다 내가 가이사께 상소하노라 한 대 12 베
스도가 배석자들과 상의하고 이르되 네가 가이사에게 상소하였으니 가이사에게 갈 것이라
하니라

로마 시민권자인 바울은 만일 자신이 무슨 죽을 죄를 지었으면 예루살렘에 올라가 죽기를 사양하지 아니할 것이지만, 저들의 고발이 거짓이기에 정당하게 재판받기 위해 가이사에게 상소하겠다고 밝혔습니다. 이와 같은 의외의 상황이 발생하자 베스도는 배석자들과 상의하게 되었고, 로마법에 따라 가이사에게로 압송하여 재판을 받게 하겠다고 선언하고 있습니다. 이렇게 하여 바울은 유대인들의 위협에서 벗어나게 되었고, 로마 제국의 심장부로 가장 확실하게 들어갈 수 있게 되었습니다.

유대 지도자들의 악독은 하나님의 섭리 가운데 도리어 바울을 세계의 중심지인 로마에 들어가 이방인과 임금들에게까지 복음을 전하게 하는데 사용되고 있는 것입니다. 하나님의 소명의 말씀은 반드시 이루어집니다. 악한 권력자도 험한 천재지변도 그것을 막을 수는 없습니다.

"그 날 밤에 주께서 바울 곁에 서서 이르시되 담대하라 네가 예루살렘에서 나의 일을 증언한 것 같이 로마에서도 증언하여야 하리라 하시니라"(행 23:11).

"바울아 두려워하지 말라 네가 가이사 앞에 서야 하겠고 또 하나님께서 너와 함께 항해하는 자를 다 네게 주셨다 하였으니"(행 27:24).

우리는 하나님께서 모든 상황을 주관하고 계시며, 그분이 허용하신 것은 놀라운 섭리 가운데 도리어 유익이 됨을 믿어야 합니다.

# 바울을 심문하게 된 아그립바 왕

13-27절

## 베스도를 예방한 아그립바 왕

13 수일 후에 아그립바 왕과 버니게가 베스도에게 문안하러 가이사랴에 와서

헤롯 아그립바 2세가 그의 누이인 버니게와 함께 로마에서 파송한 신임총독 베스도를 예방하였습니다. 그는 아버지 아그립바 1세와는 달리 유대 전역을 다스리는 권력은 가지지 못했고, 갈릴리 지역 정도를 통치하는 분봉 왕이었습니다. 하지만 그런 그가 직접 통치하지도 않는 예루살렘의 대제사장 임명과 파면권을 가졌다는 점에서 볼 수 있듯이 정치적 술수가 뛰어난 인물이었고, 이 때문에 로마정부와의 관계유지에 각별한 신경을 쓰고 있었던 것입니다.

## 아그립바 왕에게 바울 사건을 말하는 베스도

14 여러 날을 있더니 베스도가 바울의 일로 왕에게 고하여 이르되 벨릭스가 한 사람을 구류
하여 두었는데 15 내가 예루살렘에 있을 때에 유대인의 대제사장들과 장로들이 그를 고소
하여 정죄하기를 청하기에 16 내가 대답하되 무릇 피고가 원고들 앞에서 고소 사건에 대하
여 변명할 기회가 있기 전에 내주는 것은 로마 사람의 법이 아니라 하였노라 17 그러므로 그
들이 나와 함께 여기 오매 내가 지체하지 아니하고 이튿날 재판 자리에 앉아 명하여 그 사람

을 데려왔으나 18 원고들이 서서 내가 짐작하던 것 같은 악행의 혐의는 하나도 제시하지 아
니하고 19 오직 자기들의 종교와 또는 예수라 하는 이가 죽은 것을 살아 있다고 바울이 주장
하는 그 일에 관한 문제로 고발하는 것뿐이라 20 내가 이 일에 대하여 어떻게 심리할는지 몰
라서 바울에게 묻되 예루살렘에 올라가서 이 일에 심문을 받으려느냐 한즉 21 바울은 황제
의 판결을 받도록 자기를 지켜 주기를 호소하므로 내가 그를 가이사에게 보내기까지 지켜
두라 명하였노라 하니

아그립바 왕의 예방을 받은 베스도는 자신이 신임총독으로서 처음 행한 바울 사건의 개요를 장황하게 설명했습니다. 그는 먼저 예루살렘에 올라갔을 때 바울에 대한 대제사장들과 장로들의 고소에 대해, "피고가 원고들 앞에서 고소 사건에 대하여 변명할 기회가 있기 전에 내주는 것은 로마 사람의 법이 아니라"고 하며 받지 않았다고 과장합니다. 또한 그는 유대인 지도자들과 함께 가이사랴에 내려온 후 여독도 풀리기 전에 곧바로 재판을 시행했다고 떠벌립니다. 그러면서 베스도는 재판에서 원고측에서 내세운 고발내용이 구체적인 악행의 혐의가 하나도 없고 모두 종교적인 것뿐이었다고 밝힙니다.

그렇다면 그는 바울의 무죄를 선언하고 석방했어야 했습니다. 그럼에도 불구하고 자기가 바울에게 "예루살렘에 올라가서 이 일에 대해 심문을 받으려느냐?"고 물어 본 이유에 대해서는 '이 일에 대해 어떻게 심리할지 몰라서'라고 축소하고 있습니다. 이와 같은 베스도의 과장과 축소는 자기중심적인 사람들이 하는 말의 특징을 잘 보여주는 것입니다. 그리고 이 모든 말들의 목적은 오로지 자기 자랑입니다. 신자는 진리의 거울 앞에서 자기를 본 사람이기에 자기 자랑을 잃어버린 사람입니다. 그리고 그런 자기를 올바르게 살게 해주시는 예수 자랑으로 사는 사람입니다.

## 아그립바 왕의 심문 요청으로 재판을 여는 베스도

22 아그립바가 베스도에게 이르되 나도 이 사람의 말을 듣고자 하노라 베스도가 이르되 내
일 들으시리이다 하더라 23 이튿날 아그립바와 버니게가 크게 위엄을 갖추고 와서 천부장
들과 시중의 높은 사람들과 함께 접견 장소에 들어오고 베스도의 명으로 바울을 데려오니
24 베스도가 말하되 아그립바 왕과 여기 같이 있는 여러분이여 당신들이 보는 이 사람은 유
대의 모든 무리가 크게 외치되 살려 두지 못할 사람이라고 하여 예루살렘에서와 여기서도
내게 청원하였으나 25 내가 살피건대 죽일 죄를 범한 일이 없더이다 그러나 그가 황제에게
상소한 고로 보내기로 결정하였나이다 26 그에 대하여 황제께 확실한 사실을 아뢸 것이 없
으므로 심문한 후 상소할 자료가 있을까 하여 당신들 앞 특히 아그립바 왕 당신 앞에 그를
내세웠나이다 27 그 죄목도 밝히지 아니하고 죄수를 보내는 것이 무리한 일인 줄 아나이다
하였더라

베스도의 설명을 듣고 있던 아그립바는 상당한 관심을 보이며 바울의 심문을 자청하고 나섰습니다. 사실 그는 로마에서 교육받고 자란 사람이지만, '예수 부활 사건'에 대해서도 잘 알고 있었던 것입니다. 로마에서 살고 있던 그의 친척들 중에도 아리스도불로와 그의 권속들처럼 인정받는 그리스도인들도 있었기 때문입니다(롬 16:10). 이렇게 하여 아그립바 왕과 버니게는 크게 위엄을 갖추고 신분 높은 많은 사람들을 거느리고 접견장소에 들어왔고, 다음날 심문 아닌 심문이 이루어졌습니다. 이 자리에서 베스도는 '황제께 상소했지만, 황제께 확실한 사실을 아뢸 것이 없으므로 상소할 자료가 있을까 하여 아그립바 왕께 심문을 부탁드린다'고 하며 한껏 분위기를 띄웠습니다.

한편 아그립바와 함께 등장하는 버니게는 아그립바의 여동생으로, 이들 사이에는 근친상간의 불륜이 행해지고 있었습니다. 사실 이들 남매의 화려한 치장은 불륜과 부도덕에 가득 찬 그들의 내면을 숨기기 위한 초라한 가면에 불과한 것이었습니다.

# 26장

## 깊이파기

아그립바 왕 앞에서
신앙을 도전하다

# 아그립바 왕 앞에서 행한 바울의 간증과 도전

1-23절

## 아그립바에 대한 바울의 인사말

1 아그립바가 바울에게 이르되 너를 위하여 말하기를 네게 허락하노라 하니 이에 바울이 손
을 들어 변명하되 2 아그립바 왕이여 유대인이 고발하는 모든 일을 오늘 당신 앞에서 변명
하게 된 것을 다행히 여기나이다 3 특히 당신이 유대인의 모든 풍속과 문제를 아심이니이다
그러므로 내 말을 너그러이 들으시기를 바라나이다

아그립바는 "너를 위하여 말하기를 네게 허락하노라!"는 말로 자신의 권위를 내세우며 심문을 시작했습니다. 그러나 사실 가이사에게 향한 항소가 받아들여진 이상 바울은 자신을 위해 다시 변호해야 할 의무는 없었습니다. 하지만 바울은 이 같은 청문회를 복음을 증거 할 수 있는 기회로 삼고 상세히 자신의 간증을 하고 있습니다. 이것은 이방인과 임금들에게 복음을 전하게 될 것이라는 예언의 성취이기도 했습니다.

"주께서 이르시되 가라 이 사람은 내 이름을 이방인과 임금들과 이스라엘 자손들에게 전하기 위하여 택한 나의 그릇이라"(행 9:15).

먼저 바울은 갈릴리의 통치자인 아그립바 왕 앞에서 정중하면서도 간결하게 예의를 갖추었고, 특별히 그가 유대인의 모든 풍속과 문제를 잘 아는 유대인이라는 사실에 대해 다행스럽게 여긴다고 하면서 너그러이 들어주시기를 청했습니다.

## 자신이 고소당한 이유에 대한 설명

4 내가 처음부터 내 민족과 더불어 예루살렘에서 젊었을 때 생활한 상황을 유대인이 다 아는 바라 5 일찍부터 나를 알았으니 그들이 증언하려 하면 내가 우리 종교의 가장 엄한 파를 따라 바리새인의 생활을 하였다고 할 것이라 6 이제도 여기 서서 심문 받는 것은 하나님이 우리 조상에게 약속하신 것을 바라는 까닭이니 7 이 약속은 우리 열두 지파가 밤낮으로 간절히 하나님을 받들어 섬김으로 얻기를 바라는 바인데 아그립바 왕이여 이 소망으로 말미암아 내가 유대인들에게 고소를 당하는 것이니이다

이어서 바울은 특별한 열심으로 바리새인의 생활을 했던 젊은 시절에 대해 언급하고는, 그런 자신이 심문 받는 이유에 대해 '하나님이 조상들에게 약속하시고 유대백성 모두가 밤낮으로 간절히 바라는 메시야 소망' 때문이라고 밝힙니다. 이 메시야는 바로 죽은 자 가운데서 다시 사신 예수님을 가리킵니다.

한편 사도행전에 등장하는 바울의 변호 내용에는 '소망'이라는 단어가 자주 등장합니다(행 23:6, 24:15, 26:7 28:20). 곧 그의 삶은 '소망으로 말미암은 고난'을 가진 삶이었던 것입니다. 소망으로 말미암는 고난은 꿈을 잃은 안락보다 훨씬 가치 있는 것입니다.

## 기독교를 지독히 박해했던 과거의 삶

8 당신들은 하나님이 죽은 사람을 살리심을 어찌하여 못 믿을 것으로 여기나이까 9 나도 나사렛 예수의 이름을 대적하여 많은 일을 행하여야 될 줄 스스로 생각하고 10 예루살렘에서 이런 일을 행하여 대제사장들에게서 권한을 받아 가지고 많은 성도를 옥에 가두며 또 죽일 때에 내가 찬성 투표를 하였고 11 또 모든 회당에서 여러 번 형벌하여 강제로 모독하는 말을 하게 하고 그들에 대하여 심히 격분하여 외국 성에까지 가서 박해하였고 12 그 일로 대제사

장들의 권한과 위임을 받고 다메섹으로 갔나이다

바울은 아그립바에게 어찌 그리스도 예수의 부활을 못 믿느냐고 하면서 자신이 예수를 믿을 수밖에 없었던 과정을 설명하기 시작합니다. 나사렛 예수를 향한 바울의 원래 태도는 지독한 반대와 박해였습니다. 영적인 눈이 감겨있던 그는 자신들이 그토록 열망했던 메시야를 죽이고 대적할 뿐 아니라 그의 성도들마저 죽이려고 애쓰는 어리석음을 범한 것입니다.

## 다메섹으로 가는 길에서 들은 예수님의 음성

13 왕이여 정오가 되어 길에서 보니 하늘로부터 해보다 더 밝은 빛이 나와 내 동행들을 둘러
비추는지라 14 우리가 다 땅에 엎드러지매 내가 소리를 들으니 히브리 말로 이르되 사울아
사울아 네가 어찌하여 나를 박해하느냐 가시채를 뒷발질하기가 네게 고생이니라 15 내가
대답하되 주님 누구시니이까 주께서 이르시되 나는 네가 박해하는 예수라

바울은 이와 같은 자신의 삶에 극적인 변화가 일어난 것은 하나님의 긍휼 개입 때문이라고 말하고 있습니다. 그가 다메섹으로 올라가는 길에서 정오의 해보다 더 밝은 빛 앞에서 엎드러지게 된 것입니다.

이 자리에서 바울은 자기가 하나님을 위한다고 한 일이 도리어 그분을 박해하는 일이었다는 충격적인 사실을 직면하게 되었습니다. 또한 그는 무지한 자신을 향한 놀라운 하나님의 긍휼도 발견하게 되었습니다. “가시채에 뒷발질하기가 네게 고생이니라!”는 말씀은 길들여지지 않은 짐승이 주인에게 반항하고 뒷발질하면 매달아 놓은 가시채에 자기만 상처를 입을 뿐이라는 뜻입니다. 이 표현에는 진리를 위한다면서 도리어 진리를 대적하는 자신을 향한 하나님의 안타까운 마음이 잘 묻어나는 것이었습니다. 이에 사울은 “주님 누구시니이까?”라고 묻게 되었다고 밝힙니다. 지금까지 그렇게 하나님을 잘 알고 있다고

자신했던 그가 그제서야 자신의 무지를 인정하게 된 것입니다. 그러자 주님은 "나는 네가 박해하는 예수라!"고 알려주셨다고 밝히고 있습니다. 그는 해보다 더 밝은 진리의 광선과 그보다 더 따뜻한 긍휼의 음성으로 인해 드디어 메시야 예수를 알아보는 눈을 뜰 수 있게 된 것입니다.

### 예수님께 받은 소명을 설명하는 바울

16 일어나 너의 발로 서라 내가 네게 나타난 것은 곧 네가 나를 본 일과 장차 내가 네게 나타
날 일에 너로 종과 증인을 삼으려 함이니 17 이스라엘과 이방인들에게서 내가 너를 구원하
여 그들에게 보내어 18 그 눈을 뜨게 하여 어둠에서 빛으로, 사탄의 권세에서 하나님께로 돌
아오게 하고 죄 사함과 나를 믿어 거룩하게 된 무리 가운데서 기업을 얻게 하리라 하더이다

다메섹으로 가는 길에서 사울에게 나타나신 예수님은 "일어나 너의 발로 서라!"고 말씀하셨습니다. 이것은 하나님께서 거룩한 소명을 주실 때 그것을 자신의 것으로 받들라는 명령입니다. 사실 사울은 그 때 진리의 섬광 앞에서 눈이 먼 상태에서 충격과 공포 가운데서 꼬꾸라져 있었기 때문에 스스로는 일어설 수가 없었습니다. 일어나 설 수 있는 힘은 성령님께서 직접 주십니다.

"그가 내게 이르시되 인자야 네 발로 일어서라 내가 네게 말하리라 하시며 그가 내게 말씀하실 때에 그 영이 내게 임하사 나를 일으켜 내 발로 세우시기로 내가 그 말씀하시는 자의 소리를 들으니 내게 이르시되 인자야 내가 너를 이스라엘 자손 곧 패역한 백성, 나를 배반하는 자에게 보내노라…"(겔 2:1-3).

이어서 예수님은 당신께서 바울에게 나타나신 이유는 그를 당신의 종과 증인으로 삼으시기 위함이라고 하시면서, 이와 같은 나타나심은 단번으로 그치는 것이 아니라 장차도 계속 될 것이라고 알려 주셨습니다. 왜냐하면 좋은 종은 주인의 마음을 잘 알아야 하고 좋은 증인은 증언할 주인공을 자주 보아야 하

기 때문입니다. 또한 예수님은 종과 증인으로서 보냄 받을 대상과 해야 할 일들에 대해서도 알려주셨습니다. 바울은 이스라엘과 이방인들에게 보냄 받아서, 그들의 눈을 뜨게 하는 일을 할 것입니다. 그리하여 그들을 어두움에서 빛으로, 사탄에게서 하나님께로 돌이키게 하고, 죄 사함과 주 예수를 믿음으로 거룩한 기업을 얻게 할 것입니다. 그리고 이 사명을 다 이룰 때까지 이스라엘과 이방인들의 손에서 그를 건져 주실 것도 약속해 주셨습니다.

한편 이 말씀은 예수님의 복음이 우리 안에 들어올 때 일으키는 역사가 무엇인지를 잘 보여줍니다. 복음이 들어오면 제일 먼저 눈이 떠져서 땅에 매여 있던 눈이 하늘의 영광을 보게 되고, 자기만 바라보던 눈이 이웃을 볼 수 있게 됩니다. 그렇게 되면 빛을 등진 삶에서 빛 되신 그리스도께로 향하는 삶으로 방향이 전환되고, 사탄의 노예였던 사람에서 하나님의 자녀로 신분이 변화되고, 정죄와 부정의 삶에서 속죄와 거룩의 삶으로 일상이 변모되어, 결국 하나님나라를 기업으로 얻게 하는 것입니다.

## 소명에 순종하고 전도자가 됨

19 아그립바 왕이여 그러므로 하늘에서 보이신 것을 내가 거스르지 아니하고 20 먼저 다메섹과 예루살렘에 있는 사람과 유대 온 땅과 이방인에게까지 회개하고 하나님께로 돌아와서 회개에 합당한 일을 하라 전하므로

바울은 아그립바 왕에게 자신이 예수님께 받은 이 계시를 거스르지 않고 받아들임으로, 다메섹과 예루살렘과 유대 온 땅과 이방인에게까지 이 복음을 전했다고 증언했습니다. 이것은 자신의 순종을 부각하는 표현이 아니라 하늘에서 보이신 그 계시가 자신이 결코 거스를 수 없는 엄위한 은혜의 소명이라고 말하고 있는 것입니다.

"내가 다시는 여호와를 선포하지 아니하며 그의 이름으로 말하지 아니하리라 하면 나의 마음이 불붙는 것 같아서 골수에 사무치니 답답하여 견딜 수 없나이다"(렘 20:9).

한편 '회개하고 하나님께로 돌아와서 회개에 합당한 일을 하라!'는 바울의 전도 요약은 믿음과 행위가 결코 분리될 수 없음을 잘 보여줍니다.

회개는 손쉽고 값싼 면죄부가 아닙니다. 참된 회개는 자신이 죄인임을 인정하는 겸손과 뉘우침으로 끝나는 것이 아닙니다. 하지만 탕자가 겸손히 뉘우치는 것으로 끝났다면 아무런 일도 일어나지 않았을 것입니다.

참된 회개란 하나님께로 돌아오는 행동이 있어야만 합니다. 그리고 진실로 하나님께로 돌아온 사람은 마치 회개에 합당한 행실이라는 열매로써 그 같은 회개의 참됨을 확증하게 됩니다. 회개의 가장 중요한 요소는 겸손과 변화된 행동입니다.

"그러므로 회개에 합당한 열매를 맺고 속으로 아브라함이 우리 조상이라 말하지 말라 내가 너희에게 이르노니 하나님이 능히 이 돌들로도 아브라함의 자손이 되게 하시리라"(눅 3:8).

## 자신의 증언이 구약과 일치함을 진술함

21 유대인들이 성전에서 나를 잡아 죽이고자 하였으나 22 하나님의 도우심을 받아 내가 오늘까지 서서 높고 낮은 사람 앞에서 증언하는 것은 선지자들과 모세가 반드시 되리라고 말한 것밖에 없으니 23 곧 그리스도가 고난을 받으실 것과 죽은 자 가운데서 먼저 다시 살아나사 이스라엘과 이방인들에게 빛을 전하시리라 함이니이다 하니라

이어서 바울은 성전에서 유대인들이 자기를 잡아 죽이려고 했지만, 자신에게 잘못이 있다면 구약성경에 반드시 되리라고 예언된 내용을 전한 것뿐이라고

말하면서 하나님의 도우심 가운데서 자신이 높은 자와 낮은 자들에게 자신이 전해온 선지자들의 예언의 내용을 다시 한 번 요약하고 있습니다. 그것은 그리스도의 부활은 믿지만 고난과 죽으심은 믿지 않던 유대인들의 선입견과는 달리, 먼저 죽으시고 부활하신 그리스도의 소식이며, 유대인에게만 빛이 되시는 그리스도가 아니라 유대인과 이방인 모두에게 빛을 전하시는 그리스도의 소식이었습니다.

**"내가 붙드는 나의 종, 내 마음에 기뻐하는 자 곧 내가 택한 사람을 보라 내가 나의 영을 그에게 주었은즉 그가 이방에 정의를 베풀리라"(사 42:1).**

**"나 여호와가 의로 너를 불렀은즉 내가 네 손을 잡아 너를 보호하며 너를 세워 백성의 언약과 이방의 빛이 되게 하리니 네가 눈먼 자들의 눈을 밝히며 갇힌 자를 감옥에서 이끌어 내며 흑암에 앉은 자를 감방에서 나오게 하리라"(사 42:6-7).**

구약은 예수 그리스도께서 먼저 고난을 당하시고 죽으신 후에 부활하여 잠자는 자들의 첫 열매가 되실 것과 그 결과 모든 민족에게 생명의 빛을 선포하실 것을 분명하게 예언하고 있습니다.

# 베스도의 반응과 아그립바 왕의 평가

24-32절

## 바울의 간증에 대한 베스도의 반응

24 바울이 이같이 변명하매 베스도가 크게 소리 내어 이르되 바울아 네가 미쳤도다 네 많은
학문이 너를 미치게 한다 하니 25 바울이 이르되 베스도 각하여 내가 미친 것이 아니요 참되
고 온전한 말을 하나이다

베스도는 바울의 변론을 들으면서 그의 학식이 보통이 아님을 알 수 있었습니다. 하지만 도무지 믿을 수 없는 부활의 이야기와 그것이 자신의 삶에 미치고 있는 영향에 대해 너무나도 진지하게 말하는 바울의 모습은 그에게 미친 것으로 보일 뿐이었습니다. 또 별로 중요하지도 않은 일에 그토록 몰두함으로 동족들로부터 화를 자초하고 있는 모습도 그에게는 이해가 되지 않았을 것입니다. 베스도에게 십자가와 부활의 도는 어리석은 것에 지나지 않았던 것입니다.

"우리는 십자가에 못 박힌 그리스도를 전하니 유대인에게는 거리끼는 것이요 이방인에게는 미련한 것이로되"(고전 1:23).

한편 복음에 대한 확신과 소명에 대한 헌신은 바울로 하여금 '미쳤다'는 말까지 듣게 만들었습니다. 그러나 바울은 이 같은 소리 듣는 것을 전혀 개의치 않았고, 도리어 자기가 사랑하는 주를 위해 미친 자 된 것을 자랑하고 있습니다.

"우리가 만일 미쳤어도 하나님을 위한 것이요 정신이 온전하여도 너희를 위한 것이니 그리스도의 사랑이 우리를 강권하시는도다…"(고후5:13-14).

비록 세상적으로 모든 것을 가졌다 해도 진리를 받아들일 수 없고 그것에 미칠 수 없는 사람은 참으로 불행한 사람입니다.
신자는 진리를 위해 미쳤다는 말을 들을 수 있는 행복자가 되어야 합니다.

### 아그립바 왕에 대한 바울의 권면

26 왕께서는 이 일을 아시기로 내가 왕께 담대히 말하노니 이 일에 하나라도 아시지 못함이 없는 줄 믿나이다 이 일은 한쪽 구석에서 행한 것이 아니니이다 27 아그립바 왕이여 선지자를 믿으시나이까 믿으시는 줄 아나이다 28 아그립바가 바울에게 이르되 네가 적은 말로 나를 권하여 그리스도인이 되게 하려 하는도다 29 바울이 이르되 말이 적으나 많으나 당신뿐만 아니라 오늘 내 말을 듣는 모든 사람도 다 이렇게 결박된 것 외에는 나와 같이 되기를 하나님께 원하나이다 하니라

바울은 베스도가 자신의 이야기를 이해하지 못함을 보고, 유대배경을 가진 아그립바 왕에게 집중하여 도전합니다. 그는 예수의 십자가와 부활사건이 한쪽 구석에서 일어난 일이 아니라 왕도 자세히 알고 있는 일임을 상기시킵니다. 또 바울은 아그립바에게 '선지자를 믿지 않으시냐?'라고 질문하며 당연히 믿으실 것이라고 단언합니다.
바울이 이렇게 말하는 이유는 예수님의 십자가와 부활사건은 선지자를 통해 무려 456회 이상 예언된 것이기에 안 믿을 수 없는 진리라는 도전을 하기 위함입니다. 이 말 앞에서 아그립바는 "네가 적은 말로 나를 권하여 그리스도인이 되게 하려 하는도다"라며 어물쩍하게 받아넘기려 하고 있습니다. 그는 단순한 호기심으로 이 자리에 왔다가 영혼을 건드리는 메시지 앞에서 몹시 당황하고 있는 것입니다.
하지만 바울은 "오늘 내 말을 듣는 모든 사람도 다 이렇게 결박된 것 외에는

나와 같이 되기를 하나님께 원하나이다"라고 하면서, 비록 육신적으로는 결박 당해 있지만 영적으로는 참된 자유자로서 그들에게 결단을 촉구하고 있습니다. 곧 바울을 심문하기 위해 온 고관대작들은 실상 죄의 종으로서, 진리를 받아들일 것인지에 대해 심문 받고 있는 것입니다.

## 바울사건에 대한 아그립바의 평가

30 왕과 총독과 버니게와 그 함께 앉은 사람들이 다 일어나서 31 물러가 서로 말하되 이 사람은 사형이나 결박을 당할 만한 행위가 없다 하더라 32 이에 아그립바가 베스도에게 이르되 이 사람이 만일 가이사에게 상소하지 아니하였더라면 석방될 수 있을 뻔하였다 하니라

한편 아그립바는 베스도에게 "이 사람이 만일 가이사에게 상소하지 아니하였더라면 석방될 수 있을 뻔하였다"고 말했습니다. 이 같은 무죄선언은 천부장 루시아와 총독 베스도에 이어서 세 번째로 확인되고 있는 것입니다. 신자는 죄 때문에 고난당하는 사람이 아니라 선을 행함으로 부당하게 고난 받는 사람입니다.

"부당하게 고난을 받아도 하나님을 생각함으로 슬픔을 참으면 이는 아름다우나 죄가 있어 매를 맞고 참으면 무슨 칭찬이 있으리요 그러나 선을 행함으로 고난을 받고 참으면 이는 하나님 앞에 아름다우니라"(벧전 2:19-20).

# 27장

## 깊이파기

조난사고 중에도

생명의 왕노릇을 하다

# 로마로 호송되는 항해를 시작하는 바울과 동역자들

1-12절

## 호송되는 바울과 함께한 동역자들

1 우리가 배를 타고 이달리야에 가기로 작정되매 바울과 다른 죄수 몇 사람을 아구스도대의
백부장 율리오란 사람에게 맡기니 2 아시아 해변 각처로 가려 하는 아드라뭇데노 배에 우리
가 올라 항해할새 마게도냐의 데살로니가 사람 아리스다고도 함께 하니라 3 이튿날 시돈에
대니 율리오가 바울을 친절히 대하여 친구들에게 가서 대접 받기를 허락하더니

드디어 바울이 로마로 호송되어 갈 날이 결정되었습니다. 그런데 하나님은 로마로 호송 되어가는 바울에게 귀한 위로자들을 붙여주셨습니다. 데살로니가 사람 아리스다고는 과거 에베소에서 소동이 일어났을 때 바울 대신에 체포되기도 했던 인물로(행 19:29), 이번 호송에 의사 누가와 함께 시중드는 노예자격으로 승선하였습니다.

이렇게 바울과 함께 승선한 아리스다고의 이름은 바울의 옥중서신에 언급되고 있듯이 로마감옥에서도 끝까지 바울과 함께 머물렀습니다.

"나와 함께 갇힌 아리스다고와 바나바의 생질 마가와 이 마가에 대하여 너희가 명을 받았으매 그가 이르거든 영접하라"(골 4:10).

"또한 나의 동역자 마가, 아리스다고, 데마, 누가가 문안하느니라"(몬 1:24).

또한 "우리"라는 표현을 통해서 사도행전의 기록자인 누가가 함께 했음을 알 수 있습니다. 사실 사도행전에서 '우리'라는 표현은 21장 1-18절 이후에 2년

만에 처음 나오는 것입니다. 누가는 바울의 주치의로서 언제나 함께 했지만, 바울이 가이사랴에 구금되어 있을 때는 위험한 일도 없었고, 복음의 진전도 없었기 때문에 휴가를 얻어서 누가복음을 집필하는데 필요한 자료를 수집하기 위해 예루살렘 등지로 갔다가 다시 합류하게 된 것입니다. 바울이 바울 될 수 있었던 것은 이처럼 온전히 자기를 헌신하는 이름 없는 동역자가 있었기 때문입니다

한편 호송을 맡은 백부장 율리오도 바울에게 친절을 베풀었습니다. 아마 그는 바울의 증언을 들은 아그립바 왕이나 베스도로부터 바울에게 관대하게 대하라는 지시를 받은 것 같습니다. 그리하여 바울은 호송 도중에 정박하는 여러 항구도시에서 형제들과 만나 교제하는 기쁨을 얻게 되었습니다. 주께 순종하고 주와 동행하는 길에는 어떤 형편이든지 넘치는 위로가 있습니다.

## 시돈에서 미항까지의 여정

4 또 거기서 우리가 떠나가다가 맞바람을 피하여 구브로 해안을 의지하고 항해하여 5 길리
기아와 밤빌리아 바다를 건너 루기아의 무라 시에 이르러 6 거기서 백부장이 이달리야로 가
려 하는 알렉산드리아 배를 만나 우리를 오르게 하니 7 배가 더디 가 여러 날 만에 간신히 니
도 맞은편에 이르러 풍세가 더 허락하지 아니하므로 살모네 앞을 지나 그레데 해안을 바람
막이로 항해하여 8 간신히 그 연안을 지나 미항이라는 곳에 이르니 라새아 시에서 가깝더라
9 여러 날이 걸려 금식하는 절기가 이미 지났으므로 항해하기가 위태한지라...

바울과 다른 죄수 몇 사람은 처음에는 소아시아의 아드라뭇데노 항에서 수리아 여러 지방으로 오가는 배를 통해 시돈을 거쳐 루기아의 무라 시에 이르렀고, 거기서 알렉산드리아에서 이탈리아를 왕복하는 곡물과 여객을 수송하는 큰 배로 옮겨 타게 되었습니다. 그런데 지중해 지역은 11월부터 3월까지는 항

해가 아예 불가능했고, 9-10월은 항해가 좀 조심스러운 기간입니다. 하지만 바울 일행이 항해를 시작한 때는, 9월 말에서 10월 초순에 해당하는 대속죄일의 금식절이 이미 지난 시기였습니다. 이 때문에 그 배는 간신히 소아시아의 니도를 거쳐 그레데 섬의 미항까지 도착하게 되었습니다.

## 바울의 권면을 무시하고 출항한 배

9... 바울이 그들을 권하여 10 말하되 여러분이여 내가 보니 이번 항해가 하물과 배만 아니라 우리 생명에도 타격과 많은 손해를 끼치리라 하되 11 백부장이 선장과 선주의 말을 바울의 말보다 더 믿더라 12 그 항구가 겨울을 지내기에 불편하므로 거기서 떠나 아무쪼록 뵈닉스에 가서 겨울을 지내자 하는 자가 더 많으니 뵈닉스는 그레데 항구라 한쪽은 서남을, 한쪽은 서북을 향하였더라

바울은 "이번 항해가 하물과 배만 아니라 우리 생명에도 타격과 많은 손해를 끼치리라"고 경고하며 정박해 있는 미항에서 월동하는 것이 좋다고 조언했습니다. 하지만 선주와 선장은 월동하기에 불편한 점이 많은 미항보다는 65km 정도 떨어진 그레데섬의 또 다른 항구인 뵈닉스에 가서 겨울을 보내는 것이 좋겠다고 주장했습니다. 그런데 백부장은 선주와 선장의 말을 바울의 말보다 더 믿었습니다. 항해경험으로 보나, 상식적으로 생각해도 이 같은 결정은 당연한 것입니다. 하지만 우리는 이것이 얼마나 큰 어려움을 초래하는지를 이어지는 내용에서 보게 됩니다.

사실 믿음이라는 것이 항상 이성에 반하는 것은 아닙니다. 그래서 신자는 몰상식하게 행동하거나 반이성적으로 생각해서는 안됩니다. 그러나 신자는 인간의 상식이나 경험 다수의 결정만을 따르는 사람이 되어서도 안됩니다. 믿음의 사람은 한계와 오류 투성이인 사람의 말보다 천지를 창조하셨고 초월하는

지혜를 가지신 하나님의 말씀을 앞세울 수 있는 사람입니다. 어부인 베드로는 예수님의 말씀에 순종하여 고기가 잡히지 않는 아침에 깊은 곳에 그물을 내릴 수 있었습니다. 그리고 이와 같은 믿음이야말로 우리가 받은 가장 놀라운 기적이며 축복이 아닐 수 없습니다.

# 조난사고 속에서 생명의 왕노릇하는 바울

13-44절

## 유라굴로로 인한 위기

13 남풍이 순하게 불매 그들이 뜻을 이룬 줄 알고 닻을 감아 그레데 해변을 끼고 항해하더니
14 얼마 안 되어 섬 가운데로부터 유라굴로라는 광풍이 크게 일어나니 15 배가 밀려 바람을
맞추어 갈 수 없어 가는 대로 두고 쫓겨가다가 16 가우다라는 작은 섬 아래로 지나 간신히
거루를 잡아 17 끌어 올리고 줄을 가지고 선체를 둘러 감고 스르디스에 걸릴까 두려워하여
연장을 내리고 그냥 쫓겨가더니 18 우리가 풍랑으로 심히 애쓰다가 이튿날 사공들이 짐을
바다에 풀어 버리고 19 사흘째 되는 날에 배의 기구를 그들의 손으로 내버리니라 20 여러 날
동안 해도 별도 보이지 아니하고 큰 풍랑이 그대로 있으매 구원의 여망마저 없어졌더라

뵈닉스로의 항해를 결정하고 나자 때마침 남풍이 순하게 불었습니다. 이 때문에 그들은 닻을 감아올리고 그레데 해변에 바짝 붙어서 항해를 시작했습니다. 하지만 자신들의 말이 맞았다고 의기양양해 하던 그들은 곧 섬 가운데로부터 일어난 '유로굴라'라는 강한 북동풍을 만나게 되었고, 자신의 계획과는 전혀 다른 방향으로 배가 떠밀려가게 되었습니다.

그러다가 선원들은 가우다라는 작은 섬이 바람막이 역할을 해주고 있을 때 배의 뒤편에 위험하게 매달려 있던 거루(구명정)를 간신히 갑판 위로 끌어올렸고, 배가 깨어지지 않게 하기 위해 앞 편에서 뒤편까지를 줄로 둘러 감았습니다. 그리고 바람이 너무 거셌기 때문에 스르디스(모래톱)에 좌초될 것을 염려

하여 닻을 다 내린 상태에서 떠밀려갔습니다. 하지만 폭풍은 더욱 심해졌고 그래서 조금이라도 배를 가볍게 하기 위해 이튿날에는 무거운 짐들을 다 바다에 풀어버렸고, 상황이 나아지지 않자 사흘째 날에는 항해 기구들까지 모두 내어버릴 수밖에 없었습니다. 게다가 나흘째부터 열셋째 날까지는 풍랑은 그대로 있는 상태에서 방향을 알려주는 해와 별마저 보이지 않게 되자 그들은 구원의 희망을 완전히 다 버린 상태가 되었습니다.

인간은 아무리 득의만만해도 잠시 후에 닥칠 광풍을 예측할 수 없는 한없이 연약한 존재에 지나지 않습니다. 고해와 같은 인생살이에서 한치 앞을 알 수 없는 인생이 바람과 바다까지 다스리시는 구주 예수를 의지할 수 있다는 것은 심히 기쁜 일이 아닐 수 없습니다.

"제자들에게 이르시되 너희 믿음이 어디 있느냐 하시니 그들이 두려워하고 놀랍게 여겨 서로 말하되 그가 누구이기에 바람과 물을 명하매 순종하는가 하더라"(눅 8:25).

## 주께 받은 말씀으로 절망하는 무리를 안심시키는 바울

21 여러 사람이 오래 먹지 못하였으매 바울이 가운데 서서 말하되 여러분이여 내 말을 듣고
그레데에서 떠나지 아니하여 이 타격과 손상을 면하였더라면 좋을 뻔하였느니라 22 내가
너희를 권하노니 이제는 안심하라 너희 중 아무도 생명에는 아무런 손상이 없겠고 오직 배
뿐이리라 23 내가 속한 바 곧 내가 섬기는 하나님의 사자가 어제 밤에 내 곁에 서서 말하되
24 바울아 두려워하지 말라 네가 가이사 앞에 서야 하겠고 또 하나님께서 너와 함께 항해하
는 자를 다 네게 주셨다 하였으니 25 그러므로 여러분이여 안심하라 나는 내게 말씀하신 그
대로 되리라고 하나님을 믿노라 26 그런즉 우리가 반드시 한 섬에 걸리리라 하더라

배에 타고 있는 사람들에게 가장 무서운 적은 풍랑이나 허기짐이 아니라 절망이었습니다. 그런데 모든 사람들이 의기양양할 때도 "이번 항해가 하물과 배

만 아니라 우리 생명에도 타격과 많은 손해를 끼치리라"고 하며 이 같은 위험을 미리 경고했던 바울은, 반대로 모든 사람이 자포자기하고 있는 이 때에는, "너희 중 아무도 생명에는 아무런 손상이 없겠고 오직 배뿐이리라 "고 하면서 안심시키고 있습니다. 자기도 동일한 위기에 처해 있지만, 도리어 절망에 빠진 자들을 위로할 수 있었던 비결은 하나님의 말씀과 그것에 대한 믿음이 바울에게 있었기 때문입니다. 하나님은 바울에게 두려워 말라고 하시면서 가이사 앞에까지 서야 할 그의 사명을 다시 상기시켜 주셨던 것입니다.

하나님의 사명자는 결코 죽을 수 없습니다. 그리고 바울 한 사람으로 인해 그 배에 탄 다른 사람들도 생명을 보장받게 되었습니다. 그들의 생명은 하나님께서 바울에게 주신 선물이었던 것입니다. 아마도 그들 가운데 많은 이들은 육체적인 생명 뿐 아니라 복음을 듣고 영혼의 구원도 받게 되었을 것입니다.

한편 배는 잃게 될 것이라고 말했던 바울은 구체적으로 배가 반드시 한 섬에 걸려 깨어지게 될 것도 예언하고 있습니다.

### 이기적인 사공들과 경솔한 군인들의 모습

27 열나흘째 되는 날 밤에 우리가 아드리아 바다에서 이리 저리 쫓겨가다가 자정쯤 되어 사
공들이 어느 육지에 가까워지는 줄을 짐작하고 28 물을 재어 보니 스무 길이 되고 조금 가다
가 다시 재니 열다섯 길이라 29 암초에 걸릴까 하여 고물로 닻 넷을 내리고 날이 새기를 고
대하니라 30 사공들이 도망하고자 하여 이물에서 닻을 내리는 체하고 거룻배를 바다에 내
려 놓거늘 31 바울이 백부장과 군인들에게 이르되 이 사람들이 배에 있지 아니하면 너희가
구원을 얻지 못하리라 하니 32 이에 군인들이 거룻줄을 끊어 떼어 버리니라

아드리아해는 오늘날 이탈리아와 발칸반도 사이의 바다를 지칭하는 표현이지만, 당시는 북아프리카와 남이탈리아 사이의 바다를 가리키는 말입니다. 이곳

을 표류한지 열 나흘째가 되자 수심이 빠른 속도로 얕아지기 시작했습니다. 이것은 곧 육지가 가깝다는 뜻이 되고, 동시에 암초에 걸릴 가능성이 많아짐을 알려주는 신호이기도 했습니다. 그러자 사공들은 배를 고정시키기 위해 고물(뒤 편)에 닻줄 넷을 내리고 아침이 오기를 기다렸습니다.

하지만 사공들은 자기만 살기 위해 이물(앞 편)에 닻을 내리는 척하면서 거루(구명정)를 내려 도망가려고 했습니다. 암초에 걸려 배가 깨어지게 되면 구명정에 탈 수 있는 숫자가 제한되어 있었기 때문입니다.

이처럼 배의 책임자이면서도 위기 앞에서 자신들의 안일만을 생각하는 사공들의 모습에서 그릇된 지도자들의 한 전형을 보게 됩니다. 오늘날 국가와 기업과 가정의 많은 책임자들이 지도자의 신분은 가졌지만 지도자의 심정은 가지지 못했고, 자리는 차지했지만 자질은 갖추지 못하였습니다. 나에게는 위기 앞에서 자신의 안일만을 생각하는 사공들의 모습이나 뒷일을 생각하지 않고 경솔하게 행동하는 군인들의 모습은 없는지 살펴보아야겠습니다.

한편 군인들은 사공들이 배에 없으면 안된다는 바울의 경고에 성급하게 거룻줄을 끊어버림으로 거룻배가 떠나가게 해 버렸습니다. 그런데 이 경솔한 행동을 통해 잠시 후 배가 암초에 걸려 좌초될 때 죄수가 탈출하지 못하고 상륙하게 할 방법이 없어지는 새로운 문제를 야기됩니다.

### 무리를 안심시키고 음식을 먹이는 바울

33 날이 새어 가매 바울이 여러 사람에게 음식 먹기를 권하여 이르되 너희가 기다리고 기다
리며 먹지 못하고 주린 지가 오늘까지 열나흘인즉 34 음식 먹기를 권하노니 이것이 너희의
구원을 위하는 것이요 너희 중 머리카락 하나도 잃을 자가 없으리라 하고 35 떡을 가져다가
모든 사람 앞에서 하나님께 축사하고 떼어 먹기를 시작하매 36 그들도 다 안심하고 받아 먹
으니 37 배에 있는 우리의 수는 전부 이백칠십육 명이더라

동이 터오자 바울은 열나흘 동안 아무 것도 먹지 못했던 사람들에게 음식을 먹으라고 강권했습니다. 그는 이들이 음식을 먹고 기운을 차려야만 날이 새고 상륙을 시도하는 과정에서 생길 비상사태에서 생명을 건질 수 있다고 판단했던 것입니다. 이 때문에 바울은 "너희 중 머리카락 하나도 잃을 자가 없으리라"는 말로 그들에게 확신을 심어주면서 다시 한 번 음식 먹기를 권하고 있습니다. 머리카락 하나도 잃지 않는다는 이 말은 완전한 안전을 의미합니다. 주 안에 있는 자는 비록 풍랑 속에 있어도 최고의 안전을 누릴 것입니다. 이어서 바울은 하나님께 감사의 기도를 하고 자신부터 떡을 떼어 먹기 시작했습니다. 그는 말뿐 아니라 직접 음식을 먹는 본을 보임으로 그들을 안심시킨 것입니다. 그러자 배에 있는 사람들은 모두 배부르게 음식을 받아먹었습니다. 이것은 하나님을 피난처로 삼은 사람만이 누릴 수 있는 평안입니다.

"하나님은 우리의 피난처시요 힘이시니 환난 중에 만날 큰 도움이시라… 바닷물이 솟아나고 뛰놀든지 그것이 넘침으로 산이 흔들릴지라도 우리는 두려워하지 아니하리로다"(시 46:1, 3).

한편 누가는 음식을 나누는 과정에서 배에 탄 사람들의 총수가 276명이었음을 확인하고 기록하고 있습니다. 이것은 상륙했을 때 모든 사람이 안전한지를 점검하기 위한 계수였을 것입니다. 참으로 바울은 그 배에 속한 모든 사람들의 생명을 온전히 책임지는 지도자의 모습을 보여주고 있습니다.

## 배가 좌초하자 죄수들을 모두 죽이려는 군인들

38 배부르게 먹고 밀을 바다에 버려 배를 가볍게 하였더니 39 날이 새매 어느 땅인지 알지 못하나 경사진 해안으로 된 항만이 눈에 띄거늘 배를 거기에 들여다 댈 수 있는가 의논한 후 40 닻을 끊어 바다에 버리는 동시에 키를 풀어 늦추고 돛을 달고 바람에 맞추어 해안을 향하여 들어가다가 41 두 물이 합하여 흐르는 곳을 만나 배를 걸매 이물은 부딪쳐 움직일 수 없이 붙고 고물은 큰 물결에 깨어져 가니 42 군인들은 죄수가 헤엄쳐서 도망할까 하여 그들을 죽이는 것이 좋다 하였으나

사람들은 배를 최대한 가볍게 하여 육지에 좀 더 가깝게 대기 위해 남은 양식도 모두 버렸습니다. 날이 밝자 어느 땅인지 알지 못하는 섬이 눈에 띄었습니다. 무리는 배를 그곳으로 대어 보기로 결정했습니다. 상륙을 시도하기로 결정한 이상 배 뒤편(고물)에 내린 닻을 모두 끊어 전진하게 했고, 키를 단단히 묶어 두었던 밧줄도 풀고, 작은 돛도 달아 섬을 향해 방향을 잡게 했습니다. 그리하여 곧 배의 앞 편은 암초에 처 박혔고, 뒤편은 치는 파도로 인해 조금씩 깨어져가기 시작했습니다.

그 때, 지난 밤 군사들이 거룻배를 버린 것 때문에 문제가 발생하게 되었습니다. 거룻배가 없이는 죄수들의 탈출을 막으면서 안전하게 옮길 방법이 없었던 것입니다. 이 때문에 군인들은 죄수들을 다 죽이는 것이 좋겠다고 의견을 모았습니다. 로마 군법에 의하면 죄수가 도주할 경우 죄수를 지키던 군사가 그 형벌을 대신 받게 되어 있었기 때문입니다. 그들은 가장 손쉬운 방법을 생각해내고 있는 것입니다. 이것은 모든 사람들을 살리려고 끊임없이 노력하고 있는 바울의 모습과는 참으로 대조적인 것입니다.

오늘날 너무 많은 사람들이 자기에게 끼쳐질지 모르는 손해를 피하기 위해서 로마 군인처럼 가장 손쉬운 방법을 택하고 있습니다. 사랑보다 미움이 훨씬 쉽고, 관심보다는 무관심이 훨씬 쉽고, 마음을 쓰는 것보다 물질로 대체하는

것이 훨씬 쉽기 때문입니다. 하지만 그리스도인은 어렵고, 고통스러워도 손쉬운 방법보다는 생명의 방법을 찾는 사람들입니다.

## 바울을 살리기 위한 백부장의 결정

43 백부장이 바울을 구원하려 하여 그들의 뜻을 막고 헤엄칠 줄 아는 사람들을 명하여 물에 뛰어내려 먼저 육지에 나가게 하고 44 그 남은 사람들은 널조각 혹은 배 물건에 의지하여 나가게 하니 마침내 사람들이 다 상륙하여 구조되니라

백부장 율리오는 이 심각한 상황에서 어려운 결정을 내리게 됩니다. 그것은 죄수들의 차꼬를 풀어주어 헤엄을 칠 줄 아는 사람은 육지까지 헤엄을 치게 하고 그렇지 않은 사람은 널조각 등에 의지해서 갈 수 있도록 허락한 것입니다.

그가 이처럼 위험한 결정을 하게 된 직접적인 원인은 바울을 살리기 위함이었습니다. 율리오는 한 사람의 생명도 잃지 않기 위해 애쓰는 바울의 모습을 통해서 커다란 영향을 받고 있었던 것이 틀림없습니다.

결국 배에 탄 모든 사람들과 죄수들은 바울 덕분에 목숨을 잃지 않게 된 것입니다. 바울이 하나님께 받고 선포한 "너희 중 머리카락 하나도 잃을 자가 없으리라"는 말씀이 그대로 된 것입니다. 이것이야말로 의인의 영향력이며, 생명의 면류관을 쓰고 생명의 왕노릇하는 모습입니다.

우리는 자신이 있는 곳마다 사람들이 보호받고 살아나며 하나님의 자녀로서 존중되는 일이 일어나게 하는 존재가 되어야만 합니다.

# 28장
## 깊이파기

로마를 향해

영광스럽게 행진하다

# 멜리데 섬에서 있은 구원의 역사

1-10절

## 바울을 살인자로 생각하는 멜리데 섬 원주민

1 우리가 구조된 후에 안즉 그 섬은 멜리데라 하더라 2 비가 오고 날이 차매 원주민들이 우
리에게 특별한 동정을 하여 불을 피워 우리를 다 영접하더라 3 바울이 나무 한 묶음을 거두
어 불에 넣으니 뜨거움으로 말미암아 독사가 나와 그 손을 물고 있는지라 4 원주민들이 이
짐승이 그 손에 매달려 있음을 보고 서로 말하되 진실로 이 사람은 살인한 자로다 바다에서
는 구조를 받았으나 공의가 그를 살지 못하게 함이로다 하더니

난파선이 도착한 섬은 멜리데였습니다. 이곳은 오늘날 이탈리아 반도 남쪽에 있는 시칠리아 섬에서 조금 떨어진 섬인 몰타로 여겨집니다. 감사하게도 그곳 원주민들은 비가 오고 추운 계절에 난파한 그들을 특별히 동정하여 불을 피워서 영접했습니다.

이 자리에서도 바울은 몸에 밴 근면함으로 부지런히 마른 나무를 주워서 불에 넣었습니다. 그런데 나뭇가지 묶음 속에 있던 독사가 뜨거움으로 인해 튀어나와 바울의 손가락을 물고 떨어지지 않는 일이 일어났습니다. 이 모습을 본 원주민들은 바울을 살인자로 단정했습니다. 바다에서 구사일생으로 살아왔으나 끝내 독사에게 물려서 죽게 되는 것은 신의 형벌이 아니고는 설명할 수 없다고 여겼기 때문입니다.

## 바울을 신으로 여기게 된 원주민들

5 바울이 그 짐승을 불에 떨어 버리매 조금도 상함이 없더라 6 그들은 그가 붓든지 혹은 갑
자기 쓰러져 죽을 줄로 기다렸다가 오래 기다려도 그에게 아무 이상이 없음을 보고 돌이켜
생각하여 말하되 그를 신이라 하더라

그러나 오래 기다려도 독사에 물린 바울이 붓지도 않고 쓰러져 죽지도 않자 그들은 반대로 그를 신이라고 생각하게 되었습니다. 이것은 인간의 판단이 얼마나 온전치 못한가를 단적으로 보여주는 예가 됩니다. 그러므로 불완전한 인간의 판단만을 가지고 너무 쉽게 다른 사람들을 판단하는 것은 신자가 절대적으로 피해야 하는 오류입니다.

**"그러므로 때가 이르기 전 곧 주께서 오시기까지 아무 것도 판단하지 말라 그가 어둠에 감추인 것들을 드러내고 마음의 뜻을 나타내시리니 그 때에 각 사람에게 하나님으로부터 칭찬이 있으리라"**(고전 4:5).

한편 바울에게 일어난 이 기적은 승천하시기 전 예수님께서 말씀하신 믿는 자에게 따르는 표적입니다.

**"뱀을 집으려 무슨 독을 마실지라도 해를 받지 아니하며 병든 사람에게 손을 얹은즉 나으리라"**(막 16:18).

## 보블리오 부친의 치유와 환대

7 이 섬에서 가장 높은 사람 보블리오라 하는 이가 그 근처에 토지가 있는지라 그가 우리를
영접하여 사흘이나 친절히 머물게 하더니 8 보블리오의 부친이 열병과 이질에 걸려 누워 있
거늘 바울이 들어가서 기도하고 그에게 안수하여 낫게 하매 9 이러므로 섬 가운데 다른 병
든 사람들이 와서 고침을 받고 10 후한 예로 우리를 대접하고 떠날 때에 우리 쓸 것을 배에

실었더라

멜리데 섬의 통치자인 보블리오는 자기의 토지로 조난자들을 받아들여 사태가 어느 정도 수습될 때가지 사흘간 머물 수 있도록 친절을 베풀어주었습니다. 이때 바울은 보블리오의 부친이 병든 것을 알고 기도와 안수로 하나님의 치유능력을 나타냈습니다. 그러자 이 소문은 멜리데 섬 전체에 금방 퍼져나갔고, 많은 병자들이 몰려와 고침을 받았습니다.

이 일에는 의사인 누가도 수종 든 것으로 보입니다. '고침 받다'는 단어에는 의학적 돌봄을 받는다는 뜻도 담겨 있기 때문입니다. 그런 점에서 이것은 신약 최초의 의료선교의 기록이라고 할 수 있습니다.

한편 전승에 의하면 보블리오가 멜리데 섬의 최초의 감독이 되어 순교했다고 합니다. 이 섬에 카타콤이 많이 나왔다는 사실 역시 이러한 바울 사역의 열매를 보여줍니다. 바울은 로마로 호송되어 가는 죄수였지만 그의 복음은 매여 있을 수 없었던 것입니다.

바울을 통해 고침 받은 멜리데 원주민들은 여기에 대한 감사와 존경의 표시로 난파한 무리들이 그 섬에 머무르는 동안은 물론이고 떠날 때 필요한 것까지 제공하였고 그 덕에 276명 모두는 석 달간의 겨울을 무사히 넘길 수 있었습니다. 이 모든 것은 바울을 통하여 주신 하나님의 약속의 신실하심을 보여주는 일입니다.

# 영광스러운 복음의 행진

11-16절

## 보디올에서 나눈 교제

11 석 달 후에 우리가 그 섬에서 겨울을 난 알렉산드리아 배를 타고 떠나니 그 배의 머리 장
식은 디오스구로라 12 수라구사에 대고 사흘을 있다가 13 거기서 둘러가서 레기온에 이르
러 하루를 지낸 후 남풍이 일어나므로 이틀날 보디올에 이르러 14 거기서 형제들을 만나 그
들의 청함을 받아 이레를 함께 머무니라 그래서 우리는 이와 같이 로마로 가니라

멜리데섬에서 겨울을 지낸 바울일행은 알렉산드리아에서 이탈리아를 왕복하는 "디오스구로"라는 이름의 배에 올라 다시 로마로 향하는 여정을 시작하게 되었습니다. 디오스구로는 제우스의 쌍둥이 아들로 이들의 별자리는 폭풍가운데서도 안전을 지켜주는 항해의 수호자로 여겨졌습니다.

이 배는 시실리 섬의 상구인 수라구사와 이탈리아 반도 끝자락의 레기온을 거쳐서  남부 이탈리아 나폴리 근처의 항구인 보니올에서 정박하게 되었습니다.

이곳에서 바울은 이미 기독교 공동체가 있었음을 알게 되고 그들의 청함을 받아 7일 동안 성도의 교제를 나누었습니다.

## 압비아 대로 상에서 받은 환영

15 그 곳 형제들이 우리 소식을 듣고 압비오 광장과 트레이스 타베르네까지 맞으러 오니 바울이 그들을 보고 하나님께 감사하고 담대한 마음을 얻으니라

다시 배에 오른 바울 일행은 마침내 로마로 들어가는 입구인 압비아 대로의 초입에 도착하게 되었습니다. 압비아 대로는 전쟁에서 승리한 개선 장군들이 군중들의 열렬한 환영을 받으면서 퍼레이드를 펼치는 길이었습니다. 그런데 이 대로 상에 있는 로마로부터 대략 70킬로 떨어진 '압비오 광장'과 대략 50킬로미터 떨어진 '트레이스 타베르네'에는 로마교회 성도들이 그를 맞이하기 위해 나와 있었습니다. 여기서 사용된 '맞이한다'는 단어는 개선 장군을 뜨겁게 환영할 때 쓰는 단어입니다. 곧 바울은 비록 죄수의 몸으로 로마에 왔지만, 그의 발걸음은 복음으로 로마를 정복하기 위한 영광의 행진이었던 것입니다.

이런 일들을 통해 바울은 하나님께 감사하며 담대한 마음을 가지게 되었습니다. 그는 결코 혼자 있지 않다는 것을 다시 깨닫게 된 것입니다. 우리는 결코 혼자가 아닙니다. 우리는 함께 아파하고 함께 기뻐하는 교회 공동체에 속해 있으며, 믿음으로 이미 증거를 얻은 구름같이 허다한 선진들에게도 둘러싸여 있습니다. 우리는 시간과 공간을 초월하는 우주적인 그리스도의 몸에 속해 있는 것입니다. 한편 로마 성도들이 바울을 사모하게 된 것은 그가 로마서를 통해 뿌린 복음의 결실이기도 했습니다.

## 로마에서의 수감 여건

16 우리가 로마에 들어가니 바울에게는 자기를 지키는 한 군인과 함께 따로 있게 허락하더라

로마에 도착한 바울은 자기가 비용을 내는 셋집에서 비교적 자유로운 수감생활을 했습니다. 게다가 바울에게는 규정대로 항상 한 사람의 군인이 붙어 있었습니다. 그들은 순번제로 돌아가며 죄수를 감시했는데 통례는 서로의 손목을 한쪽씩 쇠사슬로 묶는 것이었습니다. 이 때문에 당시 로마 궁정시위대에 있던 엘리트 군인들은 차례대로 바울로부터 복음을 들었고, 복음의 포로가 되는 결과를 낳게 되었습니다. 바울은 비록 사슬에 묶여 있었지만, 복음은 온 시위대 안에 힘 있게 전파된 것입니다. 이처럼 모든 여건을 복음의 진전의 기회로 선용하는 바울의 모습은 귀한 도전이 됩니다.

**"이 일을 위하여 내가 쇠사슬에 매인 사신이 된 것은 나로 이 일에 당연히 할 말을 담대히 하게 하려 하심이라"(엡 6:20).**

**"형제들아 내가 당한 일이 도리어 복음 전파에 진전이 된 줄을 너희가 알기를 원하노라"(빌 1:12).**

# 거침없는
# 하나님나라 복음

17-31절

## 고위 유대인들을 청한 바울

17 사흘 후에 바울이 유대인 중 높은 사람들을 청하여 그들이 모인 후에 이르되 여러분 형제
들아 내가 이스라엘 백성이나 우리 조상의 관습을 배척한 일이 없는데 예루살렘에서 로마
인의 손에 죄수로 내준 바 되었으니 18 로마인은 나를 심문하여 죽일 죄목이 없으므로 석방
하려 하였으나 19 유대인들이 반대하기로 내가 마지 못하여 가이사에게 상소함이요 내 민
족을 고발하려는 것이 아니니라 20 이러므로 너희를 보고 함께 이야기하려고 청하였으니
이스라엘의 소망으로 말미암아 내가 이 쇠사슬에 매인 바 되었노라

바울이 제일 먼저 한 일은 로마에 거주하는 유대인 지도자들을 청하는 것이었습니다. 이것은 그들에게 자신이 율법이나 규례를 배척하는 사람이라는 오해나, 동족을 송사하러 오지 않았나 하는 염려를 불식시키기 위함이며, 동시에 그들에게 이스라엘의 소망, 곧 예수의 복음을 전하고자 함이었습니다.

지난 30년 동안 유대인들은 바울을 수없이 죽이려했지만 그는 어디를 가든지 자기 동족부터 복음을 전하려고 했습니다. 이것은 하나님으로 말미암은 참으로 위대한 사랑의 힘이 아닐 수 없습니다. 바울의 심장에는 민족구원을 향한 꺼지지 않는 하나님의 불이 타오르고 있었던 것입니다.

**"내가 그리스도 안에서 참말을 하고 거짓말을 아니하노라 나에게 큰 근심이 있는 것과 마음에 그치지 않는 고통이 있는 것을 내 양심이 성령 안에서 나와 더불어 증언하**

노니 나의 형제 곧 골육의 친척을 위하여 내 자신이 저주를 받아 그리스도에게서 끊어질지라도 원하는 바로라"(롬 9:1-3).

## 바울의 사상을 듣기 원하는 유대인들

21 그들이 이르되 우리가 유대에서 네게 대한 편지도 받은 일이 없고 또 형제 중 누가 와서
네게 대하여 좋지 못한 것을 전하든지 이야기한 일도 없느니라 22 이에 우리가 너의 사상이
어떠한가 듣고자 하니 이 파에 대하여는 어디서든지 반대를 받는 줄 알기 때문이라 하더라

로마에 있는 유대 지도자들은 기독교가 도처에서 유대인들의 반대를 받고 있다는 것을 알았지만, 반대의 이유에 대해서 편지로든지 인편으로든지 구체적으로 들은 바가 없었습니다. 게다가 그들에게는 편견 없이 듣고 살피고자 하는 열린 마음도 있었습니다. 그리하여 그들은 날을 정하여 바울의 강연을 듣기 위해 많이 모여왔습니다.

## 완고한 유대인들에 대한 바울의 선언

23 그들이 날짜를 정하고 그가 유숙하는 집에 많이 오니 바울이 아침부터 저녁까지 강론하
여 하나님의 나라를 증언하고 모세의 율법과 선지자의 말을 가지고 예수에 대하여 권하더
라 24 그 말을 믿는 사람도 있고 믿지 아니하는 사람도 있어 25 서로 맞지 아니하여 흩어질
때에 바울이 한 말로 이르되 성령이 선지자 이사야를 통하여 너희 조상들에게 말씀하신 것
이 옳도다 26 일렀으되 이 백성에게 가서 말하기를 너희가 듣기는 들어도 도무지 깨닫지 못
하며 보기는 보아도 도무지 알지 못하는도다 27 이 백성들의 마음이 우둔하여져서 그 귀로
는 둔하게 듣고 그 눈은 감았으니 이는 눈으로 보고 귀로 듣고 마음으로 깨달아 돌아오면 내

가 고쳐 줄까 함이라 하였으니 28 그런즉 하나님의 이 구원이 이방인에게로 보내어진 줄 알라 그들은 그것을 들으리라 하더라

바울은 하루 종일 성경을 가지고 기독교의 두 핵심인 '하나님나라'와 그 나라를 시작하신 '메시야 예수'의 사역에 대해 전하며 권했습니다. 그러나 유대인들의 반응은 그리 좋지 못했습니다. 사실 이 같은 현상은 30년에 걸친 바울 사역 내내 반복된 일이었습니다.

유대인들이 기대하는 메시야는 예수처럼 십자가에서 죽는 메시야가 아니었고, 그들이 기다리는 하나님나라도 이스라엘이 온 세계를 통치하는 날이었던 것입니다. 바울은 그제야 하나님께서 유대 백성에 대해 하신 이사야의 예언을 진심으로 인정하게 되었습니다.

**"여호와께서 이르시되 가서 이 백성에게 이르기를 너희가 듣기는 들어도 깨닫지 못할 것이요 보기는 보아도 알지 못하리라 하여 이 백성의 마음을 둔하게 하며 그들의 귀가 막히고 그들의 눈이 감기게 하라 염려하건대 그들이 눈으로 보고 귀로 듣고 마음으로 깨닫고 다시 돌아와 고침을 받을까 하노라 하시기로"(사 6:9-10).**

그리고 이 같은 유대인의 완고함은 이방인에게 구원이 이르게 하기 위한 하나님의 섭리이며 이를 통해 궁극적으로 유대인까지 구원하시려는 하나님의 지혜임을 고백하게 됩니다.

**"그러므로 내가 말하노니 그들이 넘어지기까지 실족하였느냐 그럴 수 없느니라 그들이 넘어짐으로 구원이 이방인에게 이르러 이스라엘로 시기나게 함이니라 그들의 넘어짐이 세상의 풍성함이 되며 그들의 실패가 이방인의 풍성함이 되거든 하물며 그들의 충만함이리요"(롬 11:11-12).**

## 자유로운 수감생활과 막힘없는 복음전파

29 (없음) 30 바울이 온 이태를 자기 셋집에 머물면서 자기에게 오는 사람을 다 영접하고
31 하나님의 나라를 전파하며 주 예수 그리스도에 관한 모든 것을 담대하게 거침없이 가르
치더라

바울은 만 2년 동안 자기가 비용을 내는 셋집에서 비교적 자유로운 수감생활을 했습니다. 이 기간 동안 그는 자기에게 오는 모든 사람들에게 복음을 전했으며 옥중서신, 곧 에베소서, 빌립보서, 골로새서, 빌레몬서를 집필하였습니다. 사도행전의 대장정은 하나님나라의 복음이 금지됨 없이 이방으로 전파되고 있는 진행형의 모습으로 막을 내리고 있습니다. 사실 사도행전의 기록자인 누가는 평생 바울 곁에 머무른 사람으로서 그의 순교도 지켜보았을 것입니다. 그런 그가 이 책의 마지막 부분을 바울의 순교가 아니라 하나님나라와 주 예수 그리스도의 복음이 막힘없이 전파되는 것으로 마무리되고 있는 바는 우리에게 강력한 도전을 주고 있습니다.

사도행전의 주제는 바울이 아니라 예수 그리스도이며, 세상나라가 아니라 하나님나라입니다. 이것은 하나님나라를 이루는 예수의 복음을 땅 끝까지 전할 다음 주자인 우리를 향한 엄중한 부름이기 때문입니다. "오직 성령이 너희에게 임하시면 너희가 권능을 받고 예루살렘과 온 유다와 사마리아와 땅 끝까지 이르러 내 증인이 되리라"는 사명을 받은 소수의 무리로 시작된 하나님의 교회는 전 세계로 확장되었으며 오늘날도 계속 확장되고 있습니다.

한편 바울은 가이사의 재판에서 무죄가 선고되어 AD 63년에 풀려났습니다. 그 후 바울은 멀리 서바나까지 복음을 전했다고 알려지며 AD 66년 다시 투옥되어 이듬해 순교하였습니다.

신자는 지금도 진행형으로 계속되고 있는 사도행전을 이어서 쓰는 사람입니다.

가볍지만 빠짐없이

# 사도행전 깊이파기

**1판 1쇄 발행** 2022년 1월 15일

**지은이** 권지현

**발행인** 권지현
**편집** 배경화
**디자인** 서은진
**마케팅지원** 김덕호

**펴낸곳** 지티엠
**등록** 제10-0763호
**주소** 05691 서울시 송파구 가락로 5길 13-7
**전화** 02-453-3818
**홈페이지** www.gtm.or.kr

**ISBN** ISBN 979-11-90713-03-0 04230